生命科学专业“6+X”简明教程系列 · 配套实验教材

细胞生物学实验教程

（第二版）

康现江　李振秋　穆淑梅　主编

科学出版社

北京

内 容 简 介

本书是在上一版的基础上，结合编者多年的一线教学实践经验并参考了近年来国内外有关细胞生物学实验技术进展和实验教材的精华，由19位教师及专家编写而成。全书分为3篇共43个实验，内容包括显微观察与制片技术、细胞生理、细胞分裂与染色体标本制备、细胞工程技术、细胞周期和细胞凋亡（死亡）检测等基础性、综合性、设计性实验。实验内容层次清楚，可操作性强，能够反映细胞生物学学科经典、研究现状和发展趋势。在编写中，对每个实验注意事项进行了细化；为培养学生的探究及思维能力，每个实验设置了思考问题并附有参考文献。本书还配备了部分视频，便于学生预习和复习。本书旨在培养学生基本的细胞生物学实验规范操作技能和分析探究能力。

本书可作为高等院校生命科学专业的本科生实验教材及考研参考用书，也可以作为相关专业的教师、研究生和科研人员的参考用书。

图书在版编目（CIP）数据

细胞生物学实验教程 / 康现江，李振秋，穆淑梅主编. —2版. —北京：科学出版社，2022.10

生命科学专业“6+X”简明教程系列 • 配套实验教材

ISBN 978-7-03-071320-9

I. ①细… II. ①康… ②李… ③穆… III ①细胞生物学-实验-高等学校-教材 IV. ①Q2-33

中国版本图书馆CIP数据核字（2022）第006513号

责任编辑：刘 丹 / 责任校对：严 娜
责任印制：张 伟 / 封面设计：迷底书装

科 学 出 版 社 出版
北京东黄城根北街16号
邮政编码：100717
http://www.sciencep.com
北京凌奇印刷有限责任公司 印刷
科学出版社发行 各地新华书店经销
*
2013年6月第 一 版 开本：787×1092 1/16
2022年10月第 二 版 印张：12
2023年1月第二次印刷 字数：285 000

定价：39.00元

（如有印装质量问题，我社负责调换）

《细胞生物学实验教程》（第二版）编写人员

主　　编　康现江

李振秋

穆淑梅

编写人员（按姓氏笔画排序）

王　晶（廊坊师范学院）

王　燕（河北大学）

李文艳（河北大学）

李振秋（河北大学）

邸科前（河北大学）

张　晗（河北大学）

张伟伟（河北大学）

陈慧泽（山西师范大学）

苗晓燕（保定学院）

郭　帅（河北大学）

郭　蕊（河北大学）

郭明申（河北大学）

郭海燕（邯郸学院）

常岩林（河北大学）

康现江（河北大学）

蒋　雪（河北大学）

韩　榕（山西师范大学）

穆淑梅（河北大学）

戴　伟（天津农学院）

前　言

细胞生物学是生命科学中最为重要的基础性学科之一，是生命科学的生长点和各大分支学科的交汇点。近些年来，细胞生物学学科发展迅猛，新的知识、新的技术方法不断涌现。在上一版的基础上，我们对编写内容进行了认真全面的思考和梳理，整合经典的、规范性基础实验，修改、补充完善了综合性和设计性实验，形成了内容丰富、层次分明，既体现经典又很好地反映学科前沿的、操作性较强的实验教材。

本书总体分为四部分。入编实验按类别分为三篇，共计 43 个实验。第一篇为基础性实验，包括 5 章 28 个实验：第一章“光学显微镜及其制片技术”含 4 个实验，第二章“电子显微镜及其制样技术”含 3 个实验，第三章“细胞的形态结构观察”含 10 个实验，第四章“细胞生理”含 6 个实验，第五章“细胞分裂与染色体标本制备”含 5 个实验。第二篇为综合性实验，包括 3 章 11 个实验：第六章“细胞工程技术”含 5 个实验，第七章“细胞周期”含 2 个实验，第八章“细胞衰老与死亡”含 4 个实验。第三篇为设计性实验，包括 4 个实验。附录部分包括细胞生物学实验室安全注意事项、细胞生物学实验报告、常用缓冲液配制和常用培养基配制，供参考。

参加编写本书的编委均为长期在一线从事细胞生物学教学和科研工作的教师和专家，具备扎实的专业基础知识和丰富的教学实践经验。撰写过程中，我们充分发挥编委的团队优势和个人优势，分工上考虑团队或个人熟悉和擅长的内容，以期保障实验的可操作性；在分工的基础上，编委们团结协作是本书顺利完成的关键。本实验教程实验一、二、三、四、五、六、七、十六、十七、十九、二十三、三十、三十九、四十和附录由河北大学生命科学学院李振秋、穆淑梅、郭明申、常岩林、张晗、郭蕊、郭帅编写，实验八、九、十、十二、十三、十四、二十、二十五、二十六、二十七、三十二、三十七由河北大学基础医学院李文艳、蒋雪、王燕、张伟伟、邸科前编写，实验二十九、三十三、三十四、三十五、三十八由山西师范大学韩榕、陈慧泽编写，实验十一、二十八、四十三由天津农学院戴伟编写，实验十五、二十四、三十一由廊坊师范学院王晶编写，实验三十六、四十一、四十二由邯郸学院郭海燕编写，实验十八、二十一、二十二由保定学院苗晓燕撰写。全书框架结构和整体安排由康现江、李振秋和穆淑梅负责，审核定稿由康现江负责。

本书编写过程中，科学出版社的刘丹编辑在文字核正、图片修订等方面提出了宝贵的修改意见，在此表示诚挚的谢意。河北大学研究生李超、柴小慧参与了部分参考资料的收集和整理，特此致谢。由于编者水平有限，其中必然会存在一些不足或疏漏之处，敬请各位专家及读者批评指正。

编　者

2022 年 9 月

目　　录

第一篇　基础性实验

第二篇　综合性实验

第三篇　设计性实验

数字资源

第一篇

基础性实验

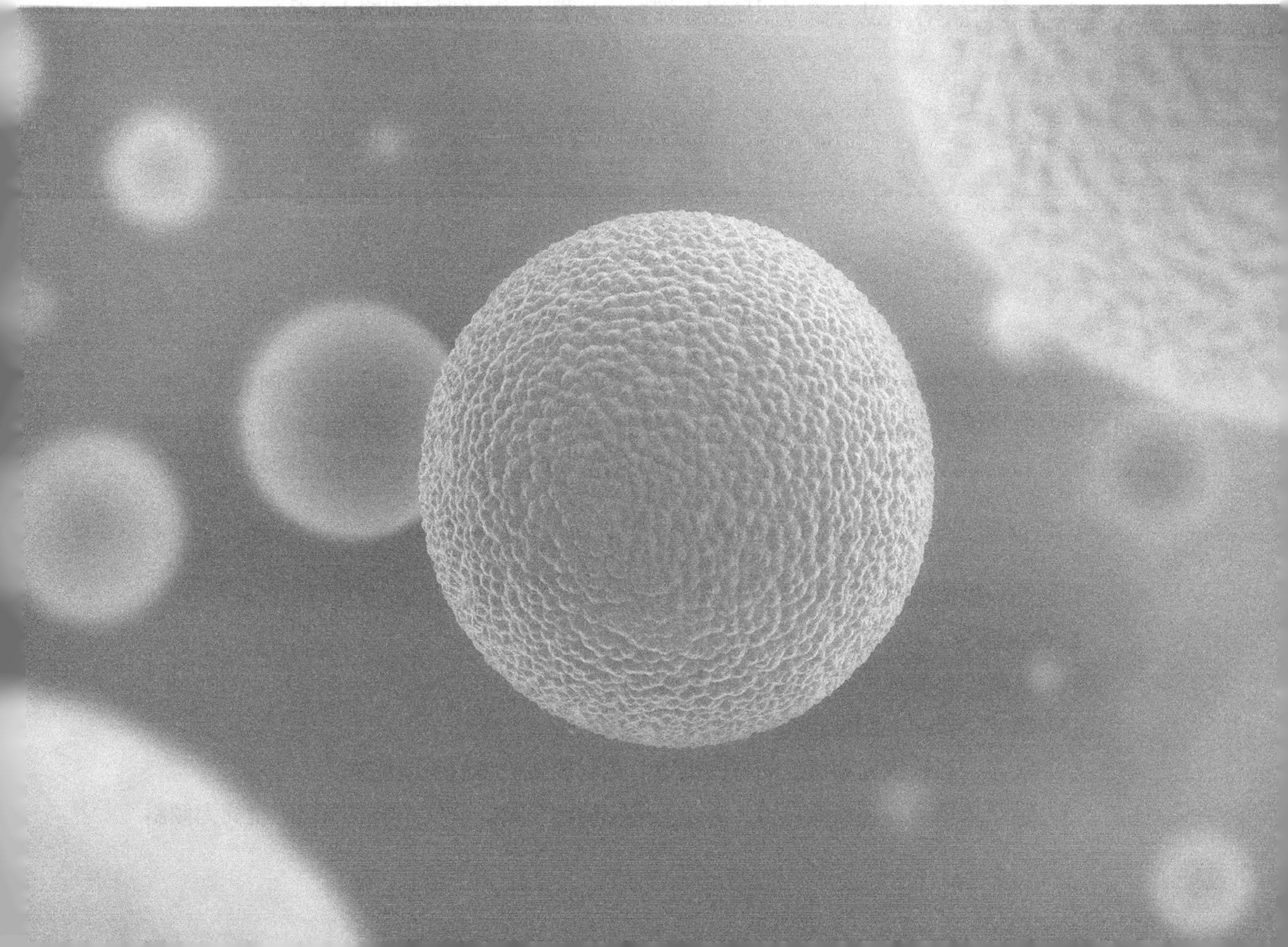

第一章　光学显微镜及其制片技术

实验一　普通光学显微镜的使用与显微测量

扫码看视频

【实验目的】

1. 熟悉普通光学显微镜的主要构造及其性能。
2. 熟练掌握光学显微镜的使用方法。
3. 掌握显微测量的方法。

【实验原理】

一、普通光学显微镜的成像原理

现代普通光学显微镜（optical microscope）利用凸透镜成像原理获得所观察样品的放大影像。其核心成像部件为两组凸透镜（物镜、目镜），成像原理如图 1-1 所示。

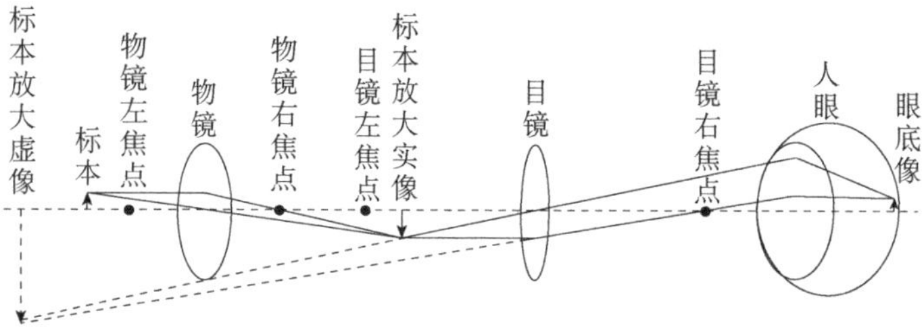

图 1-1　光学显微镜成像原理

将标本置于物镜一侧 1～2 倍焦距之间，通过物镜可在其另一侧成一反方向放大实像，放大倍数为物镜放大倍数，此实像位于目镜焦距之内，人眼通过目镜观察此放大实像，可看到一个和标本成反方向的放大虚像，总放大倍数是物镜和目镜放大倍数的乘积。

二、普通光学显微镜的主要结构

普通光学显微镜结构见图 1-2，一般包括机械部分、光学放大部分和照明部分。

1. 机械部分

（1）镜座：显微镜底座，支撑整个镜体。

（2）镜柱：镜座上面直立部分，连接镜座和镜臂。

（3）镜臂：连接镜筒和镜柱的弯曲构造，是取放显微镜的手握部位。

（4）镜筒：镜筒上端连接目镜，下端连接物镜转换器。现代光学显微镜的镜筒为倾斜式双目镜筒，目镜端倾斜 45°，利于观察。双目镜筒设计时为适应不同人的瞳距，添加调节两目镜间距离装置，称瞳距调节器。为了补偿两眼的屈光度差别，至少一个目镜基座上带有屈光度调节旋钮。带有摄影功能的显微镜的镜筒为三目镜筒，其中一目通向摄影装置。镜筒内有复杂的折光和分光棱镜，确保光线可弯折并分配到指定的目镜。三目镜筒一般会有分光棱镜拉杆，拉到不同位置时，光线会分配到不同的目镜。

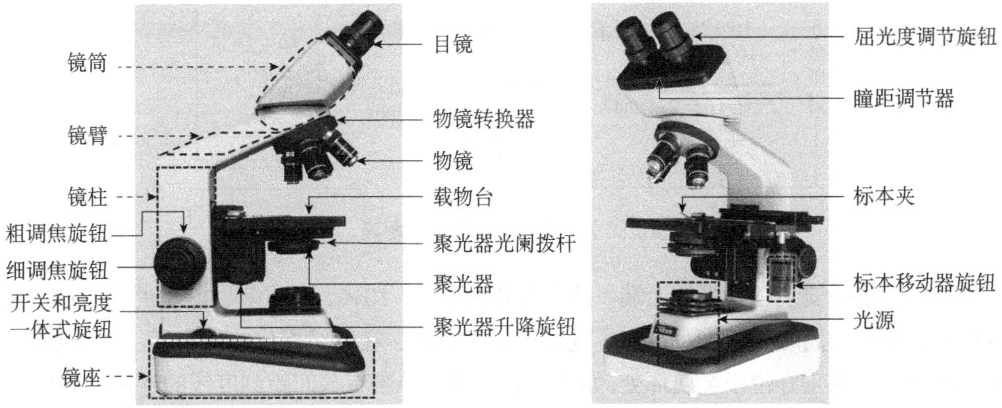

图 1-2　显微镜基本结构

（5）物镜转换器：镜筒下方可左右自由旋转的圆盘，上有多个安装物镜的圆孔，用以安装不同的物镜。转动物镜转换器，当听到叩碰声时正下方的物镜恰好对准通光孔。

（6）载物台：物镜转换器下方的平台，可放置玻片标本。载物台上有标本夹以固定标本，通常会装有标本移动器，旋转标本移动器的两个旋钮可使标本夹前后或左右移动，利于快速并准确寻找目标。载物台中央开孔，称为通光孔，来自下方的照明光经此孔照射上来。

（7）调焦旋钮：依调焦方法的不同，显微镜可分为镜筒移动型和载物台移动型两种，现代显微镜一般为载物台移动型，其调焦旋钮在镜柱下端，顺时针或逆时针旋转调焦旋钮可使载物台上下移动。调焦旋钮有粗调焦旋钮和细调焦旋钮两种，粗调焦旋钮用于低倍镜观察时快速移动载物台，细调焦旋钮用于高倍镜观察时精细调焦。

部分种类的显微镜的粗调焦旋钮和细调焦旋钮同轴，粗调焦旋钮靠近镜柱。调焦装置有预调焦限位开关，用于限定粗调焦旋钮调节载物台上升时的最高位置。一般将此位置设定为稍高于聚焦位置，这样可快速转动粗调焦旋钮上升到此处，再缓慢下降，即可快速到达调焦位置。

2. 光学放大部分

（1）物镜：安装在物镜转换器上，是显微镜最主要的光学部件。物镜常用的放大倍数有 4×、10×、40×、100×等。一般称 40×及以上倍数为高倍镜，有些倍数较高的高倍镜在使用时要在镜头前端和标本间充满高折射率的油，此种物镜称油浸物镜，简称油镜。

在聚焦情况下，物镜前端和样品间的距离称工作距离（working distance），物镜后端定位面和样品间的距离称齐焦距离（parfocal distance）。物镜放大倍数越大，焦距越短，工作距离越短。接在一个显微镜上的不同物镜，其齐焦距离最好相同，聚焦后，换另一物镜观察时，仅通过细调焦旋钮微调即可聚焦。图 1-3 显示了不同放大倍数的物镜的工作距离、齐焦距离以及表面标识的性能参数，其中最重要的参数是数值孔径，其数值决定了所观察图像的分辨率。油镜上会有“油”“Oil”等标识。

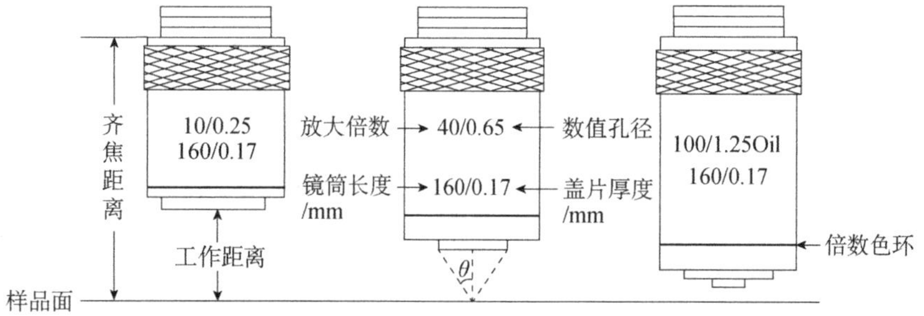

图 1-3 物镜的主要性能参数及工作距离、齐焦距离

（2）目镜：安装在镜筒的上端，放大倍数为 5×、10×、15×等。常用的为 10×。在目镜内，有一金属环，其大小决定了视野的最大范围。在物镜聚焦的状态下，样品通过物镜所成放大实像正好位于金属环处，如果在此放置一个带有等间距刻度线的透明玻璃片（目镜测微尺），能同时看清刻度线和样品像，从而可对样品像进行相对测量。

3. 照明部分

照明部分主要包括光源和照明光路两部分，现代显微镜大都采用电光源照明。照明光路有临界照明、散射光照明和科勒照明 3 种（图 1-4）。

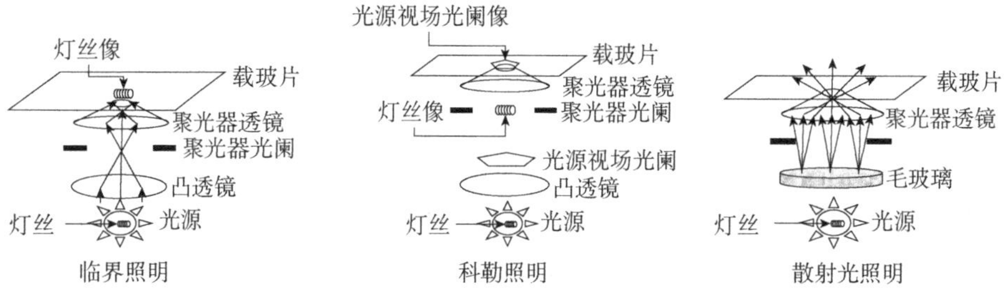

图 1-4 3 种照明方式光路简图

（1）临界照明：此种照明光路系统包括凸透镜、聚光器（含聚光器透镜和聚光器光阑），调整聚光器高度，使灯丝通过凸透镜和聚光器透镜成像于载玻片的样品处，这样可提高样品处的光亮度。早期的电光源亮度低，为了提高照明亮度，显微镜多采用临界照明方式，但是临界照明方式的缺点是照明不均匀，样品处温度较高。

（2）科勒照明：此种照明光路系统包括凸透镜（多组）、光源视场光阑、聚光器。调整聚光器高度，使光源视场光阑经聚光器透镜成像于载玻片的样品处，此时灯丝像成像于聚光器光阑处，这样可使样品处的照明均匀，亮度较高且不至于温度过高。调节光源视场光阑和聚光器对中旋钮，使其在载玻片处的像正好外切目镜的观察视野。科勒照明方式大多用于对性能要求较高的研究级显微镜中。

（3）散射光照明：此种照明光路系统包括毛玻璃、聚光器。由光源发出的光经毛玻璃变为散射光，散射光经聚光器会聚后再照射到样品上，照明均匀，但是亮度较科勒照明低一些，一些对性能要求较低的教学级别显微镜采取了此种照明方式。

照明光路中的聚光器：以上 3 种照明方式的照明光路中，均采用了聚光器，其位于载物台的通光孔下方，由聚光器透镜和聚光器光阑组成。在散射光照明方式中聚光器的高度越高，照明范围越小，亮度越低。而临界照明和科勒照明方式中聚光器高度必须调整到特定位置。聚光器光阑的大小主要影响成像的分辨率、对比度和景深范围，最好不要用其来调节照明亮度。

三、显微镜使用中的一些重要参数及术语

1. 数值孔径和分辨率

数值孔径（numerical aperture，NA）是物镜和聚光器的重要参数，其值为 $n\sin\theta$，其中 n 为透镜要求介质的折射率，大部分透镜要求介质为空气，折射率为 1，油镜所需介质物镜油的折射率在 1.5 左右。θ 为聚焦时透镜边缘到样品视野中央点的夹角一半（图 1-3）。一个物镜一旦制作完成，其数值孔径就是一个固定值，一般会标识在其放大倍数之后。

具有可变光阑的聚光器的数值孔径随光阑开口大小变化而变，可变光阑开口越大，θ 越大，数值孔径值越大。多数可变光阑聚光器上标有数值孔径值刻度或物镜的放大倍数标识，用以指示光阑开口大小。

分辨率（分辨力、分辨本领，resolution）是成像系统能分辨出的两点间的最小距离。显微镜的分辨率计算公式为 $D = 0.61\lambda / \mathrm{NA}_{物镜}$，其中，$\lambda$ 为照明光的波长，λ 越小，物镜 NA 值越大。D 值越小，分辨率越高。现代普通光学显微镜的物镜 NA 极限值为 1.3 左右，λ 选紫色可见光 450nm，计算可得 D 值约为 0.2μm。这是普通光学显微镜的最大分辨率（选用 NA 值最高的物镜）。

考虑到聚光器数值孔径因素，显微镜的分辨率公式为 $D = 0.61\lambda / (1/2\mathrm{NA}_{物镜} + 1/2\mathrm{NA}_{聚光器})$，当物镜一定时，显微镜影像的实际分辨率还受聚光器的 NA 值影响，聚光器光阑越大，NA 值越大，分辨率越高。但是聚光器的 NA 值变大后，照射到样品上的杂散光变多，使成像反差变小，综合考虑反差和分辨率因素，聚光器的 NA 值一般情况下调节到物镜 NA 值的 0.7 倍为宜。

2. 明视距离和放大倍数

明视距离是指人眼在一般照明下习惯的观察距离，为 250mm。人眼的分辨率是指在明视距离下能够分辨的两点间最小距离，据测定约为 0.2mm。在明视距离下，物镜和目镜的放大倍数是其标称放大倍数。显微镜的放大倍数为物镜标称放大倍数和目镜放大倍数的乘积。此放大倍数是长度比，不是面积比。

放大后的影像分辨率刚好等于人眼分辨率，此时的放大倍数为有效放大倍数。用 NA 值为 1.25 的 100×物镜观察样品，样品初始分辨率为 0.2μm，经 100 倍放大后影像分辨率变为 20μm，再经 10×目镜放大后，分辨率变为 200μm，等于人眼分辨率，此时的总放大倍数 1000 倍为有效放大倍数，如果用 20×目镜，分辨率变为 400μm，大于人眼分辨率，2000 倍放大倍数中的部分放大属无效放大。

3. 孔径光阑和视场光阑

光阑是指光学系统中能限制成像光束的光孔和成像元件（如透镜、棱镜等）的边框，可以改变孔径的光阑称为可变光阑。依光阑在光学系统中的作用，其主要分为孔径光阑和视场光阑。

孔径光阑限制了成像光束的立体角，决定了轴上点成像光束中最边缘光线的倾斜角。孔径光阑口径的大小将影响分辨率、像面照度。光学显微镜中的孔径光阑是聚光器光阑。视场光阑是限制样品能被系统成像的最大范围的光阑，它决定了光学系统的视场大小。光学显微镜中的视场光阑在目镜中。

在科勒照明方式的光路中，光源端有一可变光阑，常被称为视场光阑，但是其并不是严格意义的视场光阑。由于这一光阑通过聚光器透镜成像在样品处，所以这一光阑的大小实际上是决定了样品被照亮的范围，并不限定成像范围。

4. 焦点深度

焦点深度，简称焦深。从直观角度讲，使用显微镜时，当聚焦到目标后，不仅位于该目标所在平面上的各点都可以看清楚，而且在此平面的上下一定厚度内的点，也能看得较为清楚，这个较为清楚部分的上下范围就是焦深。

在 4×物镜下微调细调焦旋钮时，看到的影像变化不大，而在 40×物镜下，则变化很大，这是因为放大倍数越大，焦深越小。

除放大倍数影响焦深外，聚光器光阑也影响焦深，聚光器光阑开口越大，焦深越小。

四、显微测量原理

对显微镜下的样品进行长度测量，最直接的办法是用一个刻有标准长度间隔刻度线的标准尺玻片和样品玻片重叠，在视野里同时看到标准尺和样品后，移动标准尺进行直接测量。但是由于盖玻片的存在，标准尺和样品无法紧贴，在高倍镜下无法同时聚焦，而且高倍镜工作距离很短，有时很难同时容纳标本玻片和标准尺玻片，所以这种直接测量法很少使用。

另一种方法是间接测量法。间接法测量时测微尺置于目镜的视场光阑处，与样品经物镜后所成的中间像重叠，在目镜中可同时看清测微尺刻度线和标本像，测量后，用测微尺测量的长度除以物镜放大倍数，即实际长度。由于物镜放大倍数数值并非精确值，所以此种方法测得长度精度较小。

为了提高精度，可将另一标准尺置于载物台上，聚焦后，用载物台上的标准尺测量目镜测微尺刻度，计算得出目镜测微尺邻近刻度线间隔对应的长度 L。再用目镜测微尺在相同物镜下测量标本，读取的刻度数乘以 L 即可得出标本实际长度。不同物镜，有不同的 L 值。

L 的计算方法为：选取一个物镜，调焦，在目镜中同时清晰地看到标准尺刻度线和目镜测微尺刻度线，移动载物台，转动目镜，将测微尺的一侧刻度线和标准尺一个刻度线重合，再向另一侧寻找较远的两个刻度线重合的位置，记下标准尺和目镜测微尺上两个重叠刻度线间的格数，分别记作 A（标准尺格数）和 B（测微尺格数）。测微尺在此物镜下每格代表的样品实际长度值计算公式为：L=A×C/B，C 为标准尺的相邻格距离。如图 1-5 所示，当前物镜下目镜测微尺每格代表的样品实际长度 L 值计算公式为 A（88）×C（10）÷B（36），约等于 24.4μm。

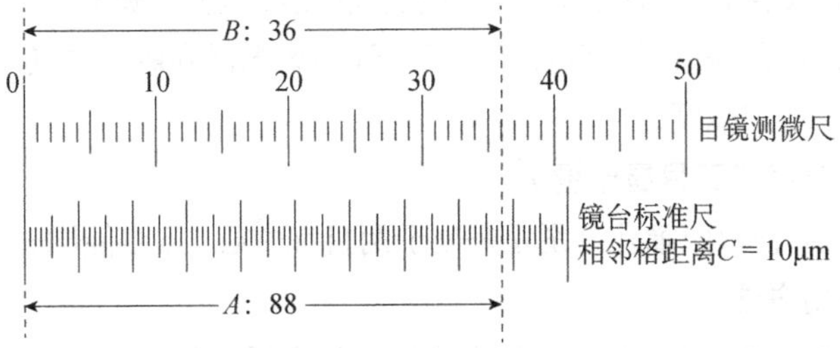

图 1-5　视野内的目镜测微尺和镜台标准尺示意图

放在载物台上的标准尺一般被称为镜台测微尺，常规精度的镜台测微尺其最近两条刻度线间距一般为 10μm，而高精度的镜台测微尺间距可小至 2μm。图 1-6 为目镜测微尺和镜台测微尺。

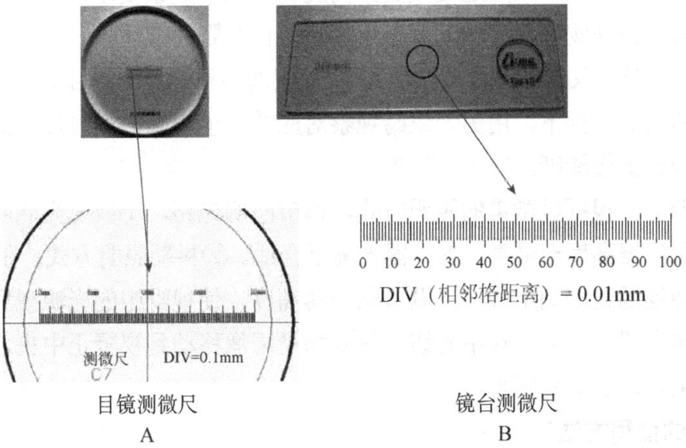

图 1-6　目镜测微尺（A）和镜台测微尺（B）

总之，光学显微镜利用光学原理放大成像，最大分辨率为 0.2μm，提供的有效放大倍数约为 1000 倍，是在细胞和组织水平上观察生物结构和生物现象的必备实验设备。熟练掌握普通光学显微镜的使用方法，是生物学实验的基本技能要求。

【实验准备】

1. 生物材料：各种动植物组织永久制片、人血涂片永久制片。
2. 实验器材：电光源普通光学显微镜、镜台测微尺、目镜测微尺。

【实验步骤】

1. 准备

一手托镜座，另一手握镜臂，将显微镜小心地从镜箱中取出，轻放于实验台上，位置以目镜与桌沿齐平为宜。检查显微镜各部件是否完整无损。确保电源开关处于关闭位置，亮度调节器处于亮度最小位置，载物台位于最低位置。如是三目显微镜，光路选择拉杆须处于目镜有光输出的位置。

将电源线插头插入插座，打开电源开关，稍调高亮度，检查光源和亮度调节器是否正常。

检查物镜调节器，确保最低倍镜置于光路。升高聚光器到最高位置，通过目镜观察视野，调节亮度旋钮至适宜亮度。

2. 瞳距调节（双目或三目显微镜）

调节瞳距调节器，使双眼瞳孔分别正好处于两目镜中心，双眼能同时看到完整的视野。

3. 低倍镜的使用方法

（1）将聚光器光阑调至合适部位，使聚光器数值孔径值稍小于当前物镜的数值孔径。

（2）放置玻片标本。将玻片标本平放到载物台边缘，用手平推其进入标本固定器内夹住。转动标本移动器旋钮，使要观察的标本部位位于通光孔处的聚光器透镜中央。

（3）调节焦距。目视玻片标本和物镜，旋转粗调焦旋钮，使载物台上升到合适高度（玻片和物镜的距离稍小于当前物镜的工作距离），如果设定了预调焦位置，直接快速上升到遇到阻力不能轻松转动为止。然后边缓慢反方向旋转粗调焦旋钮使载物台下降，边观察目镜视野，直至视野内出现物像，再转动细调焦旋钮，使视野物像清晰。

（4）屈光度调节（双目或三目显微镜）。在瞳距调整正确，一侧目镜内用同侧眼睛观察到的视野影像清晰的前提下，用另一眼睛观察对应的目镜视野，同时旋转此目镜的瞳距调节器旋钮至此视野影像清晰。

（5）照明调节。根据显微镜的照明方式，调节照明光路。①散射光照明方式。此种照明方式需调整聚光器高度至最高、聚光器光阑至合适。②科勒照明方式。在10×物镜下聚焦样品，将光源视场光阑调至最小，调节聚光器高度，使视野中的光源视场光阑像的边缘最清晰，调节聚光器左右两个对中旋钮，使视场光阑像移动到视野正中央，最后调大光源视场光阑至其刚好外切目镜视野。

4. 高倍镜的使用方法

（1）准备。在低倍镜下，观察到目标物像，将其移至视野中央，再转动物镜转换器，转换更高一级放大倍数物镜进行观察。此时，观察的范围变小，要稍调高亮度，调大聚光器光阑，调小光源视场光阑（科勒照明）。特别提醒：必须在前一级物镜聚焦后再调到下一级，不能跳级。

（2）聚焦。如果显微镜的目镜齐焦距离差别很小，此时只需通过细调焦旋钮微调几圈即可聚焦清晰。特别注意：当物镜倍数在40×及以上时，只能通过细调焦旋钮进行调焦，而且不能一直沿一个方向旋转旋钮多圈，以防物镜和玻片接触，压碎玻片。

5. 更换样品

更换样品无需下降载物台，只需先将低倍镜移至光路，再更换玻片。此时只需微调细调焦旋钮即可调焦清晰。特别注意：不能在高倍镜下直接下降载物台。

6. 油镜使用方法

（1）油镜使用准备。必须在40×物镜下聚焦清晰，把观察目标移至视野正中央，才能改用油镜观察。在改用油镜前，须将低倍镜置于光路（或者介于两个低倍镜中间），再在玻片标本的样品观察部位（通光孔正中心）处滴加一滴专用镜油（香柏油或石蜡油）。由低倍镜方向转换到油镜，尽量不要从高倍镜转换，防止镜油污染高倍镜。

（2）聚焦。注视目镜中，缓慢旋转细调焦旋钮半圈，注意观察影像变化趋势，如变清晰，继续缓慢旋转，至视野内影像清晰。如变模糊，反方向旋转一圈，继续旋转至视野内影像清晰。特别注意：同一方向转动细调焦旋钮不能超过 3 圈。

（3）镜油清理。油镜观察完毕后，要及时将镜头和玻片上的油擦拭干净。镜头擦拭步骤：先将低倍镜移入，取下玻片，下降载物台，用干擦镜纸擦拭油镜，擦去大部分油，再用蘸有少许清洁液的擦镜纸擦拭几次，最后用干擦镜纸擦拭一次。玻片清洗方法同上。如是无盖片标本，可用拉纸法清洗：先把小块擦镜纸盖于油滴上，再滴加数滴清洁液，趁湿将纸上拉，反复几次即可清洗干净。

7. 显微测量

（1）准备。取下目镜，旋开视场光阑处螺旋，将目镜测微尺放入其内，注意刻度面朝下，旋紧。放回目镜。

（2）目镜测微尺刻度的标定。将镜台测微尺放在载物台上，特定倍数物镜下聚焦，调节至目镜视野中目镜测微尺和镜台测微尺刻度线清晰，调整使两尺的刻度线重叠，读取 A 和 B 值，依据公式计算 L 值，每一个物镜计算一个 L 值。

（3）任意选取一片动植物组织永久制片和人血涂片，在 40×物镜下测量动植物组织永久制片中的细胞核直径和人血红细胞的直径（测量 30 个，求平均值）。

8. 显微镜收回

观察完毕，将低倍镜移至光路，取下玻片，关闭电源，亮度调至最低，下降载物台至最低，标本推进器归位。拔下插头，一手托镜座，另一手握镜臂，将显微镜放入柜中。

【注意事项】

1. 显微镜为精密光学仪器，透镜为多片贴合而成，最忌震动，使用时要轻拿轻放，不能在桌面上直接推拉，防止震动。

2. 显微镜光学部件只能用擦镜纸擦拭，擦拭前须用洗耳球吹去可能的灰尘颗粒。

3. 必须按照从低倍镜到高倍镜再到油镜顺序观察，不能跳级。高倍镜工作距离短，使用时严禁用粗调焦旋钮调焦。

4. 注意了解所用显微镜的照明方式，要根据其照明方式对聚光器进行合适的调节。

5. 聚光器光阑大小影响分辨率、对比度和焦深，要根据需要进行调节。

【思考问题】

1. 用 4×物镜（数值孔径值为 0.13）观察样品，采用多大倍数的目镜可以实现最大有效放大（λ 值设定为 400nm）？

2. 用光学显微镜观察样品时，必须用数值孔径值在多少以上（四舍五入保留 2 位小数）的物镜，才能分辨出宽约 0.5μm 的大肠杆菌（λ 值设定为 400nm）？

3. 如果玻片标本（载玻片厚度 1mm）放反了，能否在 10×物镜（工作距离 6mm）下聚焦？40×物镜（工作距离 0.5mm）呢？为什么？

4. 如何快速判断视野中所见到的污点的位置（目镜上、盖玻片上、盖玻片下、载玻片下）？

5. 在 10×物镜下看到两个清晰的细胞核，转到 40×物镜下发现通过调焦旋钮调节无法使两个细胞核同时保持清晰，这是为什么？如何调节显微镜，使这两个细胞核尽量同时清晰？

参 考 文 献

杨汉民. 1997. 细胞生物学实验. 2 版. 北京：高等教育出版社.
郑国锠，谷祝平. 1993. 生物显微技术. 北京：高等教育出版社.

扫码看视频

实验二　特殊光学显微镜的原理及使用

除分辨率外，显微镜的成像质量还取决于样品的反差（contrast）。人眼能够感知的反差包括颜色差和亮度差。颜色的差别取决于光的波长，亮度的差别取决于光的振幅。

生物样品的原始反差一般较小，为了增大反差，生物样品显微观察前可经过染色，使得细胞的组分呈现颜色反差，但是大多数染色会杀死细胞。如果希望观察活细胞，且不进行活体染色，则可采用能够提高反差的特殊光学显微镜来观察。

Ⅰ. 暗视野显微镜

【实验目的】

1. 了解暗视野显微镜的基本原理、结构和用途。
2. 熟练掌握暗视野显微镜的使用方法。

【实验原理】

暗视野显微镜（dark-field microscope），确切地说，是采用斜向照明方式的普通光学显微镜。斜向照明的光线无法透过物镜到达目镜，当没有样品时，整个视野是暗的（图 1-7a），所以称暗视野显微镜。

当放入样品后，斜向照明的光线照射到样品，和样品发生作用，产生方向改变的散射光和反射光，部分散射光和反射光进入物镜成像（图 1-7b）。由于背景黑暗，样品所成像反差极大，极易分辨，即使是小至 0.004μm 的颗粒，如果其散射光或反射光足够强，也能看到。但是由于所成像为散射光和反射光，没有全部包含样品信息，所以分辨率低，无法分辨样品的内部信息，但是可以确定样品的存在和位置变化。其主要用于观察活细胞内微粒的运动、单细胞生物的计数等。

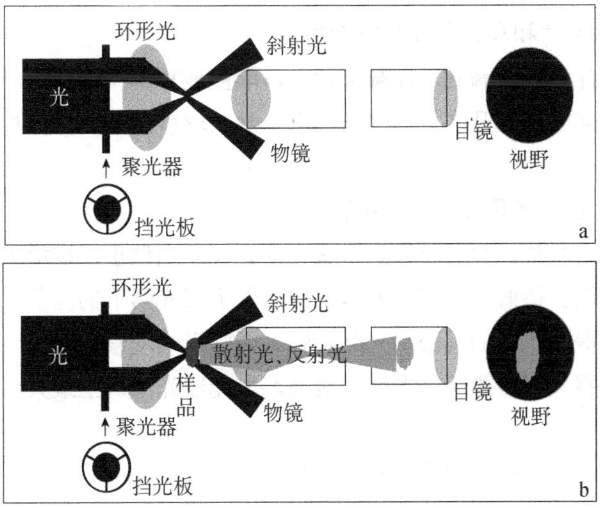

图 1-7 暗视野显微镜模式图

图 1-7 所示，斜射光是通过在聚光器下添加一挡光板，这一挡光板可自制，因此这是将普通光学显微镜变为暗视野显微镜的最简单方法。挡光板挡光的中心圆的直径依物镜的数值孔径而定，以正好挡住直射进入物镜的光为宜。小了，造成部分直射光进入视野，背景变亮；大了，则进入物镜的散射光、反射光量少，样品变暗。一般情况下，按高倍镜来制作，低倍镜也可使用。

另一种方法是使用专用的暗视野聚光器。专用暗视野聚光器的种类较多，其最终的功能和挡光板相同，也是产生斜射光。

【实验准备】

1. 生物材料：含有各种藻类、原生动物的水样，马铃薯。
2. 实验器材：普通光学显微镜、硬台纸、剪刀、圆规、胶水、镊子、载玻片、盖玻片、吸管、吸水纸等。
3. 实验试剂：蒸馏水。

【实验步骤】

1. 制作挡光板

若显微镜聚光器上有数值孔径数值，则直接将聚光器光阑调至 40×物镜所标示的数值孔径处，取下聚光器，用圆规量取光阑开口直径。此直径即挡光板最佳直径。实际制作时直径可稍大些。用圆规在台纸上以直径画圆，用剪刀剪下。

如果显微镜聚光器上没有数值孔径数值。则按照如下方法获得挡光板直径，随后方法和上述相同。任取一片切片标本，将聚光器升至最高，在 40×物镜下聚焦后，取下标本和目镜，将聚光器的光阑调至最小，在镜筒内观察此光阑，同时将光阑慢慢调大，当光阑开口和物镜最大孔径刚刚重合时停止，此时聚光器光阑开口直径即为挡光板的直径。也可在制作挡光板时做得稍大一点。

2. 制作水样水封片和马铃薯淀粉粒涂片

用吸管吸取水样，滴一滴到干净载玻片上，取盖玻片制作水封片。取马铃薯小块，在干净载玻片上轻轻来回擦拭几次，滴加蒸馏水一滴，取盖玻片制作涂片。注意要用吸水纸吸去多余水分。

3. 观察水样水封片和马铃薯淀粉粒涂片

（1）低倍镜观察制片。此时要注意将聚光器光阑适当调小，以增大反差。

（2）放置挡光板。待低倍镜聚焦好样品后，取下聚光器下的滤色片，将制作的挡光板贴在其正中心，确保滤色片的圆心和光路同轴。否则影响观察效果。

（3）暗视野观察。将显微镜亮度调至最高，聚光器光阑调至最大，微调细调焦旋钮调焦。换高倍镜观察。

（4）观察完毕，清洗临时制片，收回显微镜。

【注意事项】

1. 暗视野观察不易调焦，要先用常规方法在低倍镜下聚焦样品。

2. 暗视野观察亮度低，必须将亮度调到最高。

3. 制作临时制片一定要将多余水分吸去，以防污染显微镜。

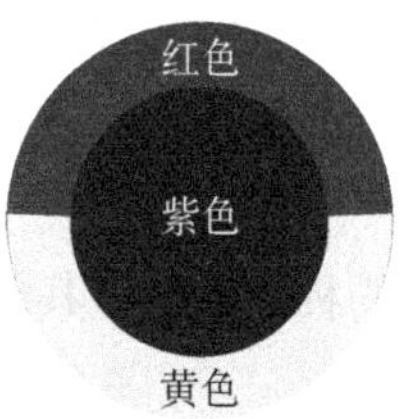

图 1-8 特殊颜色的滤色片

【思考问题】

1. 为什么暗视野观察时聚光器光阑必须调至最大？

2. 如果将显微镜的滤色片更换为如图 1-8 所示滤色片，观察效果会有何提升？

Ⅱ. 相差显微镜

【实验目的】

1. 了解相差显微镜的基本原理、结构和用途。

2. 熟练掌握相差显微镜的使用方法。

【实验原理】

相差显微镜（phase-contrast microscope）由荷兰科学家弗里茨·泽尔尼克（Frits Zernike）于 1935 年发明，其因此获得了 1953 年的诺贝尔物理学奖。

光具有波动性，直观地说，光的相位是指光在运动路径上某一特定点处其所处的振动周期位置，一般用弧度表示，范围为 0～2π。如图 1-9a 所示，B 点的相位是 0.5π。光的干涉是指具有相干性的两束光同时到达一点时矢量叠加后出现强弱稳定的光强分布现象。如果这时两束光相位值的差为 π，则光强（振幅）为 0（图 1-9b）；若两束光相位值的差值为 0，则光强加倍（图 1-9c）。

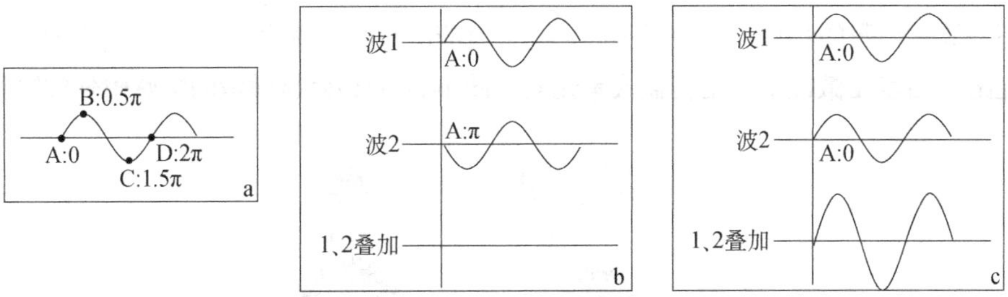

图 1-9 光的相位和干涉

当光通过折射率比周围介质大的特定大小的微粒时，会形成两种光，一种为相位和方向不发生变化的非衍射光（直射光，占比大），另一种为相位推迟和方向发生变化的衍射光（占比小）。衍射光相位改变的大小与穿过样品点的折射率和厚度有关。经一点发出的衍射光和直射光为相干光，经透镜最终成像时，直射光和衍射光会聚，由于相位不同，会发生干涉。生物显微标本衍射光相位一般推迟 0.5π 左右，加上非衍射光占比大，所以干涉影响较小。当把直射光亮度减小到和衍射光相当且使这两种光的相位差变为 0 或 π，就会产生非常明显的干涉效果。样品不同部位的折射率和厚度会影响此干涉，从而产生明暗差别。

相差显微镜简要结构和光路示意图见图 1-10，和普通显微镜相比，相差显微镜主要增加了两个附件：环状光阑（置于聚光器下面）和相差板（一般置于物镜内）。

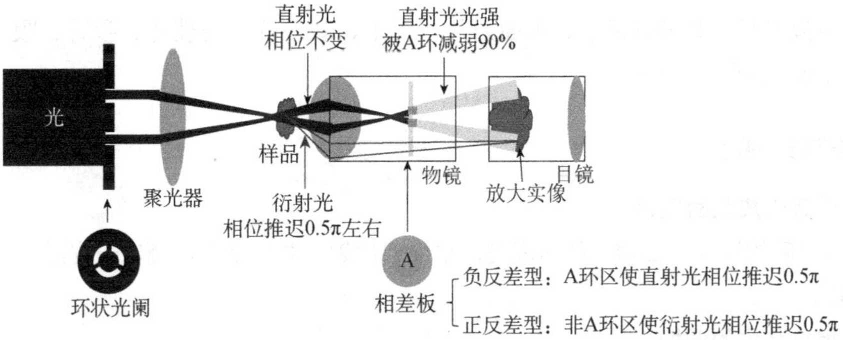

图 1-10 相差显微镜简要结构和光路示意图

光通过环状光阑和聚光器变为环状光锥照射到样品后，非衍射光沿原方向进入物镜，会聚后发散的环状光正好能照射到相差板的环形区（A 环），此区的特殊涂层将光强减弱 80%～90%。而经样品产生的衍射光脱离原方向，相位推迟 0.5π，进入物镜后，经过相差板的非 A 环区域，正反差型相差板此区涂有可使光相位延迟 0.5π 的涂层，这样经过相差板后，衍射光和非衍射光光强相当，相位差达到 π，最终在物镜成像点处干涉后光强接近为 0。如果在 A 环区既涂有光强减弱涂层，又涂有使光的相位延迟 0.5π 的涂层，这种相差板称负反差型相差板。

相差显微镜的环状光阑和相差板 A 环，在光路中为共轭关系，只有严格的共轭，才能达到最佳效果。为了调节两者共轭，须使用合轴望远目镜，望远目镜的焦深范围很大，插入目镜接口内，可同时看清环状光阑和相差板。另外，为达到最佳干涉效果，还要采用绿色滤色片（波长范围 500～600nm）。

不同放大倍数的物镜，相差板不同，与之对应的环状光阑也不同。为了更方便地调换环状光阑，相差显微镜都采用转盘式聚光器。图 1-11 为相差显微镜的特殊附件实物图。

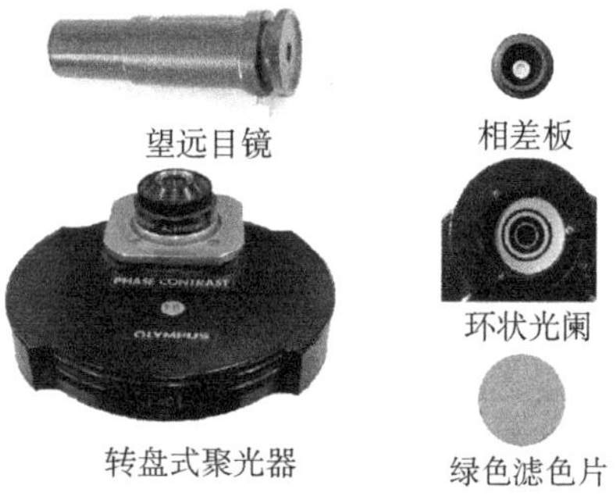

图 1-11 相差显微镜的特殊附件

总之，相差显微镜利用特殊的光学设计，将光透过标本引起的相位差通过干涉变成人眼能够辨别的振幅差，提高了不同密度结构间的反差。因此其非常适合观察活细胞或未经染色的标本。

【实验准备】

1. 生物材料：白洋葱（预先一周将根部浸水，活化鳞茎细胞）。
2. 实验器材：相差显微镜、单面刀片、镊子、载玻片、盖玻片、吸管、吸水纸等。
3. 实验试剂：蒸馏水。

【实验步骤】

1. 洋葱表皮临时制片

取活化后的洋葱中部鳞片的内表皮，单面刀片划“井”字形，撕出表皮面向下，制作临时铺片。

2. 相差装置的调换

卸下普通显微镜的聚光器，装入相差聚光器，将绿色滤色片放于支架上。换上相差物镜。

3. 普通光学显微镜观察

旋转聚光器转盘使普通型聚光器（标识为“O”）进入光路，先按普通光学显微镜操作方法（要进行科勒照明调节）在低倍镜下观察洋葱表皮制片。

4. 合轴调节

旋转聚光器转盘，按目镜倍数选择对应的环状光阑。拔出目镜，插入合轴望远目镜，松开其固定螺丝，边调节内外筒距离，边从望远目镜内观察，直至视野内能清晰地看到环状光阑的亮环和相差板的深色环，固定好内筒。调节聚光器位置，直到亮环和深色环共圆心，若亮环和深色环大小不同，须上下调节聚光器使亮环变为深色环大小。调整完毕，拔出合轴望远目镜，换回原目镜。

5. 观察

在相差显微镜下观察样品制片，先用低倍镜再换高倍镜，注意更换物镜要更换为匹配的环状光阑，且要重新做合轴调节。

可清晰地分辨出细胞内的细胞核、核仁和细胞质中的颗粒，如表皮细胞活性高，可观察到胞质环流。

【注意事项】

1. 相差板有正反差和负反差两种类型，且有反差程度之分，可依被检样品的种类、结构和反差程度不同来选择。如观察细胞或细胞核的内部结构一般选正反差型相差板，而观察微小的样本如孢子、鞭毛等样品，则选择负反差型相差板较好。样品反差低用高反差相差板，反差高则用低反差相差板。
2. 相差显微镜所观察的标本厚度不宜大于 20μm。载玻片厚度要均匀。
3. 制作临时制片一定要将多余水分吸去，以防污染显微镜。

【思考问题】

1. 从结构、原理及观察效果方面比较普通光学显微镜与相差显微镜的差异。
2. 为什么相差显微镜所观察的标本厚度不宜大于 20μm，载片厚度要均匀？

Ⅲ. 偏光显微镜、微分干涉相差显微镜

【实验目的】

1. 了解偏光显微镜、微分干涉相差显微镜的基本原理、结构和用途。
2. 熟练掌握偏光显微镜、微分干涉相差显微镜的使用方法。

【实验原理】

一、光的偏振、单折射和双折射

光是一种电磁波，电磁波是横波。其振动方向和前进方向构成的平面叫振动面，光的振动面只限于某一固定方向的，叫平面偏振光或线偏振光（图 1-12a）。一般光源发出的可见光为多种方向偏振光的混合。自然光经过反射、折射、双折射或选择吸收等作用后，可以转变为只在一个固定方向上振动的偏振光。

当光通过一个透明物质时，会发生折射。当物质是各向同性时，只有一条折射光线，其行进方向符合折射定律（图 1-12b）。当其为各向异性且入射角度不平行于光轴时，会发生双折射，即形成两条折射光线，一条符合折射规律，称为 o 光，一条不符合折射规律，且偏离入射面，称为 e 光（图 1-12c）。o 光和 e 光均为偏振光，且振动方向垂直。大部分各向异性物质产生的 o 光和 e 光的强度相等。但是，也有一些物质对两条折射光的吸收相差很大，使得某一方向偏振光占比较大，这种性质称为二向色性（图 1-12d）。利用二向色性选择性吸收双折射光线的一种，可以产生在一个方向上振动的偏振光。

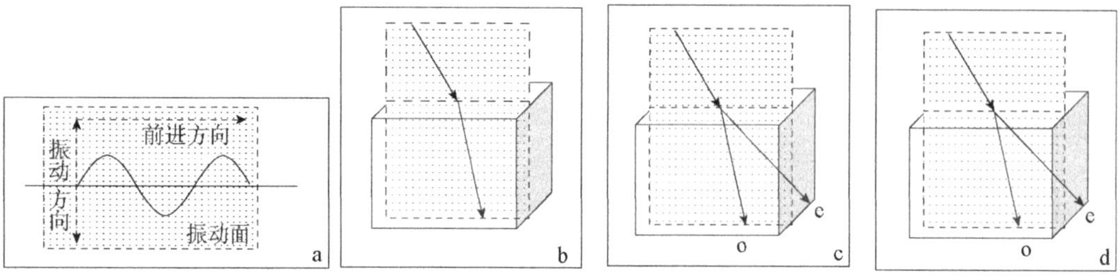

图 1-12 光的振动面、单折射、双折射和二向色性的双折射

二、偏振引起的消光

偏振片是一种特殊分子定向排列而成的薄片，具有二向色性，选择性吸收双折射光线的一种，另一种透过的偏振光偏振方向称透振方向。当光源发出的混合光通过偏振片后，均变为透振方向振动的光。如果再在其后放置一片偏振片，旋转不同的角度，会发生亮暗的变化。当其和第一偏振片偏振方向相同时，偏振光可全部通过，当其旋转 90°时，将把入射的偏振光完全吸收，此现象称消光（图 1-13）。

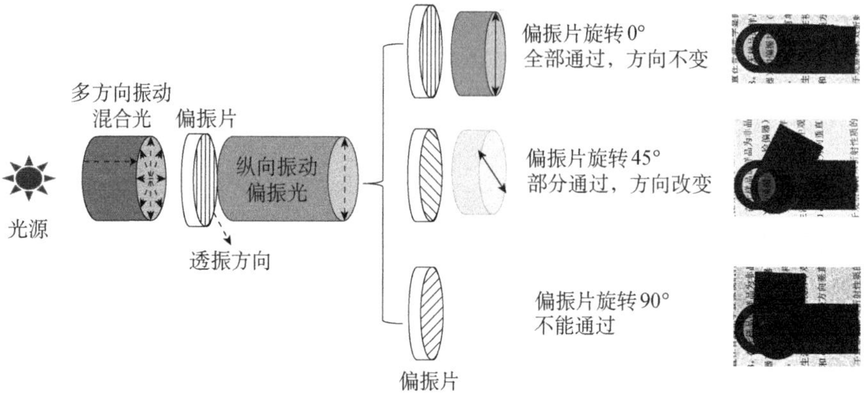

图 1-13 消光现象

三、偏光显微镜的原理

将两个偏振片放置在普通光学显微镜的样品上下两侧，即可将普通光学显微镜变为偏光显微镜（polarization microscope）（图 1-14）。在无样品或样品为各向同性物质（不能改变偏振光振动方向）的情况下，由于偏振片 1（起偏器）和偏振片 2（检偏器）的透振方向垂直，发生消光现象，视野为黑暗状态。当加入载玻片后，如果样品中有单折射样品 A 和双折射样品 B，偏振光通过 A 后其偏振方向不发生改变，发生消光，不能在视野中观察到。偏振光通过双折射样品 B 后，会生成 o 光和 e 光，其中 o 光和 e 光的偏振方向垂直，会有部分光通过检偏器。所以在视野中会看到 B 的像。

偏光显微镜可用于观察具有双折射性质的样品，在生物样品中，具有双折射性质的有纺锤体、骨骼、鳞片、淀粉粒和纤维等。

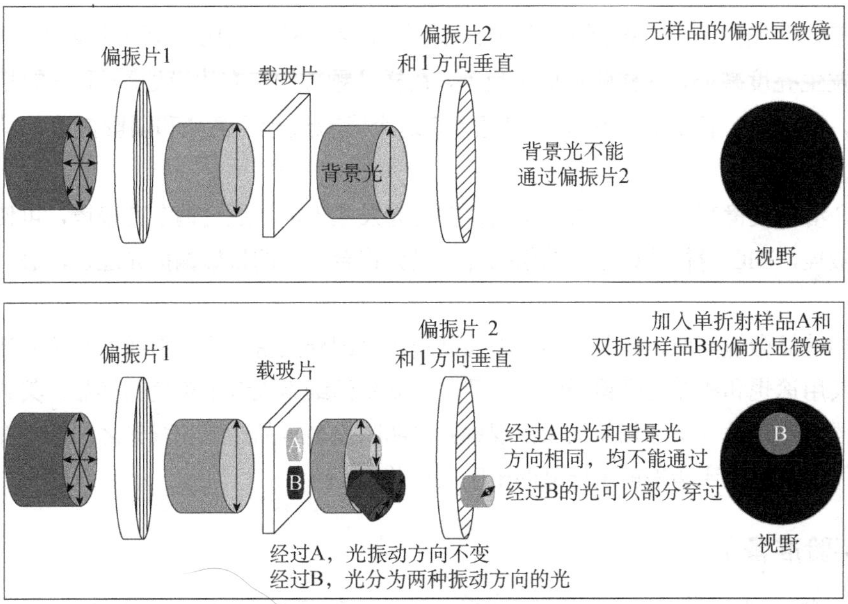

图 1-14　偏光显微镜的原理简图

四、微分干涉相差显微镜的原理

在偏光显微镜的基础上增加两个诺马斯基棱镜（DIC 棱镜、DIC 滑行棱镜），就变为微分干涉相差显微镜（differential interference contrast microscope，DICM）。光路简图见图 1-15。

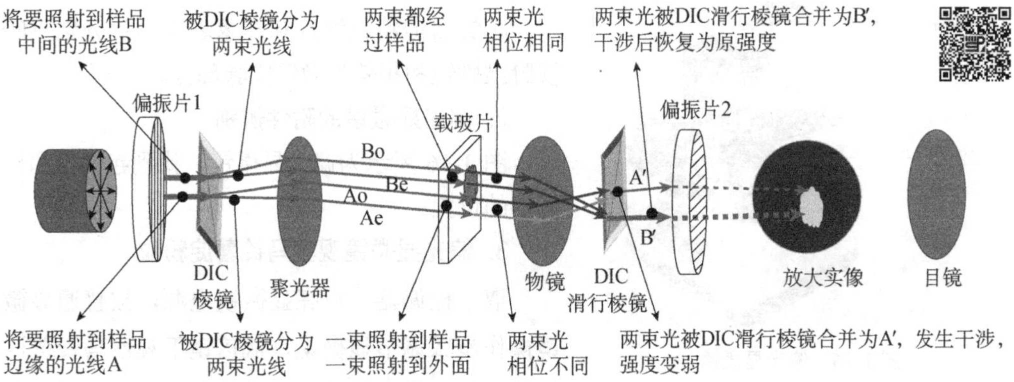

图 1-15　微分干涉相差显微镜的光路简图

首先，光源发出的光（照射到样品边缘的光线 A、照射到样品内部的光线 B）通过偏振片 1，变为偏振光，偏振光透过 DIC 棱镜，分别生成传播方向相同、振动方向垂直、位置有稍许偏移的光线 Ao、Ae 和光线 Bo、Be，经聚光器照射到样品上，Ao 穿过样品，Ae 穿过样品外部，由于样品的密度大，造成 Ao 的传播速度减慢，透过样品后和 Ae 相比会发生相位延迟，而 Bo 和 Be 虽穿过不同位置，但密度相同，无相位差别。4 束光进入物镜，到达 DIC 滑行棱镜，DIC 滑行棱镜和 DIC 棱镜作用正好相反，其可以把 Ao、Ae 和 Bo、Be 重新会聚为 A′和 B′两束偏振光，和 A、B 的振动方向垂直。由于 Ao 和 Ae

有相位差，会发生干涉，根据 Ao 和 Ae 的相位差值，和 B′相比，A′可能发生亮度增加，也可能发生亮度减弱，这样就形成了反差，在样品颗粒的左右边缘处，o 和 e 的相位差正好相反，所以会一侧亮、一侧暗。就好像将这个颗粒进行了高亮和阴影描边，具有很强的立体感。

DIC 滑行棱镜左右滑动，可使不同位置的光发生干涉，通过调节此棱镜，可使干涉效果达到最佳，DIC 滑行棱镜之后的偏振片 2 只允许合并后的目标偏振光通过，进一步增大反差。

和相差显微镜类似，微分干涉相差显微镜也将因样品密度不同造成的相位差转变为振幅差，其用途也和相差显微镜类似，主要用于观察活细胞或者未染色的样品。其和相差显微镜不同的是，微分干涉相差显微镜观察到的明暗差是样品边缘和背景之间的密度差，而相差显微镜看到的明暗差就是样品的密度大小差别。

【实验准备】

1. 生物材料：马铃薯、白洋葱（提前一周将根部浸水，活化鳞茎细胞）。

2. 实验器材：偏光显微镜、微分干涉相差显微镜、单面刀片、镊子、载玻片、盖玻片、吸管、吸水纸等。

3. 实验试剂：蒸馏水。

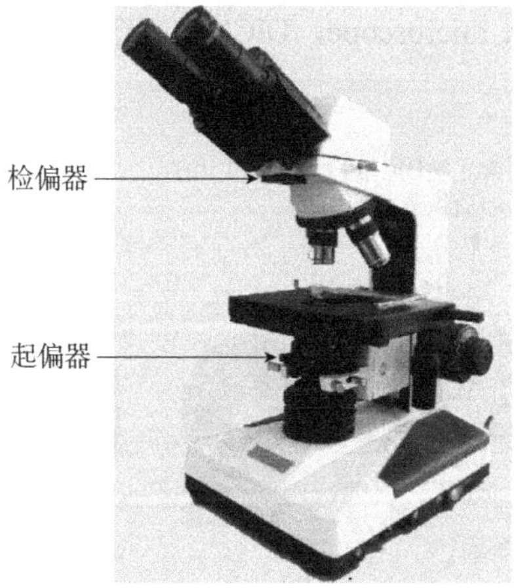

图 1-16　偏光显微镜

【实验步骤】

1. 临时制片

马铃薯淀粉粒涂片和洋葱表皮制片分别见暗视野显微镜和相差显微镜实验部分。

2. 偏光显微镜的附件辨别

图 1-16 所示为偏光显微镜，找到起偏器和检偏器的位置。

3. 偏光显微镜观察马铃薯淀粉粒

取下检偏器，点亮显微镜电源，按普通显微镜操作步骤调节显微镜，低倍镜下观察马铃薯淀粉粒涂片，插入检偏器并旋转角度，当视野背景最暗时，起偏器与检偏器的透振方向垂直。观察淀粉粒的变化。换高倍镜，观察感兴趣的单个淀粉粒。

4. 微分干涉相差显微镜结构辨识

图 1-17 所示为微分干涉相差显微镜，找到起偏器、DIC 棱镜转盘、滑行器（含 DIC 滑行棱镜、检偏器）的位置。

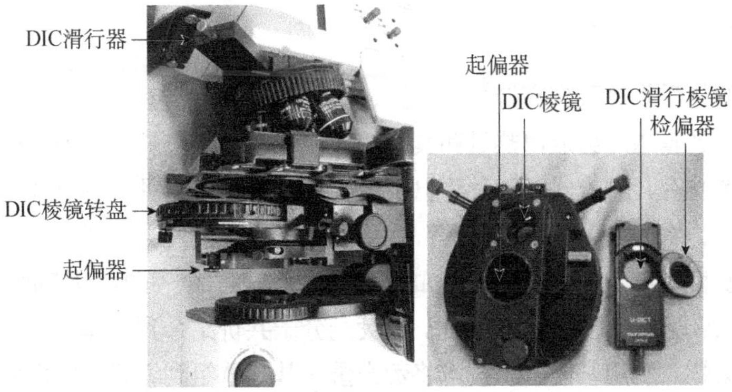

图 1-17　微分干涉相差显微镜

（1）将起偏器、滑行器移出光路，DIC 棱镜转盘转至普通聚光透镜位置。按普通显微镜操作步骤调节显微镜，低倍镜下观察洋葱表皮撕片，找到表皮细胞的细胞核。

（2）插入起偏器和 DIC 滑行器，调整起偏器的角度，观察视野，当视野处于最暗时固定角度。DIC 棱镜转盘转至物镜所对应的 DIC 棱镜位置，边旋转 DIC 滑行透镜的旋钮，使滑行器左右滑动，边观察样品，直到视野变为最暗，在此位置稍微转动 DIC 滑行棱镜的旋钮，即可得到较好的观察效果。

换高倍镜观察，同时将 DIC 棱镜转盘转至物镜所对应的 DIC 棱镜位置，再调节 DIC 滑行透镜的旋钮至影像合适。

【注意事项】

1. 选用不同物镜时，要注意更换对应的 DIC 棱镜。
2. 制作临时制片一定要将多余水分吸去，以防污染显微镜。

【思考问题】

1. 为什么马铃薯淀粉粒在偏光显微镜下可看到黑十字消光图像？
2. 比较相差显微镜和微分干涉相差显微镜的影像特点。为什么会有这样的区别？
3. 当调节 DIC 滑动棱镜到视野最暗时，比较继续正向旋转和反向旋转观察到的影像差别。为什么会出现这种差别？

Ⅳ. 荧光显微镜、激光扫描共聚焦显微镜、STED 超分辨显微镜

【实验目的】

1. 了解荧光显微镜、激光扫描共聚焦显微镜、STED 超分辨显微镜的基本原理、结构和用途。
2. 掌握荧光显微镜、激光扫描共聚焦显微镜、STED 超分辨显微镜的使用方法。

【实验原理】

一些特殊的化学物质受到高能量（短波较短）的光照射，其电子会吸收光的能量跃迁到高能态，在回到基态时会放出热量和具有较低能量（波长较长）的光，称为荧光。生物学研究中产生荧光有几种方式：一种为自发荧光，是物质自身具有发射荧光性质，如叶绿体中的光合色素、木质素、荧光蛋白等；如果物质自身不能发光，就通过继发荧光方式。可以寻找和物质特异结合的荧光染料，如荧光染料4′，6-二脒基-2-苯基吲哚（DAPI）可以特异地结合DNA，还可以利用免疫技术，将荧光分子共价结合到抗体上生成可特异结合抗原的荧光抗体染料，利用基因重组技术将荧光蛋白基因重组到编码特定蛋白的基因中，通过追踪荧光蛋白来显示重组蛋白。

激发荧光物质发光的光称激发光，发射出的荧光称发射光，对于特定荧光物质，激发光有一常用波长。表1-1显示了几种荧光物质的常用激发光波长和在此波长下发出的荧光波长。

表1-1 几种荧光物质的常用激发光和发射光波长或颜色

物质	用途	激发光	发射光
叶绿素	自发光	蓝光480nm	红光680nm
木质素	自发光	紫外光	黄光
Hochst 33342	核酸染料	345nm	483nm
Calcium Green-1	钙离子染料	545nm	575nm
异硫氰酸荧光素	抗体结合	495nm	519nm
绿色荧光蛋白	自发光、重组蛋白标记	396nm/475nm	508nm

荧光分子在发出荧光时，由于和其他分子发生作用而后会出现荧光亮度降低、发光时间缩短乃至停止发光的现象，称为荧光猝灭。分子碰撞、pH变化、温度变化等多种原因都可能引起荧光猝灭。激发光的长时间照射是荧光猝灭最常见的原因，照射时间较长，会促进激发态分子与其他分子相互作用、引起碰撞，进而导致荧光猝灭。所以在制片时要避光，观察荧光时要避免长时间照射一个部位。

观察样品发出的荧光的显微镜称为荧光类显微镜。此类显微镜结合荧光染料、免疫荧光技术、荧光蛋白基因融合技术，不仅可用于观察样品的结构，还可以观察和测定细胞成分含量、定位和动态变化等。

荧光类显微镜依据其成像原理和分辨率不同，可分为荧光显微镜、激光扫描共聚焦显微镜、STED超分辨显微镜等。

1. 荧光显微镜

如果将普通显微镜的光源添加激发滤镜，获得高能量的光，如紫外线，样品虽然能够发出荧光，但是紫外线也会进入视野，所以需要在聚光器下方加入光挡形成暗视野显微镜或者在物镜后面添加阻断滤镜。这样可以安全地观察到荧光。此种荧光显微镜称透射荧光显微镜。透射荧光显微镜缺点非常明显，放大倍数越大，亮度越小。

落射荧光显微镜的光路（图1-18）和透射荧光显微镜不同。其激发光光源在物镜上方，光源经激发滤镜后由二向色镜反射向下进入物镜，穿过物镜向下落射到标本表面（所以称落射荧光显微镜），物镜同时具有聚光器和物镜两种结构的功能。样品所产生的荧光以及由物镜透镜表面、盖玻片表面反射的激发光同时进入物镜，返回到二向色镜，使激发光和荧光分开，残余激发光再被阻断滤镜吸收，最后通过目镜。

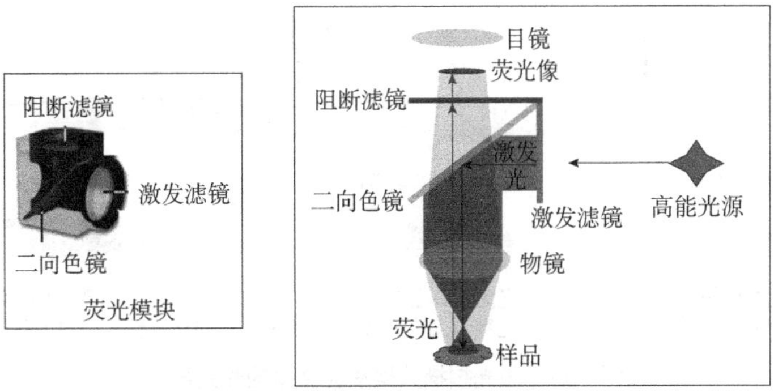

图 1-18　落射荧光显微镜的荧光模块、光路简图

落射荧光显微镜的优点是视野照明均匀、成像清晰、放大倍数越大荧光越强。如换用不同的激发滤镜/二向色镜/阻断滤镜组合，可满足不同激发光照射的需要。将 3 个透镜集合到一个部件，形成荧光模块。更换激发光只需更换模块即可，这些模块放置在一个转盘装置中，以便移入移出光路。

荧光显微镜的光源为短波长的光，分辨率较普通光学显微镜高，且由于背景为暗背景，所以反差较大。

2. 激光扫描共聚焦显微镜

激光扫描共聚焦显微镜（laser scanning confocal microscope，LSCM）在传统落射荧光显微镜基础上，将光源改为激光扫描装置，采用共轭聚焦原埋和装置单点成像，并利用计算机对所收集的信号进行数字图像处理观察、分析和输出。

其基本原理如图 1-19 所示：激光束经照明针孔聚焦，再经由二向色镜反射至物镜，并聚焦于样品上，组织样品中如果有可被激发的荧光物质，发出的荧光由物镜向上回到分光镜，通过检测针孔再聚焦，聚焦后的光点被光电倍增管（PMT）检测收集，并将信号输送到计算机，获得样品的一个点的荧光信号。照明针孔和检测针孔为共焦关系，这样就将焦点外的杂散荧光阻挡在外，此为共聚焦。由于一次成像只获得一点的信号，需要通过扫描装置改变激光聚焦位置获得其他点的荧光信号，此为激光扫描。如果改变焦点的深度，可以对样品进行断层扫描。将多层信号进行叠加，可获得三维信息。

激光扫描共聚焦显微镜通过逐点扫描和共聚焦针孔技术，有效地抑制了横向和纵向干扰，其分辨率比荧光显微镜提高达 1.4 倍。

3. 受激发射损耗显微成像（stimulated emission depletion microscopic imaging，STED）原理

光学显微镜的最大分辨率为 0.2μm，无法分辨细胞的超微结构。为了能够突破 0.2μm 这一分辨极限，科学家发明了多种超分辨率显微成像技术。其中，受激发射损耗成像技术由德国科学家斯特藩·黑尔（Stefan W. Hell）于 1994 年提出，在 1999 年由实验证实。Hell

因此发明获2014年度诺贝尔化学奖。

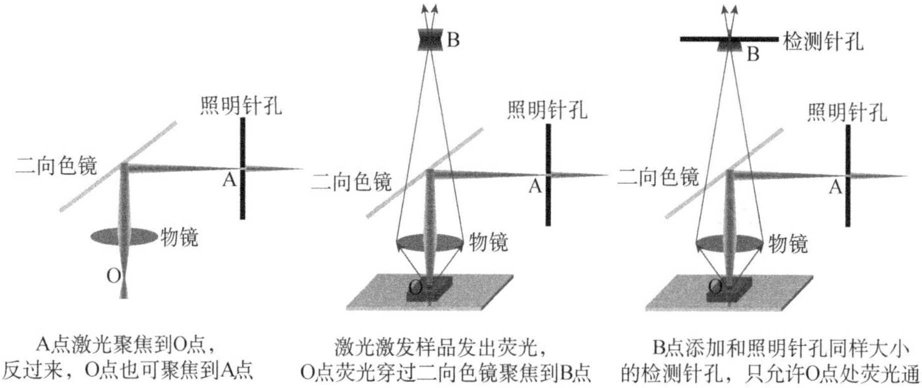

图1-19　激光扫描共聚焦显微镜的光路简图

STED 基本原理为：在激光扫描共聚焦显微镜基础上添加另一损耗激光光源，先用普通激光激发样品某一处的电子到高能态，在高能电子回到基态释放普通荧光A之前，再用用损耗激光光源产生不同波长的环形激光照射相同部位的外围，使外围部分高能电子产生受激发射，释放和中心点波长和方向不同的B荧光，如果只检测中心点处的A荧光，就可以显著提高显微镜的分辨率（图1-20）。

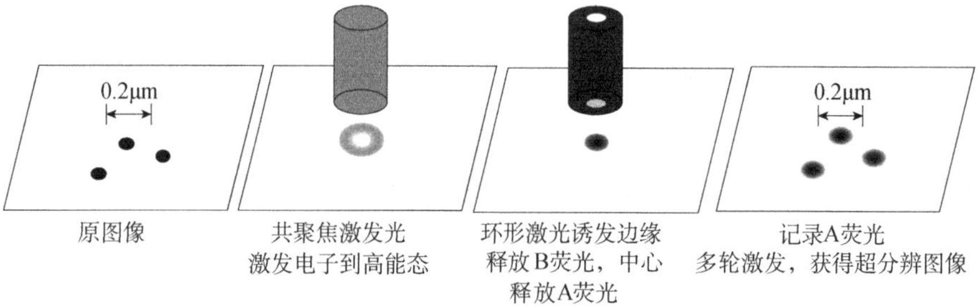

图1-20　STED原理图

【实验准备】

1. 生物材料：菠菜。

2. 实验器材：荧光显微镜、激光扫描共聚焦显微镜、STED超分辨显微镜、小剪刀、镊子、载玻片、盖玻片、吸管、吸水纸等。

3. 实验试剂：Hoechst 33258染液、蒸馏水。

【实验步骤】

1. 临时制片

（1）取成熟菠菜叶片，徒手斜向撕出下表皮，剪取部分，制作临时水封片。

（2）Hoechst 33258染色：取Hoechst 33258染液（0.5μg/mL）染色15min。

2. 荧光显微镜观察菠菜气孔保卫细胞的自发荧光

（1）熟悉荧光显微镜的部件（图 1-21），打开高压汞灯电源，预热 30min。

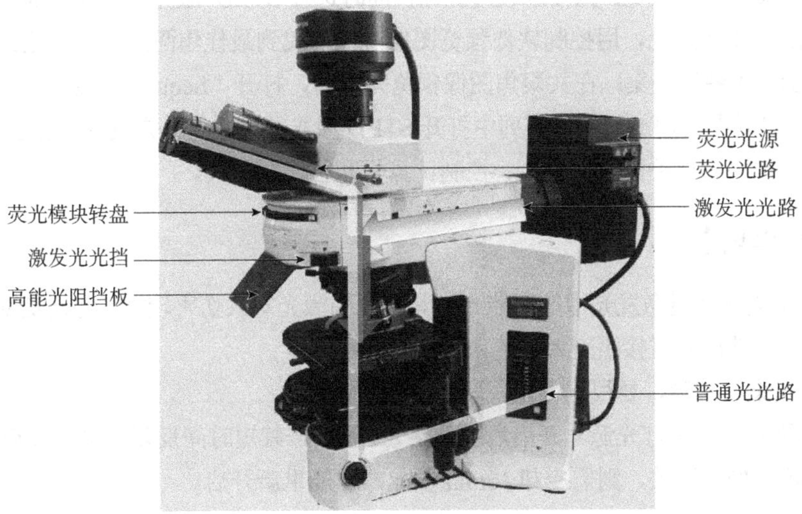

图 1-21　荧光显微镜

（2）普通显微镜观察：将荧光模块转盘转至空的位置。确保激发光光挡处于关闭状态。按普通光学显微镜的使用方法调整显微镜（瞳距、屈光度、科勒照明），低倍镜观察菠菜叶表皮制片。

（3）低倍镜荧光观察：在聚焦状态下将普通光电源亮度调至最低，将荧光模块转盘转至所需的模块（观察叶绿体自发荧光选蓝光模块，观察气孔细胞细胞壁用紫外模块），打开激发光光挡，使激发光进入光路。此时即可看荧光像。

（4）高倍镜荧光观察：需要高倍镜观察时，应先关闭激发光光挡，用普通光照明，更换物镜聚焦后再改荧光观察。

3. 激光扫描共聚焦显微镜观察

（1）打开主电源，打开激光器，打开显微镜电源，打开荧光汞灯。

（2）打开控制计算机，进入操作系统，打开控制软件。

（3）DIC 显微镜观察：先按 DIC 显微镜的使用方法观察到样品。

（4）普通荧光观察：关闭普通光光源，将对应的荧光模块移入光路，打开观察荧光。

（5）激光扫描荧光观察。

（6）按顺序先后关闭控制软件、控制计算机、激光器和高压汞灯。

4. STED 超分辨显微镜观察

（1）打开仪器光源组件的光源开关，白激光、STED 激光光源开关和普通荧光观察的激发光源开关。启动控制计算机，再启动控制软件。切换到 100×物镜，激活 STED 模式，校准 STED 激光。

（2）普通显微镜观察：先按普通显微镜的使用方法观察到样品。

（3）普通荧光观察：按显微镜前面板的荧光滤块选择按钮换至荧光观察光路，再按激发光光闸按钮“SHUTTER”打开激发光进行样品的荧光观察。观察完毕，按“SHUTTER”按钮阻挡激发光以保护样品。

（4）共聚焦图像预览：按需求设置光路，同时选择 STED 激光，选择扫描模式和扫描参数，关闭 STED 激光，用控制软件预览图像，调焦找到最佳焦面，关闭预览。

（5）STED 图像采集：在共聚焦图像预览完毕后，打开“Sequential Scan”，增加一个扫描序列，然后在新增加的扫描序列中打开 STED 激光并设定到一定功率，进行图像采集。

（6）按顺序先后关闭控制软件、控制计算机和各光源开关。

【注意事项】

1. 荧光类显微镜激发光中的高能光如紫外线和激光对人伤害较大，特别是紫外线，注意防护，不要使激光直接照射入眼睛。

2. 荧光染料有毒，要根据毒性采取对应的防护。

3. 高能光源（汞灯光源）开启后须预热 5min，严禁短时间反复开关。开启后 15min 内严禁关闭。如果误关，则需冷却 15min 以上，才能重新开启。

【思考问题】

1. 比较 3 种荧光类显微镜原理、结构的异同。

2. 除 STED 外，超分辨率显微技术还有哪些？

参 考 文 献

康现江. 2020. 细胞生物学. 2 版. 北京：科学出版社.
王崇英，侯岁稳，高欢欢. 2017. 细胞生物学实验. 4 版. 北京：高等教育出版社.
杨汉民. 1997. 细胞生物学实验. 2 版. 北京：高等教育出版社.

扫码看视频

实验三　显微制片技术

大多数动植物个体在自然状态下是不透明的，其细微结构无法直接在显微镜下被观察清楚。因此，需要对生物样品进行一定的处理，减小其厚度与体积，将组织分离成单个细胞或薄片，并且能透过光线，才能在显微镜下观察清楚。这一制片技术称为显微制片技术。显微制片技术通常可分为非切片法和切片法两类。

非切片法是指将整个生物体进行整体封藏或制片时不经过切片步骤而用物理或化学方法将生物体组织分离成单个细胞或薄片而完成组织制片的方法，主要有整体制片法、涂片法、印片法、铺片法、压片法、分离法和磨片法。非切片法的优点是能保持每个单位的完整性，且操作简单快捷。但非切片法的适用范围有限，如涂片法仅对含有大量水分或完全为液体的组织适用，如血液、骨髓、精液等。非切片法的种类较多，可根据研究对象和研究目的选择使用。

切片法是指用锐利的刀具将组织切成薄片的制片方法。在制片过程中，通常要经过一系列的物理、化学处理，这些处理方法可根据组织材料的性质进行合理选择。主要有徒手切片法、石蜡切片法、火棉胶切片法、冰冻切片法。切片法制片的一般流程包括：取材与固定、脱水、包埋、切片、染色等。各种切片的适用领域各不相同，因此制作切片的方法程序也有所不同，需结合研究对象和研究目的灵活调整。切片法虽然技术复杂，但应用范围较广，且能够保持细胞间正常的相互关系，能较好和较长时间保留组织原貌，是显微制片技术中的重要实验技术。

本实验主要介绍非切片法中的铺片法和涂片法，切片法中的石蜡切片法和冰冻切片法。

Ⅰ. 铺　片　法

【实验目的】

1. 了解铺片法的应用领域。
2. 掌握铺片的制备技术。

【实验原理】

铺片法主要用于薄层或单层细胞膜组织的制片，如植物的叶表皮、动物的肠系膜、视网膜、疏松结缔组织等。本实验以洋葱表皮铺片为例，介绍铺片的制备技术。

【实验准备】

1. 生物材料：洋葱。
2. 实验器材：普通光学显微镜、相差显微镜、微分干涉相差显微镜、载玻片、盖玻片、单面刀片、解剖针、镊子、吸水纸、滴管等。
3. 实验试剂：蒸馏水。

【实验步骤】

（1）准备玻片：用滴管在洁净的载玻片中央滴 1 滴蒸馏水。

（2）取材：用单面刀片在洋葱鳞片叶内壁划一个“井”字，用镊子取下“井”字中央的洋葱表皮，放至载玻片的水滴中央。

（3）铺片：用解剖针小心把水滴中的表皮薄膜展开、铺平，不能折叠。

（4）盖片：用镊子夹取盖玻片，使其一侧边缘先接触载玻片上的液滴边缘，待液滴沿盖玻片边缘展开后，随液体扩散缓慢放下盖玻片。用吸水纸吸去多余的液体。

（5）显微观察：用普通光学显微镜观察可见洋葱表皮细胞的细胞壁、细胞核和细胞质，用相差显微镜观察可在此基础上观察到核仁，如表皮细胞活性高，有时可见胞质环流现象；用微分干涉相差显微镜可见细胞呈浮雕状形貌。

【注意事项】

盖片时动作轻缓，以免产生气泡。

【思考问题】

查阅文献，了解其他生物材料的铺片制备方法。

Ⅱ. 涂 片 法

【实验目的】

1. 掌握采血及血涂片的制备技术。
2. 辨识血液中的红细胞和各类白细胞。

【实验原理】

涂片法是指液态的、半流动性的、松散粉状的生物材料，可均匀涂布在载玻片上，再经固定与染色等程序制成标本。例如，动物的血液、骨髓、精液，培养的各种悬浮细胞，植物的淀粉粒、花粉等都可用于制备涂片。本实验以血涂片为例，介绍涂片标本的制备技术。

血涂片即用涂片法将血液制成薄片，使血细胞呈单层分布。再经瑞氏染色，可在普通光学显微镜下观察到各种血细胞。

瑞氏（Wright's）染料是由酸性染料伊红和碱性染料亚甲蓝组成的混合染料。伊红与亚甲蓝混合后成为中性伊红化亚甲蓝，染料久置后被氧化生成天青。因此，成熟的瑞氏染料含有伊红、亚甲蓝和天青。血细胞经瑞氏染色后，伊红可与细胞中的嗜酸性物质结合，呈红色；亚甲蓝可与细胞中的嗜碱性物质结合，呈蓝色；天青可与细胞中的嗜天青颗粒结合，呈灰蓝色。

【实验准备】

1. 生物材料：小鼠（尾尖全血）。
2. 实验器材：普通光学显微镜、医用消毒酒精棉球、剪刀、镊子、载玻片、盖玻片、染缸、吸水纸等。
3. 实验试剂。

（1）瑞氏染液：称取瑞氏染料粉末 0.1g 放入研钵中，加少量甲醇研磨促使染料溶解。将溶解的染料倒入洁净的棕色玻璃试剂瓶中。研钵中未溶解的染料再加入少量甲醇研磨。如此反复至全部染料溶解，甲醇总用量为 60mL。混匀后室温密闭保存备用。

（2）其他：蒸馏水、中性树胶等。

【实验步骤】

（1）采血：用医用酒精棉球擦拭小鼠尾尖，消毒并使局部血管扩张。酒精自然挥发后，剪去尾尖 0.5～1cm，第 1 滴血弃去不用。从尾根向尾尖方向轻抚，促进血液流出。用 1 张洁净干燥的载玻片轻触尾尖的血滴，将血滴转移到载玻片长轴一端离边缘约 1cm 处。

（2）涂片：将载玻片平放于实验台上，取另一张边缘光滑的洁净干燥的载玻片，以其末端边缘置于血滴前沿，之后稍向后退，血液即沿载玻片边缘展开，使两载玻片呈 30°～

45°向前匀速推动，将血液推成厚薄适宜的薄膜（图 1-22）。

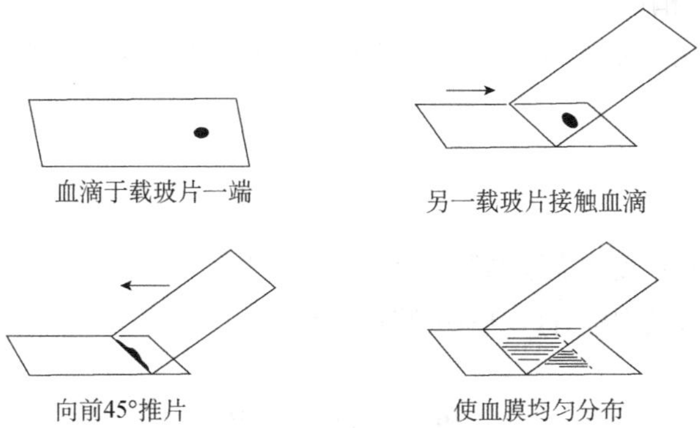

图 1-22　血涂片的制片过程

（3）干燥：手持涂片在空气中挥动，使血膜快速干燥，减少血细胞皱缩。

（4）染色：瑞氏染液染色 1～3min，瑞氏染液∶蒸馏水（1∶1）染色 5min。

（5）冲洗：蒸馏水漂洗至血膜呈淡紫红色。

（6）干燥与封片：用吸水纸吸去血膜表面的蒸馏水，自然晾干后用中性树胶封片。

（7）显微观察：在普通光学显微镜下观察，小鼠血涂片染色结果如下。

红细胞：成熟红细胞为双凹圆盘形，无细胞核，细胞质中的血红蛋白易与酸性染料结合，呈浅红色。中央染色较浅，周边染色较深。数量最多，布满整个视野。

淋巴细胞：圆形，细胞核呈圆形或卵圆形，一侧可有一小凹陷，细胞质弱嗜碱性，呈淡蓝色。淋巴细胞是白细胞中数量最多的细胞类型，通常可超过 70%。

中性粒细胞：圆形，弯曲杆状或分叶核，细胞质呈很淡的粉红色，含有大量细小的、分布均匀的颗粒（光镜下不易识别）。在白细胞中，数量仅次于淋巴细胞，通常可超过 20%。

嗜酸性粒细胞：圆形，体积较大，杆状或分叶核，细胞质内充满粗大、分布均匀的嗜酸性颗粒，呈红色。数量约占白细胞总数的 2%。

嗜碱性粒细胞：圆形，核分叶或呈“S”形，细胞质内含大小不等、分布不均、深浅不同的嗜碱性颗粒，呈蓝色。白细胞中数量最少，较难找到。

单核细胞：体积最大，圆形，细胞核呈肾形、马蹄形或不规则形，细胞质丰富，含很多细小的嗜天青颗粒，呈灰蓝色。数量通常不到白细胞总数的 1%。

血小板：双凸扁盘状，在血涂片上常聚集成群，也可单个存在，无细胞核，细胞质呈浅紫蓝色。

【注意事项】

1. 血滴大小应适宜。血滴过大导致细胞重叠，不易观察，也会因干燥过慢、缓慢失水造成细胞皱缩变形；血滴过小导致血膜太薄，细胞数量少而分散，不便观察。

2. 采血后应尽快涂片，以防血液凝固。

3. 血涂片需完全干燥后再染色，以免细胞在染色过程中脱落。

4. 染色时应注意保护血膜尾部细胞，因为体积较大的细胞常出现在此处。

5. 染色后需完全干燥后再封片。中性树胶不溶于水，如封片时有水，封片后呈白色雾状，镜下观察模糊不清。

6. 血涂片中常见红细胞、淋巴细胞和中性粒细胞，其他细胞类型在一张血涂片中不一定都能见到。

【思考问题】

1. 推片的角度和速度对血膜的厚度有什么影响？
2. 一张制备良好的血涂片应具备哪些特点？

Ⅲ. 石蜡切片法

【实验目的】

1. 理解石蜡切片技术和苏木精-伊红染色技术的原理。
2. 掌握石蜡切片技术和苏木精-伊红染色技术。

【实验原理】

石蜡切片技术是以石蜡作为生物组织材料的支持介质，使用切片机将组织切成薄片，以适于光学显微镜观察的一种显微标本制作方法，主要流程包括组织样品的取材、固定、脱水、透明、渗蜡、包埋、切片、展片和贴片等。石蜡切片具有组织结构清晰、可制作连续切片、可长期保存的优点，目前广泛应用于组织学、组织病理学研究和临床检测及功能基因组学有关突变体表型分析研究，是一种经典的生物显微制片技术。制备好的石蜡切片可根据不同的研究目的和病理诊断需求，选择不同的染色或标记方法，如常规苏木精-伊红染色、免疫标记、原位杂交检测等。

一、取材

动物材料取用时应先将动物麻醉或灌流固定。取材过程中应注意以下几点：①动物处死后要迅速分离和切取组织，保持材料新鲜，并随即投入固定液；②切取材料的刀具要锐利，避免拉锯、挤压等动作损伤组织结构；③组织材料应小而薄，便于固定液迅速渗入内部，通常厚度不超过2mm，大小不超过5mm×5mm。

二、固定

组织和细胞离开机体后，在一定时间内仍然延续着生命活动，会引起病理变化直至死亡。为了使组织材料能够反映在体的正常生理状态，必须尽早用化学试剂迅速杀死组织和细胞，并将结构成分转化为不溶性物质，防止某些结构的溶化和消失，这一处理过程称为固定。用于固定的试剂称为固定液。此外，固定液还能使组织适当硬化以便于后续处理，也会改变细胞内部的折射系数并使某些结构易于着色。

固定液的种类很多，作用各异，实际工作中应根据各种固定液的性能及制片的不同要求选择。常用的混合固定液是 Bouin 固定液，其渗透力强，组织固定均匀且收缩较少。固定液的使用量应为组织材料的 20 倍以上，以便固定液能迅速渗透到细胞内。固定时间不宜过长，搁置过久对细胞形态会有损伤。固定结束后充分漂洗，去除组织材料中的固定液。

三、脱水

组织经过固定和漂洗后含有大量水分，水和石蜡不互溶，因此经固定的组织材料在石蜡包埋前需要经过一系列的脱水处理，除去组织中的水分，这一过程称为脱水。用于脱水的试剂称为脱水剂，最常用的脱水剂是乙醇。脱水流程需梯度乙醇逐级进行，通常为 30% 乙醇→50%乙醇→70%乙醇→85%乙醇→95%乙醇→无水乙醇Ⅰ→无水乙醇Ⅱ。乙醇的起始浓度视组织材料的含水量而定，脱水时间视材料的大小和类型而定，具体脱水时间应在实际操作中反复摸索，灵活运用。脱水剂浓度不宜跨度过大，避免造成组织强烈收缩而变形；经无水乙醇处理时，应保证试剂的纯度。

四、透明

乙醇与石蜡不互溶，因此需使用一种试剂作为乙醇与石蜡之间的媒浸物，这种媒浸物取代乙醇后常使组织呈现透明状态，这一媒浸过程称为透明。所用的媒浸物称为透明液。二甲苯是使用最广泛的传统透明液，具有渗透力强、溶解石蜡量大、易挥发的特点。透明时间视材料的大小和类型而定。如透明不彻底，包埋石蜡难以浸入组织；如透明时间过长，组织变硬发脆，都会影响切片质量。

五、包埋

包埋是将组织埋入石蜡，凝固成块的过程。包埋的目的是确保在切片过程中，石蜡能均匀良好地支撑样品，以便获得连续、完整并有一定强度的切片。包埋前，需将透明后的组织材料浸入透明液与石蜡的混合液中，并逐级提高石蜡的比例，直至用石蜡完全置换样品中的透明液，这一过程称为渗透。经渗透，石蜡即可渗入组织材料的内部间隙，起到充分支持作用，并使组织内部硬度均匀。充分渗透后再用同种硬度的石蜡包埋成蜡块以利于后续切片。

六、切片

切片是标本制作过程中的关键步骤，切片使用的仪器称为切片机。根据切片方式不同，可分为轮转式切片机和滑走式切片机。轮转式切片机因可制作连续切片，使用更为广泛。轮转式切片机（图 1-23）的使用方法如下。

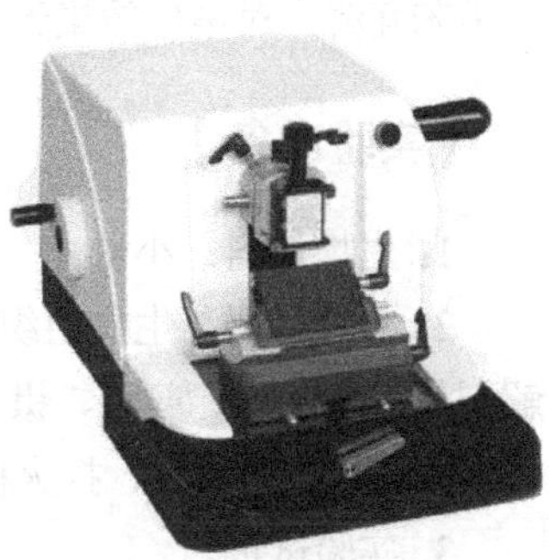

图 1-23　轮转式切片机

（1）固定样品，调整方向：将样品固定到切片机的标本钳上，调节角度调节装置旋钮，使样品的上边缘和下边缘平行于切片刀锋，并且切面平行于切片刀片。

（2）安装切片刀片：松开刀片锁紧扳手，从侧面将一次性刀片安装在刀架上。

（3）调整刀角：调节切片刀片与样品切面之间的夹角，通常为5°～15°。

（4）移动刀架，贴近样品：通过前后左右水平移动刀架使刀刃快速靠近样品切面。

（5）设置切片厚度：切片厚度通常为4～10μm（可先将厚度调大，减少切片次数，完全切去样品表面的石蜡之后，再调整至所需厚度）。

（6）匀速转动手轮，切出蜡带：右手顺时针匀速转动手轮，左手持毛笔在刀刃稍下方接住切好的蜡片，并托住切下的蜡带，随蜡带延长向前移动，至合适的长度时，将蜡带断开，光面向下，平放在纸板上。

七、染色

显微制片后，因细胞各部分结构的折光率相似，反差很小，显微镜下仍难以辨识。染色后，细胞的不同结构呈现出不同颜色，可增大反差，便于观察。

苏木精（hematoxylin，又称苏木素紫）-伊红（eosin，又称曙红）染色法（简称HE染色法）是最常用的一种染色方法，染色稳定，便于观察，可清晰显示器官的组织结构。苏木精是蓝色的碱性天然染料，与细胞核等酸性物质亲和力较强，使其着蓝色或蓝紫色。伊红是红色的酸性化学合成染料，与细胞质、细胞外基质等碱性物质亲和力较强，使其着红色。石蜡切片经HE染色后，红蓝相衬，组织结构清晰可见。

苏木精染液是水溶性的，切片需经脱蜡和复水方能进行染色。经苏木精染色后，用稀酸漂洗数秒，以去掉物理吸附的染料，使细胞核颜色深浅适宜，这一过程称为分色。分色后组织材料应呈浅紫红色。苏木精染液在酸性条件下呈紫红色，在碱性条件下呈蓝色。因此，分色后，还需用稀碱漂洗数秒，使苏木精在碱性环境中转化为蓝紫色，这一过程称为蓝化。蓝化后组织材料呈蓝紫色。

八、透明

染色后的切片需再次经过脱水、透明。组织材料经二甲苯透明后，折射率改变，透明度提高，组织结构更加清晰。

九、封固

封固使切片能永久保存。常用的封片剂是中性树胶。中性树胶是一种天然树胶，可与二甲苯互溶，对染色效果无影响，其折射率与玻璃几乎相等。

【实验准备】

1. 生物材料：小鼠。

2. 实验器材：生物组织包埋机、轮转式切片机、生物组织烤片机、普通光学显微镜、解剖盘、解剖刀、剪刀、镊子、拨针、单面刀片、吸管、培养皿、固定瓶、一次性切片刀片、载玻片、酒精灯、打火机、毛笔、吸水纸、染缸、盖玻片、晾片板、纱布、玻璃棒等。

3. 实验试剂。

（1）Bouin固定液：分别量取饱和苦味酸水溶液25mL、甲醛75mL、冰乙酸5mL，混匀后室温保存备用。

（2）蛋清甘油：取鸡蛋的蛋清盛于小烧杯中，用细玻璃棒将其搅打成浓厚的白色泡沫状，用双层纱布过滤到量筒中，加入等体积的甘油，混合均匀。如需长期保存可加入 1%麝香草酚防腐。

（3）苏木精染液：称取苏木精 4g 溶于无水乙醇 25mL 中，待全部溶解后，加至铵钒（硫酸铝铵）饱和水溶液 400mL 中。充分混合后，将试剂瓶置于阳光充足处 3～4d，过滤。在滤液中加入甘油 100mL 和甲醇 100mL，充分混匀后，置于阳光充足处 1～2 个月使之成熟。成熟后的染液为紫褐色，过滤后即可用于染色。成熟的染液密封置于阴冷处，可长期保存使用。

（4）伊红染液：取醇溶伊红 1g，溶于 95%乙醇中，定容至 100mL，即浓度为 0.01g/mL 的伊红染液。

（5）其他：乙醚、生理盐水（0.85%～0.9% NaCl 溶液）、30%乙醇、50%乙醇、70%乙醇、85%乙醇、95%乙醇、无水乙醇、二甲苯、石蜡、0.01%盐酸-70%乙醇溶液、0.01% NaOH 溶液、中性树胶、蒸馏水等。

【实验步骤】

1. 石蜡切片制作

（1）取材：小鼠经乙醚麻醉后腹部向上置于解剖盘中，立即剖开其腹腔或胸腔，迅速切取新鲜组织材料，如肠、肝、肺、肾等，放入盛有生理盐水的培养皿中洗去表面血迹，吸去多余水分，修整至合适大小（材料应小而薄，易于固定液渗透，通常不超过 5mm×5mm×2mm）。

（2）固定：修整后的材料立即投入盛有 Bouin 固定液的固定瓶中，视材料大小固定 12～24h。

（3）漂洗：弃去固定液，用 70%乙醇溶液漂洗 3 次，每次 10min，随后进入脱水程序或保存备用。

（4）脱水：依次浸入 85%乙醇、95%乙醇、无水乙醇Ⅰ、无水乙醇Ⅱ中进行脱水，每步 20～30 min（视材料大小调整时间，以下相同）。

（5）透明：依次浸入无水乙醇∶二甲苯（1∶1）、二甲苯Ⅰ、二甲苯Ⅱ中进行透明，每步约 30min。

（6）浸蜡：将已透明的材料依次浸入 60℃的二甲苯∶石蜡（1∶1）、石蜡Ⅰ、石蜡Ⅱ中，每步 30min 至 1h。

（7）包埋：在包埋盒（折叠纸盒或包埋器具）内盛放适量的 60℃石蜡，用约 60℃加热的镊子轻轻夹取材料移入盒内，使预定切面向下，根据切片需要调整好位置；待石蜡表面稍凝固后，将包埋盒置于冷水中加速凝固，避免石蜡块中出现白色结晶，提高包埋质量。凝固后的石蜡块可切片或长期保存。

（8）切片：用轮转式切片机切成厚度为 4～10μm 的蜡带（切片机的使用方法见实验原理）。

（9）展片：在洁净干燥的载玻片上均匀涂抹一薄层蛋清甘油，用单面刀片将蜡带分割成合适的小段，光面向下放置在载玻片上，滴加数滴蒸馏水使蜡片漂起。将载玻片放在烤片台上，烤片温度约45℃。蜡片受热膨胀并借助温水的表面张力对组织材料产生一定的拉力而展开。及时调整蜡带的位置使其美观。待蜡片完全展平后，吸去多余水分。

（10）烘片：在烤片台上继续烘片，以防止自然风干的蜡片与载玻片之间形成空气膜而不能紧贴。烘片温度为45～50℃，烘片时间不少于4h。烘干后可进行染色或长期保存。

2. 苏木精-伊红染色

（1）脱蜡：将切片浸入二甲苯Ⅰ和二甲苯Ⅱ，每步20～30min，以脱去石蜡。

（2）复水：将切片浸入无水乙醇∶二甲苯（1∶1），约5min，然后依次浸入无水乙醇Ⅰ、无水乙醇Ⅱ、95%乙醇、85%乙醇、70%乙醇、50%乙醇、30%乙醇、蒸馏水，每步约2min。

（3）初染：苏木精染色5～15min，蒸馏水漂洗。

（4）分色：在0.01%盐酸-70%乙醇溶液中分色5～30s，至组织材料呈浅紫红色。

（5）蓝化：在0.01%NaOH溶液中蓝化5～30s，至组织材料呈蓝紫色后用蒸馏水漂洗以终止蓝化。

（6）复水：将切片依次浸入30%乙醇、50%乙醇、70%乙醇、85%乙醇中，每步约2min。

（7）复染：伊红染色5～10min后，95%乙醇分色数秒。

（8）脱水：无水乙醇Ⅰ、无水乙醇Ⅱ继续脱水，每步约2min。

（9）透明：依次浸入无水乙醇∶二甲苯（1∶1）、二甲苯Ⅰ、二甲苯Ⅱ中，每步约5min。

（10）封固：滴加适量的中性树胶封片，置于晾片板上自然干燥。

（11）染色结果：普通光学显微镜下观察，可见细胞核呈蓝色或蓝紫色，细胞质、细胞外基质呈深浅不一的红色或粉红色。

【注意事项】

1. 脱水和透明过程中，组织不宜在无水乙醇和二甲苯中放置时间过长，否则组织容易变脆，不易切片。

2. 切片前蜡块的组织切面上下边线应平行，组织四周留有1～2mm石蜡，以利于切片和展片。可视蜡块实际情况在切片前进行修整。

3. 切片刀片非常锋利，操作时需小心，避免划伤。

4. 展片不宜过久，以免造成组织弥散。

5. 脱蜡时间视温度而定，温度低脱蜡时间长，温度高脱蜡时间短。

6. 苏木精-伊红染色时间需要根据组织材料和染液的特性做预染实验，灵活调整染色时间以达到最佳染色效果。

7. 染色全过程勿使组织材料上的液体干燥，以免空气进入细胞核而影响染色效果。

8. 中性树胶封片前需彻底脱水透明。如脱水不彻底，封片后呈白色雾状，镜下观察模糊不清，且容易褪色。

9. 二甲苯具有一定的毒性，不可接触或大量吸入。必要时可选用市售的环保组织透明液替代，使用时经预实验探索各流程的最佳时间。

【思考问题】

1. 分析哪些因素可能导致切片时组织材料破碎。
2. 如何评判组织切片的质量？

Ⅳ. 冰冻切片法

【实验目的】

1. 了解冰冻切片的应用领域。
2. 掌握冰冻切片技术。

【实验原理】

冰冻切片是借助低温使组织冻结达到一定的硬度，以冰作为支持介质的一种切片方法。组织材料在切片前可不经任何化学试剂或加热处理，一方面缩短了制片时间，另一方面组织不经脱水、透明、渗蜡等过程，更适合于脂肪、神经组织和细胞内酶活性的保留。制作冰冻切片通常在取材后要立即对组织材料进行速冻，以减小冰晶直径，避免细胞损伤。制作冰冻切片的仪器称为冰冻切片机（图 1-24），适用于人和其他动物软组织快速冰冻切片制作。冰冻切片法极大缩短了制片时间，广泛应用于临床快速诊断。

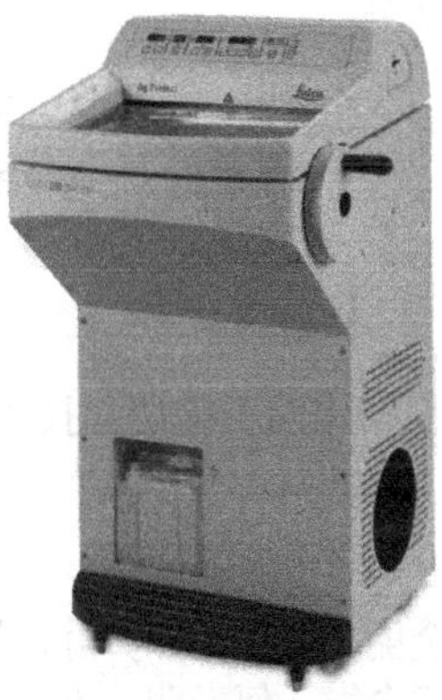

图 1-24 冰冻切片机外观

最适切削温度（optimal cutting temperature，OCT）包埋剂是一种聚乙二醇和聚乙烯醇的水溶性混合物，可在冰冻切片时支撑组织，增加组织的连续性，减少皱褶及碎裂。OCT 包埋剂为水溶性，在后续染色中不会增加背景染色。使用 OCT 包埋剂预先浸润组织，再进行冰冻切片，可明显提高切片质量。

【实验准备】

1. 生物材料：新鲜动物组织。
2. 实验器材：冰冻切片机、−80℃冰箱、冰箱、一次性切片刀片、载玻片、盖玻片、镊子、毛笔等。
3. 实验试剂：OCT 包埋剂、液氮、固定液、多聚赖氨酸、梯度蔗糖等。

【实验步骤】

（1）取材：将新鲜组织切成长和宽约 10mm、厚 3～5mm 的组织块，修整后的组织块可不经任何处理直接进行冰冻切片，也可以将材料放入 OCT 包埋剂中经液氮速冻后形成速冻包埋块置于−80℃冰箱中保存备用，或经固定液固定后置于 70%乙醇中保存备用。

（2）平衡温度：经液氮速冻的组织从−80℃冰箱取出后置于−20℃冰箱中平衡温度；新鲜组织直接放入OCT包埋剂中置于冰冻切片机的速冻台上速冻至−20℃；固定后的组织需先用梯度蔗糖脱水后再用OCT包埋剂包埋。

（3）切片：冰冻切片机需提前开机，使温度降至切片温度−20℃（应根据组织材料不同，选择适宜的切片温度。以下温度条件供参考：新鲜组织中脑−12℃、肝−14℃、肾−16℃、肌肉−20℃、皮肤−25℃、多脂肪组织−30℃；经固定的组织−10～−5℃）。切片的主要流程包括：安装并调节切片刀片→准备组织包埋座→材料包埋及冷冻→安装标本头→设定切片厚度→切片。切片厚度为4～10μm。

（4）贴片：用载玻片吸附法贴片，即用多聚赖氨酸包被的载玻片向下轻轻接触组织切片，由于切片温度较低（−20℃）而载玻片温度较高（室温），一经接触，切片立即粘到载玻片上。

（5）干燥：将切片在室温空气中放置5min，使其自然晾干，粘贴牢固。

（6）染色：根据观察对象和研究目的进行HE染色、免疫组织化学、免疫荧光标记等。

【注意事项】

1. 切片时应均匀旋转手轮，不可倒转，否则厚度不均；手轮不用时随时锁定，防止意外。

2. 如组织发脆，不易切片，可能是冷冻温度过低，可用手在组织材料上稍稍加温。

3. 防卷板要小心轻放，用毛笔随时保持防卷板清洁。

【思考问题】

比较石蜡切片技术和冰冻切片技术的特点及应用领域。

参考文献

金丽，蒲德永，黄静，等. 2019. 生物显微技术实验教程. 重庆：西南师范大学出版社.
王金发，何炎明，刘兵. 2011. 细胞生物学实验教程. 2版. 北京：科学出版社.
薛雅蓉，张晶，华子春. 2018. 细胞生物学层次化实验指导. 北京：科学出版社.
邹方东，苏都莫日根，王宏英，等. 2020. 细胞生物学实验指南. 3版. 北京：高等教育出版社.

实验四　显微摄影技术

【实验目的】

1. 了解和初步掌握数码显微摄影的方法。

2. 巩固显微镜的使用和调节技巧。

【实验原理】

显微摄影（photomicrography）是通过摄影装置拍摄显微镜视野中物体影像的过程，是生命科学研究中一项必备的常用显微技术。其基本原理是，将标本的图像通过显微镜投射到感光材料上而成为永久性的记录资料。

一、数码显微摄影的方式

1. 专用数码显微摄影系统

本实验即采用这种方式进行。显微图像经物镜放大后，通过照相目镜投射到感光介质［如电荷耦合器件（CCD）、互补金属氧化物半导体器件（CMOS）］上，操作方便、成像质量高。

通过显微镜的目镜观察时，物镜形成的中间像位于目镜的一倍焦距内，所以目镜产生的是虚像，这个虚像经过人眼的光学系统形成一个真实的图像投射在视网膜上。而虚像无法被感光介质捕捉到，因此，在做显微摄影时，必须改变用眼睛观察图像的光学装置，以便在感光介质上投射真实的图像。专用数码显微摄影系统即进行了这样的改变，以照相目镜替代了人眼观察用目镜，物镜形成的中间像位于照相目镜一倍焦距外，经照相目镜成实像，可被感光介质捕捉而记录下来。

2. 数码相机（或智能手机）结合显微镜

在不具有专用显微摄影系统的情况下，可以用一种最简单的方法进行显微摄影：用一部普通的数码相机（或智能手机）直接从显微镜的观察目镜中取景拍摄。此时，相机的镜头相当于人眼的光学系统，从而能把观察目镜所成的虚像转换成实像而被相机的感光介质捕捉。

二、色温与白平衡

摄影是用光的艺术，显微摄影更是如此。物体颜色会因投射于其上的光线颜色不同而发生改变，因此，不同光线条件下拍摄出的图像会呈现不同的色彩效果。而光线的颜色决定于光源的色温。色温（color temperature）是反映光源颜色视觉印象的物理量，用开氏温度（K）表示。光源的色温是通过对比它的颜色和理论黑体（blackbody）被加热到不同温度所呈现的颜色来确定的。理论上，黑体能够 100%吸收外来的电磁辐射，不会有任何反射和透射，但会向外辐射电磁波。黑体在低温时看起来是黑色的，若高过一定的温度，黑体会开始变成红色，随着温度的连续升高，黑体会顺序呈现黄色—白色—蓝色等连续的颜色变化。当某一光源所发射的光的颜色与黑体在某一温度下辐射光的颜色相同时，此时黑体的温度即被称为该光源的色温。色温实际表示的是光源的光谱成分，色温高，光源中的短波成分多，颜色偏蓝；色温低，光源中的长波成分多，颜色偏黄。同一光源的色温，会因电压的高低变化而变化。电压高时色温升高，电压低时色温降低。在显微摄影时要注意这一点。

显微摄影要尽可能展现样品的真实状态，力求图像能呈现所拍摄样品的真实颜色。为满足这样的需求，一方面尽量使用白色光，即光源色温为 4800～5500K。若光源颜色偏离白色，可通过在光路中添加滤色片进行色温校正。另一方面利用摄影系统（数码相机）的白平衡（white balance）调节功能进行校正。白平衡调节，简单地说，就是把不同环境色温中的白色物体还原为真的白色，其他颜色以此为基准校正，以达到真实反映样品颜色的目的。以上两个方面要兼顾，因为如果光源颜色严重偏离白色的话，单靠摄影系统的白平衡调节功能是无法得到准确校正的。

三、影响显微图像质量的因素

一张显微照片的好坏，首先取决于标本自身的质量。在选择切片标本时，应选择厚度均一、展片平整、结构完整、染色鲜明、反差适度的切片，在拍摄范围内，不应有任何污尘、组织碎片、气泡及人工假象存在。

除此之外，要想获得的照片与显微镜下观察到的图像一样好，显微摄影时应注意：①显微镜镜头或载玻片、盖玻片上无划痕、灰尘、油污或指纹；②调试好显微镜光学系统，保证各器件（聚光镜、物镜等）光学中心位置正确；③准确调焦；④使用科勒照明方式；⑤调整视场光阑到适当的大小（依据不同物镜进行调节），防止眩光，且最好关闭房间的灯，防止环境杂散光的影响；⑥依据不同物镜调整聚光器光阑的直径；⑦光源色温正确（必要时，可使用滤光片）、亮度均匀；⑧摄影装置的白平衡调节；⑨选择符合实验要求的高质量的CCD等感光介质；⑩合理、正确地使用图像处理软件；等等。

【实验准备】

1. 生物材料：玻片标本。
2. 实验器材：专用数码显微摄影系统、显示器（或计算机）、擦镜纸、纱布等。

【实验步骤】

1. 标本的选择

（1）选用标准的载玻片和盖玻片。光源的入射光束，经载玻片透射标本，再经盖玻片进入物镜。处于光路之中的玻璃，应该外无划痕内无气泡，光滑平整，方可杜绝光线的乱反射以及对清晰度的负面影响。有效盖玻片的厚度，包括封片剂的厚度，即树胶等的用量，因此，封片剂要调稀，滴加少许，使形成薄层。

（2）染色鲜明，反差适度。标本过染，染料堆积会造成样品模糊，细节难辨；样品着色过浅，使影像不鲜明，反差不大，同样不易辨认；色彩鲜明的标本，拍摄效果好。

（3）清洁无尘，消除气泡。制片中的灰尘、异物和气泡，有损影像的质量，妨碍观察。

2. 显微镜的调节

显微镜光学系统，科勒照明，视场光阑、聚光器光阑等的调节见实验一。

需要特别注意，聚光器光阑大小影响分辨率、对比度、焦深。光阑放大，图像对比度小，焦深小，分辨率高；光阑缩小，图像对比度强，焦深大，分辨率降低。综合上述指标，显微摄影时，通常将聚光器光阑收缩至物镜数值孔径的70%左右。

视场光阑可调控投射到聚光器的照明光束直径的大小，控制杂散光在成像光路系统中的影响，特别是免除杂散光对于显微照相系统的干扰，因此，应依据物镜调整视场光阑大小，使视场光阑在每一个物镜倍数下都刚好外切于目镜视野。

3. 拍摄

拍摄是显微摄影系列操作中的关键环节。拍摄前，需做好相应准备工作，如确保显微镜光路合轴、调整科勒照明、合理加用滤色片、准确调节聚光器光阑和视场光阑等。这些操作彼此相关，缺一不可，是保证显微照片质量的前提。准备工作结束，进入取景、白平衡调节和曝光拍摄程序。

（1）取景：用纱布对玻片标本进行擦拭、清洁，以防灰尘等杂质影响成像效果。对要拍摄的标本进行认真观察，确认拍摄部位。注意，投射到专用显微摄影系统感光介质上的图像，通过数据转接线展示到显示器上，因此，利用专用设备摄影时应从显示器上观察、取景。

（2）白平衡调节：将载玻片有样品的部位正对通光孔，聚焦，然后移开样品，把载玻片的空白部分（注意：只能是空白部分!）移入光路，点击显微摄影装置或其软件中的自动白平衡，即可进行白平衡调节。之后再将样品移回光路，进行观察、拍摄。

注意：电压的高低会影响光源色温，拍摄时尽量保持同一电压。若中途改变电压，则需重新调节白平衡。

（3）曝光：曝光是显微摄影的关键，曝光最重要的就是判定曝光时间。曝光过度和曝光不足，都会影响图像反差，使图像不清，丧失结构细节。影响曝光的因素很多，包括被摄物体的颜色、厚度，物镜的数值孔径、倍数，滤色片的颜色，光源强度和色温，感光介质的性能等。对于缺乏经验的操作者，选定摄影装置的自动曝光功能进行拍摄是最稳妥的。

将标本要拍摄部位移入视野中央，旋转显微镜细准焦螺旋，使显示器上呈现的图像清晰，按下显微摄影装置或其软件中自动曝光按钮，即可对呈现于显示器上的样品部位进行拍摄。

4. 显微照片中加入标尺

为了准确显示显微照片的放大倍数，应在照片中正确加入标尺。

方法一：数码显微摄影系统通常自带标尺，但要注意图像处理软件中物镜倍数的切换。忘记切换，会导致标尺不准确。

方法二：在显微镜载物台上放置镜台测微尺，在与拍摄标本相同的物镜倍数下拍摄镜台测微尺。最后，用相同的放大倍数呈现相同物镜倍数下拍摄的标本和镜台测微尺照片，比照测微尺的刻度，在标本照片上画出相应线段，即标本照片的标尺。

【注意事项】

1. 确保显微镜的规范使用，尤其注意聚光器光阑的调节。
2. 注意色温和白平衡的调节。
3. 注意玻片标本的清洁；显微镜光学系统无尘、无污。

【思考问题】

1. 显微摄影所得照片，应尽可能真实还原所拍摄样品的特征。如何做才能尽可能保证这一点呢？

2. 显微照片中为什么要加入标尺？

参 考 文 献

王金发，何炎明，刘兵. 2011. 细胞生物学实验教程. 2版. 北京：科学出版社.
王小平，张凌，王亚平，等. 2013. 影响显微摄影清晰度的关键操作技术. 中国医学教育技术，27：372-375.
杨汉民. 1997. 细胞生物学实验. 2版. 北京：高等教育出版社.
袁超，程环，王南林，等. 2012. 显微镜数字图像的质量控制. 医疗卫生装备，33：100-103，120.
Wayne R. 2013. Light and Video Microscopy. 2nd. London：Academic Press.

第二章　电子显微镜及其制样技术

实验五　透射电子显微镜原理及样品制备

【实验目的】

1. 了解透射电子显微镜的结构、基本工作原理及使用方法。
2. 掌握常规超薄切片技术的基本过程。

【实验原理】

一、透射电子显微镜原理

电子显微镜是根据电子光学原理，用电子束和电子透镜代替可见光束和光学透镜（图 2-1），来实现高分辨率成像的仪器，同样适用阿贝公式。可见光蓝色光波长 400nm，而经 100kV 电压加速的电子束波长为 0.0037nm，但电磁透镜相差无法校正，只能采用近轴电子束成像，所以电镜 α 值很小。目前电镜理论分辨率为 0.14nm。

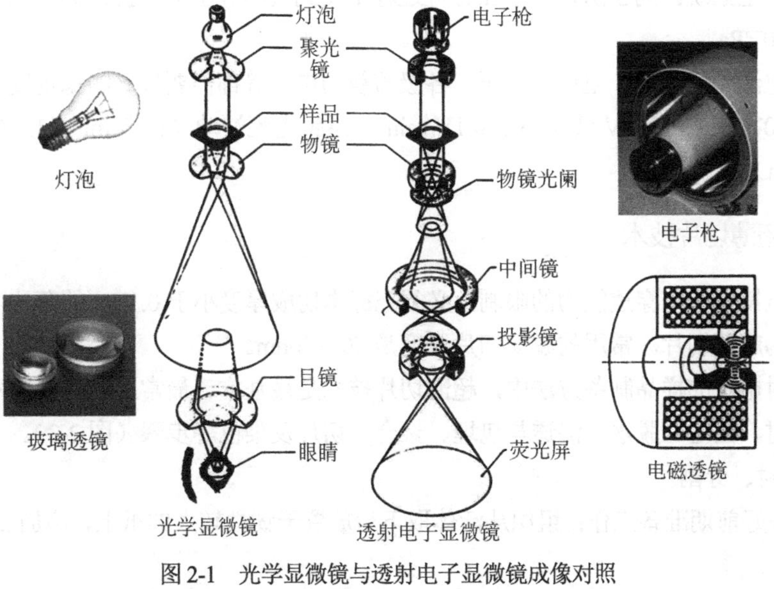

图 2-1　光学显微镜与透射电子显微镜成像对照

二、透射电子显微镜的结构（图 2-2）

（1）电子枪：对于钨灯丝电镜，电子逸出加热的灯丝表面，经阳极高压电场加速后向下射出，电子枪的加速电压是电镜的最重要技术指标。

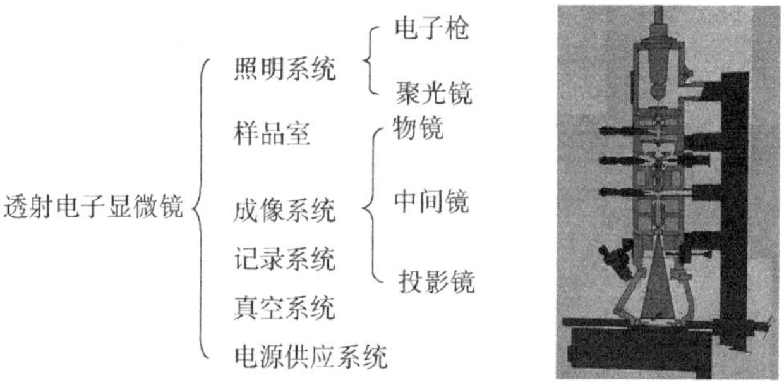

图 2-2　透射电子显微镜系统组成及电子光学部分剖面图

（2）聚光镜：将光源（电子束）会聚到样品上，并能根据放大倍数需要调节光源在样品上的照明直径。

（3）样品室：能在保持电镜真空的前提下更换观察的样品，并能进行样品的移动、倾斜、旋转。

（4）物镜：靠近样品的放大磁透镜。其作用是形成样品一次放大图像，决定电镜的分辨率。

（5）中间镜：是一个可变倍率的弱透镜。它的作用是将物镜成的一次像再放大，并成像于投影镜的物平面上。

（6）投影镜：将经过中间镜形成的二次像放大到荧光屏上或图像采集屏上。

（7）记录系统：由感光胶片或图像采集屏组成，负责电镜图像采集。

（8）真空系统：为了防止电子在行进过程中受到气体分子的干扰，钨灯丝电镜内部的真空度≤10^{-3}Pa。

（9）电源供应系统：电镜的高压，各级透镜的电流等都需要极高的稳定度。电子枪高压波动＜10^{-6}/min（100kV 波动小于 0.1V/min）；透镜电流波动＜10^{-6}/ min（1A 电流波动小于 1μA/min）。

三、超薄切片技术

由于电镜电子束穿透能力的限制，必须把标本切成厚度小于 0.1μm 的薄片才适用，这种薄片称为超薄切片。常用的超薄切片厚度是 50～70nm。

在透射电镜的样品制备方法中，超薄切片技术是最基本、最常用的制备技术。制作过程包括取材、固定、脱水、渗透与包埋、聚合、切片及染色等步骤（图 2-3）。

1. 取材、分割

（1）做好前期准备工作：组织从活体取下后放置于韧性较大的纸上，滴加 2.5%戊二醛固定液。

（2）用新的、锋利的刀片呈“拉锯式”将组织切下并修小，一般不超过 1mm×1mm×1mm，特殊样品必须保证厚度≤1mm。然后用牙签或镊子将组织块移至盛有固定液的小瓶或离心管中。

要求：部位准确、动作迅速（争取在 1min 内）、动作轻（机械损伤小）、温度合适（新鲜组织或培养细胞一般先在生理温度下固定 0.5h，再转到 4℃继续固定。室温可以提高固定液渗入组织的速率，但易导致细胞自溶；低温可减缓细胞自溶，但会降低固定液渗入组织的速率）。

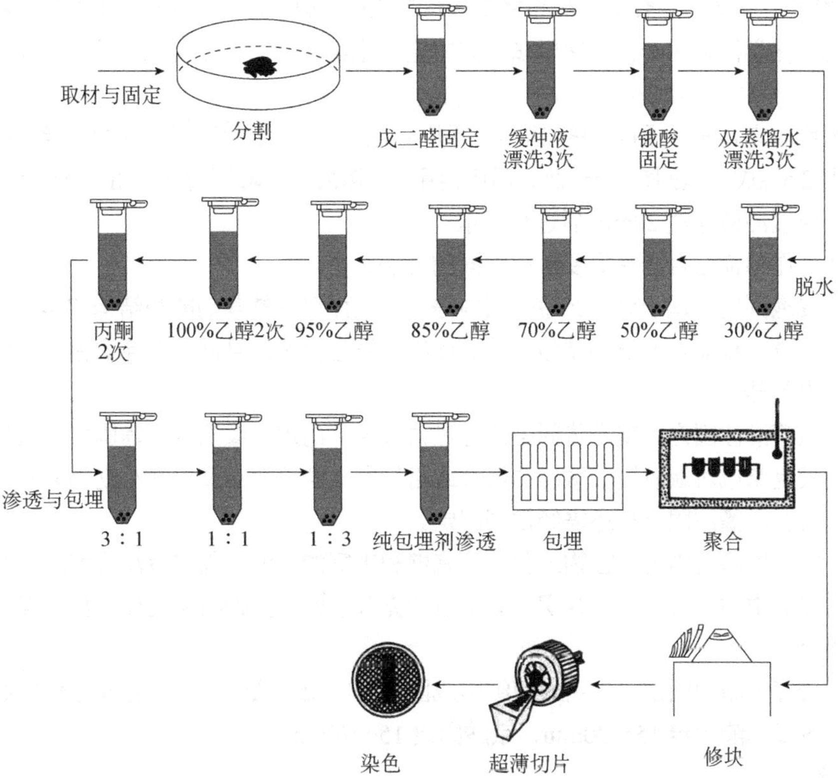

图 2-3　常规超薄切片程序

2. 固定

1）固定的目的　　尽可能使细胞中的各种细胞器以及大分子结构保持生活状态，并且牢固地固定在它们原来所在的位置上。

2）常用固定剂

（1）四氧化锇（OsO_4）：简称锇酸，是超薄切片中使用最多的固定剂，是一种强氧化剂，有极大的毒性。四氧化锇能与细胞中的蛋白质氨基迅速结合形成交联化合物，能与不饱和脂肪酸的两个酸性链生成四氧化锇二酯化合物，故能够固定组织细胞中的蛋白质成分、脂肪酸、脂蛋白、磷脂蛋白、核蛋白等。四氧化锇固定剂有强烈的电子染色作用，用它固定的样品图像反差较好。

缺点：穿透力较弱；不能固定天然 DNA、RNA 及糖原；对微管固定效果也差；固定时间不宜过长，否则组织变脆，增加切片难度，锇酸固定的时间一般为 1～2h；与乙醇和醛类产生氧化还原反应，生成沉淀，需用相应的缓冲液漂洗干净；易使酶失去活性，不能用于细胞化学研究等。

（2）戊二醛（$C_5H_8O_2$）：对糖原、糖蛋白、微管、内质网和细胞基质等有较好的固定作用；对组织和细胞的穿透力比四氧化锇强；能保存某些酶的活力；长时间的固定（但最好不要超过一周）不会使组织变脆，适合远距离或野外取材。

缺点：不能保存脂肪；没有电子染色作用，单纯固定样品反差弱；对细胞膜的显示较差。

3）固定的方法　有物理法和化学法两大类：物理法是采用冰冻、干燥等手段来保持细胞结构；化学法是用一定的化学试剂来固定细胞结构。通常使用化学法对组织或细胞进行固定。

组织块固定常规采用戊二醛-锇酸双重固定法。分前固定和后固定，中间用缓冲液漂洗。前固定用 2.5%戊二醛固定大于 2h、后固定用 1%锇酸固定液固定 1～2h，pH7.2～7.4。固定完毕，用缓冲液漂洗 20min 后进行脱水。

具体操作中需结合样品需要采用不同的方法。

（1）浸泡固定：适于允许在短时间内停止供血而仍保持其功能和结构的器官或组织，以及病理检查的样品。方法简便但易使离体组织发生自溶，且固定剂穿透慢而导致组织深部固定效果欠佳。

（2）血管灌注固定：就是将固定液通过血液循环的途径灌注到所需固定的组织中，适于取材比较复杂或对缺氧比较敏感的器官或组织。本法分全身灌注（小动物）和局部灌注（较大的动物）。灌注固定后还需经常规固定。

（3）植物细胞的固定：植物细胞具细胞壁和丰富的液泡，固定液渗透困难，需用真空抽气排出样品中的空气，保证组织与固定液的充分接触。植物组织离体变化较慢，一般采用浸泡固定。

（4）培养细胞的固定：先离心使细胞成团再按常规方法固定，或先固定再离心使细胞成团。一般戊二醛固定 15～30min，锇酸固定 15～40min。

3. 脱水

1）脱水的目的　为了保证包埋介质完全渗入组织内部，必须事先将组织内的水置换干净，即用一种和水及包埋剂均能相混溶的液体来取代水，常用的脱水剂是乙醇和丙酮。

2）脱水的方法　急骤的脱水会引起细胞的收缩，因此，脱水应梯度进行：30%乙醇 15min，50%乙醇 15min，70%乙醇 15min，85%乙醇 15min，95%乙醇 15min，100%乙醇 10min（两次）。

游离细胞可适当缩短脱水时间。过度脱水不仅引起更多物质的抽提，而且会使样品发脆，造成切片困难。

注意事项：脱水要彻底，样品瓶需要间断振荡；脱水时间不宜过长，细胞中的某些成分易被乙醇或丙酮溶解，若当天无法完成可在 70%脱水剂中过夜；更换液体时动作要迅速，特别是无水乙醇（或丙酮），不要让样品干燥，否则样品内易产生气泡，使包埋剂无法渗入；固定的组织必须经缓冲液漂洗后才能脱水。

4. 渗透与包埋

渗透就是利用包埋剂渗入组织内部取代脱水剂的过程，这种包埋剂在单体状态时（聚合前）为液体，能够渗入组织内，当加入某些催化剂，并经加热后，能聚合成固体，以便进行超薄切片。

1）*电镜常用的包埋剂及其配方*　目前常用的包埋剂是环氧树脂（epoxy resin）。环氧树脂是一类高分子聚合物，它的分子中含有两种反应基团，即环氧基和羟基。当加入酸酐类时，树脂分子中的羟基能与酸酐结合，形成分子间的横桥连接，这种起横桥式连接作用的交联剂称为硬化剂，它们参与交联反应，并被吸收到树脂链中。常用的硬化剂有十二烷基琥珀酸酐（或称十二烯基丁二酸酐，简称 DDSA）、甲基内次甲基二甲酸酐（或称六甲酸酐，简称 MNA）及顺丁烯二酸酐等。当加入胺类时，就引起末端环氧基相连，形成首尾相接的长链状聚合物。这种促进末端相接的交联剂称为催化剂或加速剂。常用的催化剂有 2,4,6-三（二甲胺基甲基）苯酚（简称 DMP-30）、二乙基苯胺及乙二胺等。为了改善包埋块的切割性能，某些环氧树脂包埋剂配方中还加有增塑剂，使包埋块具有适当的韧性。常用的增塑剂为邻苯二甲酸二丁酯（简称 DBP）。

Epon812 包埋剂配方

Epon812	9.8g
DDSA	3.8g
NMA	6.9g
DMP-30	0.3～0.4g

2）*渗透与包埋的方法*　以上脱水的组织经丙酮置换后进行环氧树脂渗透：丙酮 15min；丙酮和包埋剂混合比例 3∶1，1∶1，1∶3，每级 20～30min；包埋剂 1～2h（两次）。

包埋：包埋模具中加入树脂，将渗透过的样品用牙签轻轻挑入加有树脂的模具前端，静置 1～2h。

聚合：将以上包埋模具放入 60℃温箱中 24～36h。

5. 超薄切片及染色

1）*准备工作*

（1）修块：一般用手工对包埋块进行修整。将包埋块夹在特制的修块器上或拿在手中，在明亮处或放在解剖镜下，用什锦锉或锋利的刀片先锉去或削去表面的包埋剂，露出组织，然后在组织的四周以和水平面呈 45° 削去包埋剂，修成锥体形（图 2-4）。

图 2-4　包埋块修块实例

（2）制刀：超薄切片使用的刀有两种：一种是玻璃刀（图 2-5），另一种是钻石刀（图 2-6）。由于玻璃刀价格便宜，使用者较多。制刀用的玻璃为硬质专用玻璃，厚度为 5～6.5mm。

玻璃刀用制刀机制作。制好玻璃刀后，要围绕刀口制作一只水槽，以便使超薄切片漂浮在水面上。水槽有塑料水槽和胶布水槽两种。塑料水槽有固定的形状，可反复使用。胶布水槽是临时用胶布或专用塑料条制作的。装好水槽后，用熔化的石蜡封固接口，防止漏水。

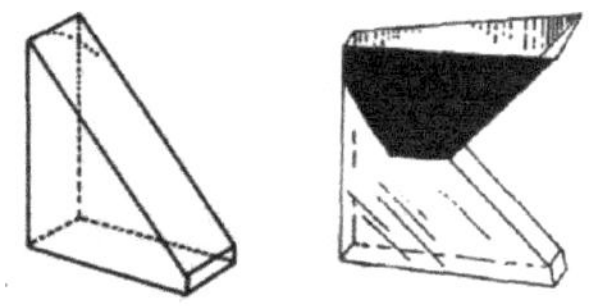

图 2-5　玻璃刀

图 2-6　钻石刀

图 2-7　载网

（3）载网和支持膜：电镜中使用的载网（图 2-7）有铜网、金网、镍网等，一般常用铜网。载网为圆形，直径 3mm。网孔的形状有圆形、多边形、单孔形等。网孔的数目不等，有 100 目、200 目、300 目等多种规格，可根据需要进行选择。

支持膜：载网上需覆盖一层薄膜以增加对样品的支持能力，这层薄膜称支持膜，厚度为 10～20nm。对支持膜的要求是透明无结构，并能承受电子束的轰击。常用的支持膜是聚乙烯醇缩甲醛膜（formvar 膜）、碳膜等。

2）半薄切片　利用超薄切片机切厚度为 0.2～2.0μm 的切片，称厚切片或半薄切片，需通过光学显微镜观察。半薄切片可以对同一组织的同一部位进行光学显微镜和电镜的对比观察。半薄切片定位以后，要对包埋块做进一步的修整，保留要用电镜观察的部分。

3）超薄切片（图 2-8）　切片厚度为 50～70nm，切片转移到有支持膜的载网上。

图 2-8　超薄切片

4）超薄切片的染色　未经染色的超薄切片反差很弱。因此，要进行染色处理，以增强样品的反差。

一般是用重金属盐与组织细胞中某些成分结合或被组织吸附来达到染色的目的。重金属的原子对电子束形成散射，从而提高图像的反差。

常用的染色剂有乙酸铀和柠檬酸铅。染色方法有以下两种。

方法一：组织块染色。在脱水至 70%乙醇时，将组织块放在用 70%乙醇配制的饱和乙酸铀溶液中，染色时间 2h 以上，或在冰箱中过夜。

方法二：切片染色（图 2-9）。取一个清洁的培养皿，放一张滤纸，用蒸馏水浸湿增加湿度，防止在染色过程中染液挥发。滤纸上放一片封口膜，然后滴数滴染液于封口膜上，用镊子夹住载网的边缘，把贴有切片的一面朝下，使载网浮在液滴上，盖上培养皿，染色

10～30min。载网从染液中取出后，必须尽快用蒸馏水漂洗干净。

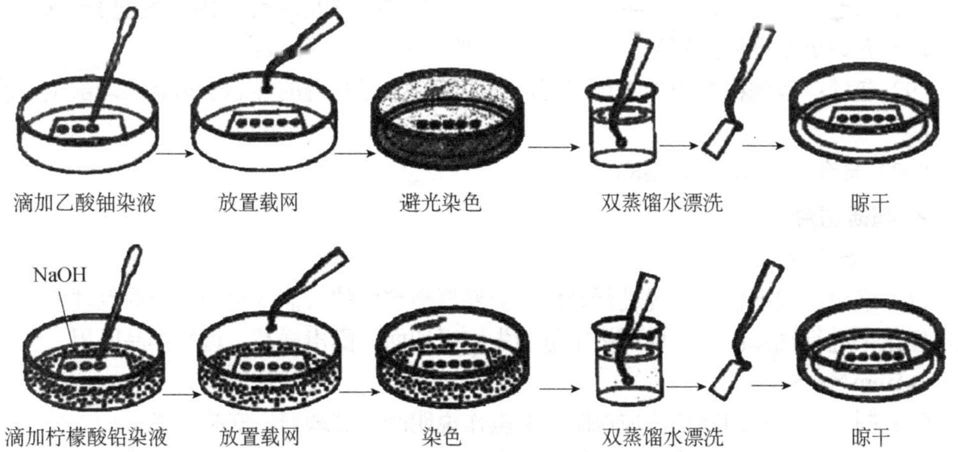

图 2-9　超薄切片染色示意图（丁明孝等，2021）

在染色过程中，铅染液容易与空气中的二氧化碳结合形成碳酸铅颗粒而污染切片。因此，在保存和使用染液时，要尽量减少染液与空气的接触。为防止铅沉淀污染，可在培养皿内放置氢氧化钠颗粒，以吸收空气中的二氧化碳。

【实验准备】

1. 生物材料：小鼠。

2. 实验器材：透射电子显微镜、超薄切片机、光学显微镜、体视显微镜、聚合器、电子天平、包埋模具、镊子、睫毛针、培养皿、滤纸、烧杯、离心管、单面刀片、钢锉、玻璃条、载网等。

3. 实验试剂：0.1mol/L PBS（pH7.2）、2.5%戊二醛［溶剂为 0.1mol/L PBS（pH7.2）］、1%锇酸［溶剂为 0.1mol/L PBS（pH7.2）］、系列乙醇、丙酮、包埋剂、乙酸铀染液、柠檬酸铅染液、氢氧化钠等。

【实验步骤】

1. 超薄切片样品前处理

（1）取材：小鼠麻醉后，解剖取出肝脏或胰脏，单面刀片分割成约 1mm×1mm×1mm 小块，放入 EP 管中。

（2）前固定（固定液体积是固定材料的 10 倍以上，材料不堆积）：2.5%戊二醛常温 0.5h，4℃ 3～5h。

（3）漂洗：0.1mol/L PBS（pH7.2）充分漂洗 3～4 次，5～10min/次。

（4）后固定：1%锇酸 4℃固定 1～2h。

（5）漂洗：用双蒸水漂洗 3 次，共 20min。

（6）系列乙醇脱水：30%乙醇→50%乙醇→70%乙醇（4℃，可以过夜）→80%乙醇→95%乙醇→无水乙醇→无水乙醇，5～10min/步。

（7）用丙酮置换乙醇：丙酮 2 次，5～10min/次。

（8）渗透：丙酮∶包埋剂=3∶1、1∶1、1∶3，20～30min/级，纯包埋剂 1～3h（从进入包埋剂开始更要严格防潮）。

（9）包埋：包埋模具中加入包埋剂，用牙签挑入经渗透的样品于模具尖端部位，静置 1～2h。

（10）聚合：60℃，24～36h。

2. 超薄切片

1）准备工作

（1）修块：根据样品情况进行修块。需要严格定位的只需修掉样品四周包埋剂，再根据定位结果进行细修；不需要严格定位的先修平切面，露出样品，再修样品四周，使切面小于 0.5mm×0.5mm。

（2）制刀：按照超薄切片玻璃制刀机操作说明制作玻璃刀，安装水槽。

（3）支持膜制作：将购买的电镜载网上制作支持膜，或购买有支持膜的载网。

2）熟悉切片机　熟悉超薄切片机及其功能（图 2-10、图 2-11）。

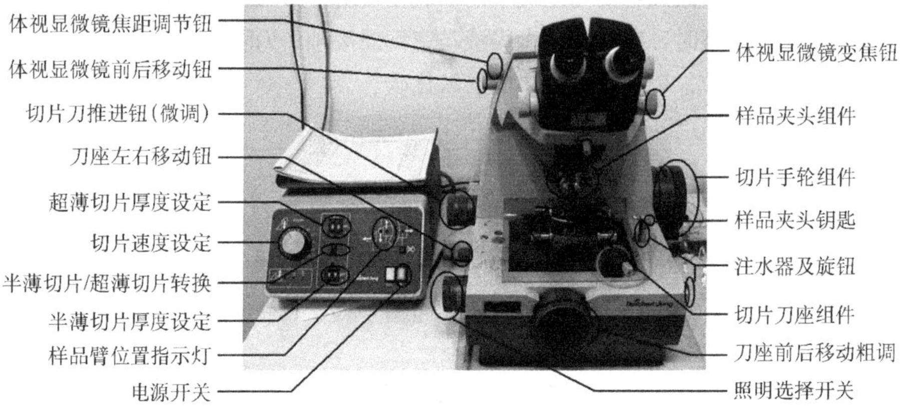

图 2-10　超薄切片机旋钮及功能开关

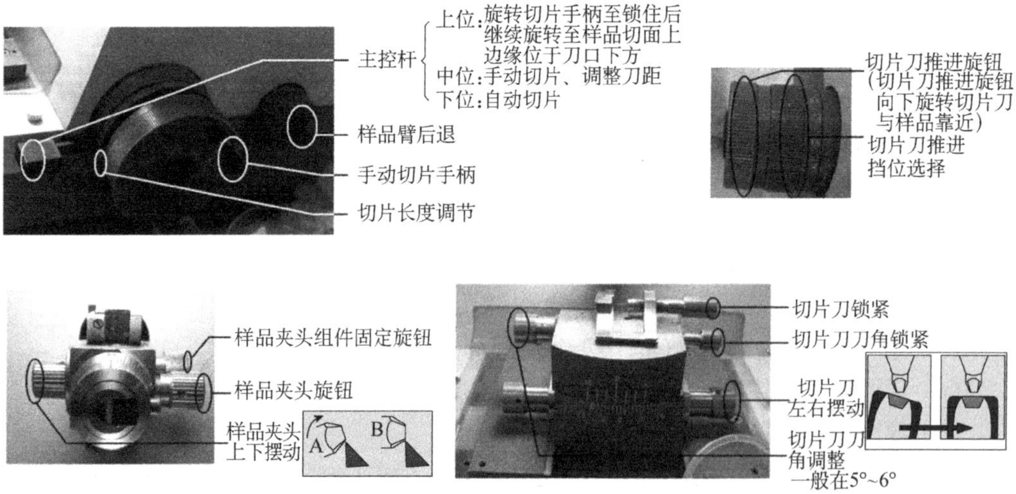

图 2-11　超薄切片机各旋钮及功能

3）操作程序

（1）开机：压下电源开关，打开照明灯。

（2）固定样品：将修好的样品块固定在切片机样品夹头上，调整好方位。

（3）细修：将玻璃刀固定在刀台上，在显微镜下对样品块进行细修。

（4）半薄定位：将切片厚度调至 0.5～1.0μm，右手转动切片手轮切下一片，用镊子取下制作半薄切片并确定切片位置，以此为依据对样品进一步修整，只保留必要的位置。

（5）换刀调刀距：换一把带水槽的新刀并加水至适当的位置，调整刀距至与样品尽可能靠近。

（6）切片：进一步调整刀距，并将切片厚度调至 70nm（或其他合适数值），将主控杆压下进行自动切片。

（7）捞片：将完整、厚度均匀且干涉色呈白色的切片 3～5 片用睫毛针排列整齐，移至带有支持膜的电镜载网上。

（8）取下样品：将主控杆移至中央位置，后退切片刀并取下样品。

（9）关机：将主控杆移至中央位置，取下切片刀和样品，将加水旋钮逆时针旋到底，关主电源开关，关闭总电源开关，盖好防尘罩。

3. 超薄切片染色

1）准备　染色用湿盘：培养皿放滤纸，用蒸馏水湿润，中央放一片封口膜；另一个培养皿内四周放置 NaOH 颗粒。

2）染色

（1）乙酸铀染色：湿盘封口膜上根据载网数目滴加染液，载网切片向下漂浮于液滴上，避光染色 20min。

（2）清洗：备好 25mL 盛有双蒸水烧杯 3 个，用载网镊子从液滴上夹下载网，依次经过 3 个烧杯，每次在双蒸水中上下移动约 30 次进行漂洗，最后用滤纸从镊子尖缝隙中吸去双蒸水，自然晾干。

（3）柠檬酸铅染色：用四周有 NaOH 的湿盘按照乙酸铀染色方法进行染色。

（4）清洗：同上。

4. 电子显微镜使用及超微结构观察

熟悉透射电子显微镜（图 2-12 和图 2-13）。

1）开机　打开总开关，再依次打开循环水开关和电镜开关。长按“reset”按钮 3s 后松开。

样品杆放到换样处，打开操作台右侧“EVAC”开关到“1”，灯亮。主机“EVAC”“AIR”两灯交替闪烁，5～6min 后常亮。

打开操作台“COL”开关，双击电脑桌面软件图标，打开软件。

2）放入样品　将有样品载网放入样品杆最外端样品孔内。

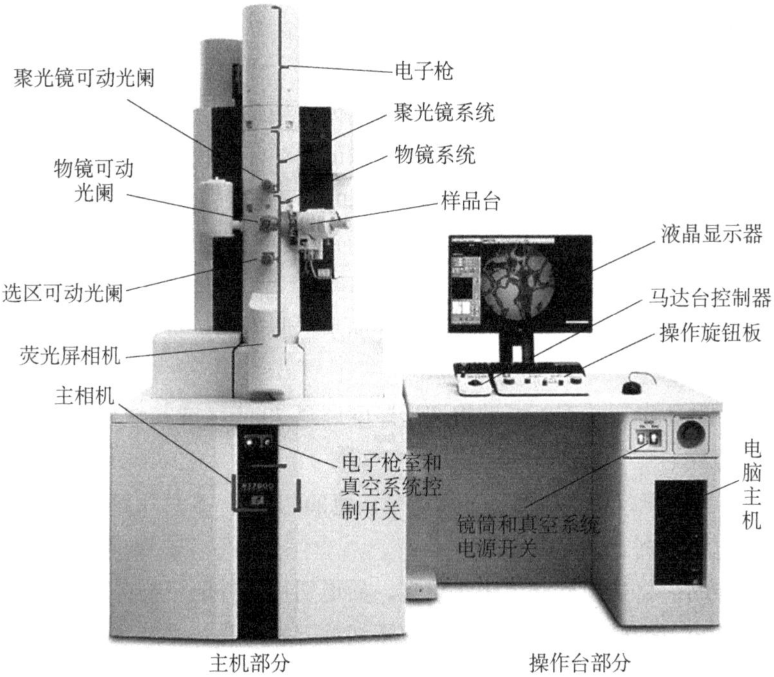

图 2-12　透射电镜各部分名称

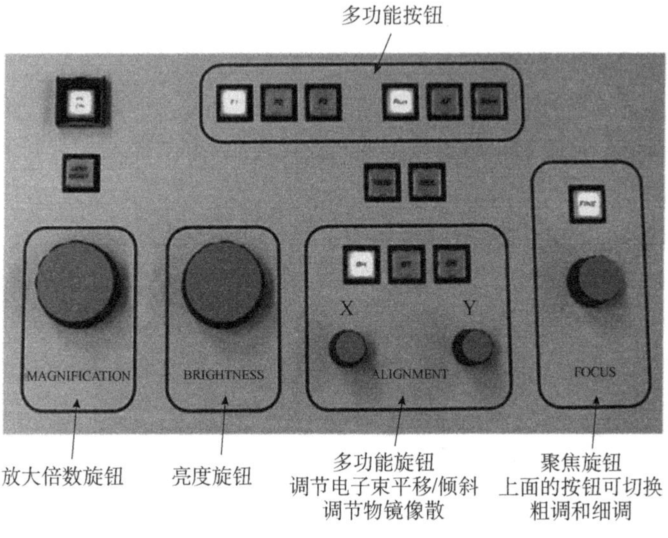

图 2-13　操作旋钮板

样品杆插入电镜样品室，打开样品室抽气开关到“EVAC”，红灯亮起开始抽真空，绿灯亮时抽真空完毕。

向右旋转样品杆 45°，手握紧缓慢送入至待测位置，再向左旋转 15°缓缓送入（此过程需在上一步绿灯亮起 30s 内完成）。

3）观察　“HV/Filament Operation”功能框“HV”选择 80kV（常用于生物标本，对比度较高），点击“ON”。

“Filament”（灯丝）到“ON”，灯丝电压逐渐上升至预定值，电子束随之发射出来。

“Beam”（束流）到“ON”。

此时荧光屏相机观察窗口出现图像或亮度，马上顺时针旋转控制面板亮度（BRIGHTNESS）旋钮使图像或亮度刚好充满整个圆形视野（如果圆形亮斑不在中心可以调整控制面板多功能旋钮）。

根据需要选择合适的放大倍数，同时调整亮度使光斑始终恰好充满整个视野，调整焦距使图像最清晰。

点击“Main camera”功能框中“Main”切换至主相机（点“Screen”切换回屏幕相机），使用操作旋钮板上的亮度旋钮将直方图中的曲线峰调至中间位置，点击“AF atart”按钮或操作板上的“AF”按钮执行自动调焦，点击“Save”按钮保存图像。

4）关机 “HV/Filament Operation”功能框中依次将“Beam”“Filament”“HV”关闭（点击对应的“OFF”）。

将样品杆中样品取出，样品杆放到待测位置。

关闭控制按钮“Col”，此时软件自动关闭。

关闭真空“EVAC”，此时主机“AIR”键呈红色，等待EVAC灯熄灭。

依次关闭电脑、操作台后面总开关、循环水开关、拉下总闸。

按照要求做好使用记录等工作。

5. 超微结构测量

测量保存的图像（图 2-14）：两个细胞核的最长轴、线粒体长宽、核孔大小、线粒体嵴宽度、核膜间隙宽度、核糖体大小。

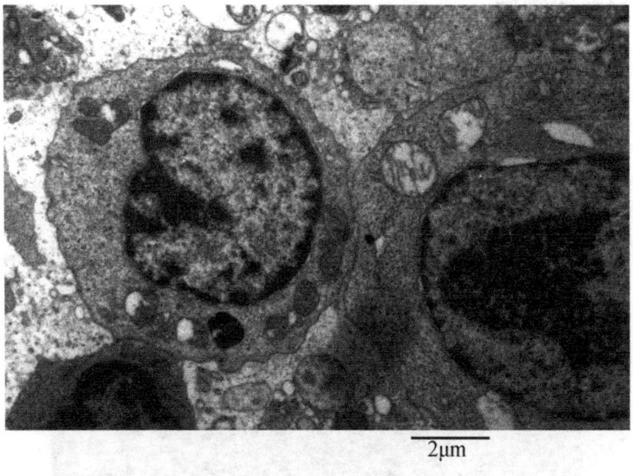

图2-14 鼠胰脏超薄切片

【注意事项】

1. 锇酸易挥发，蒸气剧毒，对眼睛角膜和呼吸道黏膜危害大，必须在通风橱中操作。
2. 操作迅速，从动物机体取下胰到放入固定液的时间控制在1min之内。

【思考问题】

1. 简述戊二醛、锇酸双固定的意义。
2. 简述透射电子显微镜对生物样品取材的要求，并说明原因。

参 考 文 献

丁明孝，梁凤霞，洪健，等. 2021. 生命科学中的电子显微镜技术. 北京：高等教育出版社.
付洪兰. 2004. 实用电子显微镜技术. 北京：高等教育出版社.
杨勇骥，汤莹. 2012. 医学生物电子显微镜技术. 上海：第二军医大学出版社.

实验六　扫描电子显微镜原理及样品制备

【实验目的】

1. 了解扫描电子显微镜的结构、基本工作原理及使用方法。
2. 初步掌握扫描电子显微镜样品的制备方法。

【实验原理】

扫描电子显微镜简称扫描电镜（图 2-15），是用聚焦的电子束轰击样品的表面，通过电子与样品的作用产生二次电子、背散射电子等对样品的表面形貌进行观察和分析的仪器，主要应用于生物、材料等领域。

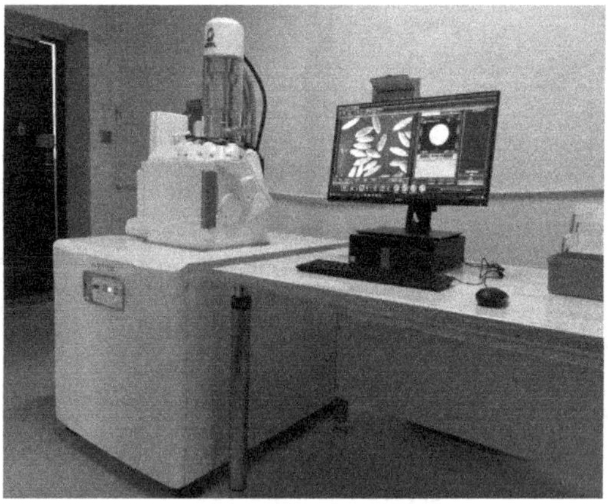

图 2-15　扫描电子显微镜

扫描电镜用聚焦电子束在样品表面逐点扫描成像，成像信号可以是二次电子、背散射电子或吸收电子。其中，二次电子是最主要的成像信号。因为电子束在样品上扫描成像，所以称扫描电子显微镜。

1. 扫描电子显微镜的主要结构（图 2-16）

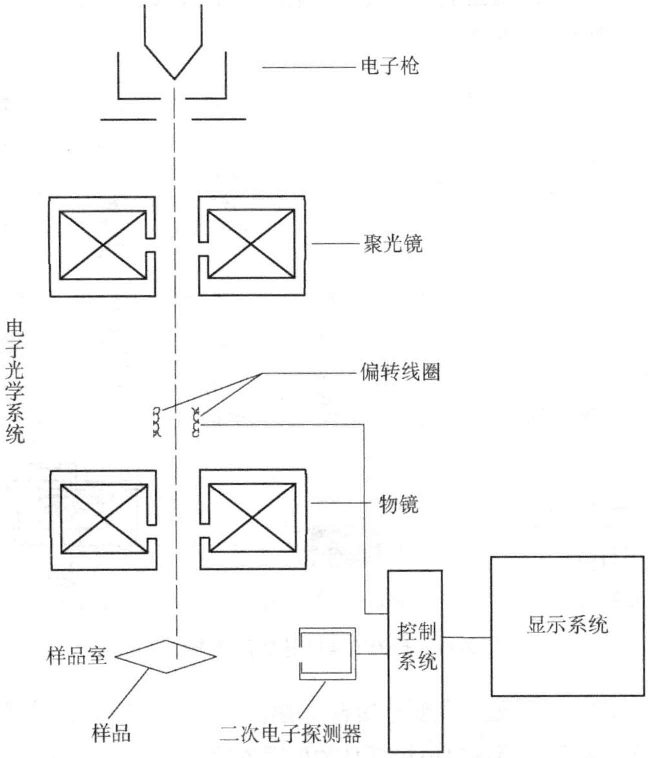

图 2-16 扫描电子显微镜结构示意图

1）电子光学系统 由电子枪、聚光镜、偏转线圈、物镜、样品室等组成。聚光镜和物镜都是会聚透镜，负责将电子枪发出的电子束会聚打到样品上。由于扫描电镜是以扫描方式成像，会聚在样品上的电子束斑大小、形状和亮度决定了电镜的分辨率。偏转线圈负责电子束斑在样品上扫描，通过控制扫描区域的大小控制放大倍数。样品室负责样品更换、移动、倾斜和旋转等。

2）信号收集处理系统 由二次电子探测器和控制系统组成。本系统负责采集样品被电子束轰击后发出的二次电子信号，二次电子信号强弱和电子束与样品照射面夹角相关，二次电子包含样品表面形貌信息。

3）图像显示和记录系统 负责图像显示和存储。

4）真空系统 电子光学系统必须在一定的真空状态下工作，常规扫描电镜的真空系统由机械泵、分子泵、管道、阀门、真空测量及控制部分组成。常规钨灯丝电镜镜筒真空度达 10^{-4}～10^{-3}Pa。

5）电源供应与控制系统 为各个系统提供电源并进行控制。

2. 扫描电子显微镜样品制备（图 2-17）

扫描电镜最大的优点是样品制备简单，对干燥导电的样品只需切割成大小合适的尺寸，用导电胶粘贴在扫描电镜样品台上就可直接观察。对于非导电的干燥样品只需经导电处理就可观察。

干燥和导电是扫描电镜样品制备的必须要求，含水的样品在电镜真空环境下水分挥发对仪器影响较大，不导电样品在电子束轰击下会产生电荷积累，影响入射电子束和二次电子的运动轨迹，使图像质量下降。

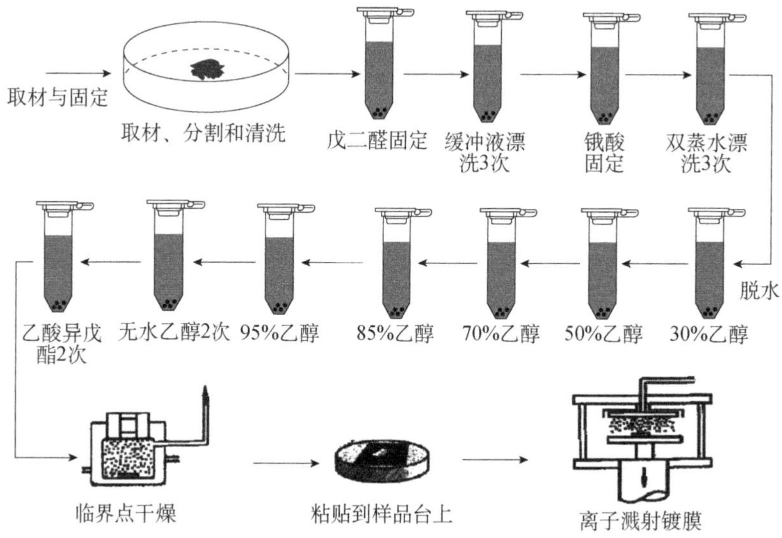

图 2-17　扫描电镜样品制备操作程序

1）**样品的前处理**　前处理主要包括表面清洁、固定、漂洗和脱水等过程。而每一过程的处理方法基本上都是沿用透射电镜样品的处理方法。

但是，由于两种电镜观察的要求不同，因此，在处理中也有不同之处：透射电镜主要研究样品的内部结构，要求内部结构保存好，因而样品宜尽可能小使固定液能迅速渗入。扫描电镜观察表面形貌，而且为了操作方便选取较大样品，一般在 5～10mm^2，高度可达5mm。扫描电镜要求样品完整且表面清洁，但是在许多样品的表面常附有黏液、血液、组织液及灰尘等杂物，影响观察，以致造成对图像的错误解释。所以，在固定前必须做好表面的清洁工作。

2）**样品的干燥**　生物样品的制备中，干燥是最关键的步骤。干燥过程除引起样品收缩之外，液体的表面张力会使样品表面形貌发生很大的变化，设法使样品表面在不受或少受表面张力影响的条件下除去液体是样品干燥的关键。目前常用的干燥方法主要有空气干燥法、临界点干燥法、冰冻干燥法、真空干燥法等，其中以临界点干燥法效果最好。

空气干燥法：又称自然干燥法，就是将经过脱水的样品暴露在空气中，使脱水剂逐渐挥发干燥。此法最大的优点是简单易行和节省时间，它的致命缺点是在干燥过程中，组织会因脱水剂挥发时表面张力的作用而产生收缩变形。因此，此种方法一般只适用于外壳（表面）较为坚硬的样品。

临界点干燥法：临界点干燥法是一种消除了物相界面（液相/气相），也就是消除了表面张力来源的干燥方法。这种方法由于没有表面张力的影响，样品不易收缩和变形，是扫描电镜标本制备的一种重要干燥方法。

3）**样品表面导电处理**　生物样品和其他非金属样品的表面电阻率很高，在电镜观察时，往往容易发生荷电现象。另外，生物样品都是由低原子序数的碳、氢、氧、氮等元素组成，二次电子的发射率很低，信号弱，难以获得必要的图像反差。因此，为了消除或减少以上不良现象，生物样品和非导电的样品在扫描电镜观察前，均需进行表面导电处理。扫描电镜样品的表面导电处理方法，主要有金属镀膜法和组织导电法两种。

（1）金属镀膜法：金属镀膜法是采用特殊装置将电阻率小的金属（如金、铂、钯、银）及碳等蒸发后覆盖在样品表面的方法。有真空镀膜及离子溅射镀膜等，现多采用离子溅射镀膜法。

离子溅射镀膜法：是把经干燥的样品放在离子溅射镀膜机阳极样品台上，在低真空下（约 10Pa）加高电压（1000～1200V）使阴极（金靶）与阳极间形成电场，把残存的气体分子电离，阳离子打向金靶，金原子溅射出来落在标本表面，形成一层金膜。这不仅保存了组织表面形态，而且电子束射到标本上容易激发二次电子，并有良好的导电性能，可产生质量好的图像。

（2）组织导电法：组织导电法是利用某些金属盐溶液对生物体中的蛋白质、脂肪及淀粉等成分的结合作用，使样品表面离子化或产生导电性能好的金属化合物，从而提高样品耐受电子束轰击的能力和导电率。

【实验准备】

1. 材料：家兔或其他动植物材料。

2. 实验器材：扫描电镜、临界点干燥仪、离子溅射镀膜机、单面刀片、解剖剪、镊子、双面导电胶、标本台等。

3. 实验试剂：2.5%戊二醛、1%锇酸、系列乙醇（30%、50%、70%、85%、95%、100%）、乙酸异戊酯、液体 CO_2 等。

【实验步骤】

本实验以家兔气管为例。

（1）取材：麻醉家兔，解剖暴露支气管；切取小段气管，剖开，再切取 2mm×5mm 大小的一块管壁，注意保护要观察的内表面（即黏膜面）；缓冲液或生理盐水清洗两次，如黏膜表面有较多黏液时，可用胰酶溶液消化，再清洗。

（2）固定：把标本迅速投入固定液中，其固定程序与透射电镜标本同。

（3）脱水：把用双蒸水洗过的标本依次放入 30%、50%、70%、85%、95%、100%乙醇中脱水各 10min，然后将标本移入乙酸异戊酯中 20min，置换出乙醇。

（4）临界点干燥：将标本置入临界点干燥仪的密闭标本室中，充入液体 CO_2 至标本室容积的 2/3；升温使达到临界状态［31.4℃，72.8atm（1atm≈101.3kPa）］，此时液态与气态界面消失；缓慢放气，放气时间不应少于 2h（按照临界点干燥仪操作规程操作）。

（5）离子溅射镀膜：干燥的标本用双面导电胶固定在标本台上（注意观察面向上），按照离子溅射镀膜机操作规程进行操作。

（6）扫描电镜的使用与样品观察：按照扫描电镜操作规程操作，观察支气管纤毛上皮表面立体超微结构。支气管黏膜表面有许多纤毛，纤毛排列密集，是由纤毛细胞顶端发出的，在纤毛间可见有杯状细胞，在杯状细胞的表面有长短不一的微绒毛。

【思考问题】

1. 分析扫描电镜与透射电镜的异同，说明扫描方式成像的特点。还有哪些仪器或家电采用扫描方式成像？

2. 如果观察植物花粉应该怎样制备样品？

参考文献

丁明孝，梁凤霞，洪健，等. 2021. 生命科学中的电子显微镜技术. 北京：高等教育出版社.
付洪兰. 2004. 实用电子显微镜技术. 北京：高等教育出版社.
杨勇骥，汤莹. 2012. 医学生物电子显微镜技术. 上海：第二军医大学出版社.

实验七　免疫电镜技术

【实验目的】

1. 了解免疫电镜技术的原理及应用。

2. 初步掌握利用胶体金标记的免疫电镜技术的基本方法。

【实验原理】

免疫电镜技术又称为免疫细胞化学技术，是免疫学和电镜技术的结合，是利用抗原与抗体特异性结合的原理，在超微结构水平上定位、定性及半定量抗原的技术方法。该方法为精确定位各种抗原的存在部位、研究细胞结构与功能的关系及其在病理情况下所发生的变化提供了有效的手段。现在免疫电镜技术主要以胶体金标记技术为主。

胶体金标记免疫电镜技术是将胶体金作为抗体的标记物，用于细胞表面和细胞内多种抗原的精确定位。胶体金主要具有以下几个优点：①胶体金能稳定并迅速地吸附蛋白质，而且蛋白质的生物活性不发生明显改变，可制备抗体-胶体金、蛋白质-胶体金等用于免疫电镜；②在电镜下金颗粒电子密度高、圆形且界线清晰，易于辨认；③胶体金标记物易于制备，并可以根据需要制备不同大小（2～50nm）的胶体金，因此可进行免疫电镜的双重或多重标记。

免疫电镜技术步骤包括：抗体的制备、标本的处理、对照实验、结果的观察和分析。

1. 抗体的制备

特异性高、亲和力强的高效价抗体是获得理想的免疫标记结果的首要条件。抗体可购买商品化产品或自己制备。大分子完全抗原，可直接免疫动物如家兔、山羊、小鼠来获得抗体。半抗原，用偶联剂使半抗原与大分子物质结合成复合物，再去免疫动物产生抗体。目前细胞杂交瘤技术制备的单克隆抗体最理想。利用偶联剂（如戊二醛）使抗体与胶体金相结合，可以制备胶体金标记抗体。

2. 标本的处理

为了既能将抗原准确定位甚至定量，又能观察到近似于生活状态下的细胞超微结构，必须选择合适的固定剂，慎重处理样品。部分步骤可以参照透射电镜超薄切片的样品处理。

1）固定　需要注意的是，戊二醛和锇酸会造成抗原的抗原性迅速减弱，因此免疫电镜常采用以下固定液。多聚甲醛-戊二醛固定液：1%多聚甲醛对组织细胞的抗原性影响不大，若加入超过 0.1%戊二醛，抗原性就会迅速减弱；当戊二醛的浓度低到 0.01%～0.05%时，对抗原性的影响便不显著，而细胞超微结构的保存也可获得很大改善。所以推荐用 1%多聚甲醛加 0.01%～0.05%戊二醛作为免疫电镜标本的固定剂，固定时间为 4～5h。对有些抗原性较强的标本，也可采用 4%多聚甲醛加 0.05%～0.5%戊二醛进行固定。某些抗原对戊二醛极其敏感，固定液只能用 2%～4%多聚甲醛，而不能加戊二醛。固定方法可采用灌注固定或浸泡固定。

2）包埋　包埋前免疫标记：即对已固定的样品先进行免疫标记，然后进行包埋、超薄切片并观察结果，一般选用环氧树脂包埋剂。按照常规超薄切片样品处理方法进行。

包埋后免疫标记：指组织标本经固定及树脂包埋，制作成超薄切片后再进行免疫标记的方法。此方法多用低温包埋剂，如 LR White 包埋剂。

3）免疫标记　根据免疫标记与标本包埋之间的不同关系，可分为包埋前免疫标记、包埋后免疫标记和不用包埋的冷冻超薄切片免疫标记。根据具体的标本、抗原的性质及部位、实验室的条件选择合适的方法。这 3 种免疫标记方法都包括非特异性位点的封闭、抗体与抗原特异性结合、反应部位的示踪显示等基本步骤。

（1）包埋前免疫标记：优点是切片在免疫标记前不经锇酸固定、树脂包埋、高温聚合等过程，抗原活性不会受到上述过程的影响，而且抗原暴露充分，标记的阳性率高，非特异性反应少。免疫标记后，用戊二醛与锇酸再次固定组织，可使抗原抗体的结合更加牢固。细胞内抗原受到标记抗体的穿透性限制，主要用于细胞膜表面抗原的免疫定位。用增加细胞膜通透性的药品处理，如用 0.1%Triton X-100 等活性剂处理 5～8min，可以增加细胞膜的通透性，可对细胞内的抗原进行标记。

（2）包埋后免疫标记：具有超微结构保存较好、方法简便可靠、阳性结果重复性高的优点，可对同一组织块的连续切片做各种对照免疫标记，能十分准确地解释免疫标记结果，还能在同一张切片上进行多重免疫标记。但该方法的缺点是抗原在脱水、渗透及树脂包埋过程中可能被破坏，且抗原被树脂遮盖不易与抗体接触，使免疫标记的阳性率下降等。

（3）冷冻超薄切片免疫标记：组织不经脱水包埋直接冷冻，在冷冻状态下进行超薄切片，然后进行免疫标记。该方法能更理想地保存一些生物大分子的活性，提高免疫标记的敏感性，但在冷冻过程中超微结构会受到冰晶的破坏。同时该项技术必须有特殊的冷冻超薄切片机，且技术难度较高。

3. 对照实验

为了证实免疫标记结果的特异性，必须同时设置对照实验。对照实验有以下几种：用未经免疫的同种动物正常血清代替第一抗体、不加一抗、用不含有靶抗原的标本进行免疫标记，其结果均应为阴性。对肯定含有靶抗原的标本进行免疫标记，结果应为阳性。

4. 结果的观察和分析

在电镜下观察免疫标记的结果，通过标记物（胶体金）显示免疫反应部位以定位抗原，注意区分特异性标记和背景的非特异性标记，进行正确的结果分析。

【实验准备】

1. 生物材料：动植物材料。

2. 实验器材：透射电镜、超薄切片机、单面刀片、解剖剪、镊子、有支持膜的镍网或金网等。

3. 实验试剂：1%多聚甲醛＋0.1%戊二醛固定液（视不同材料而定）、系列乙醇、LR White 包埋剂、清洗液（0.01mol/L 磷酸盐缓冲液，包括 0.15mol/L NaCl、1%BSA）、封闭液（0.375g 甘氨酸加入 100mL 清洗液）、一抗（用一抗稀释液按比例稀释）、一抗稀释液（与清洗液相同，只是 BSA 的终浓度为 0.1%）、结合有胶体金的二抗（用二抗稀释液按比例稀释）、二抗稀释液（1.5mL 1% PEG 20000、0.555g 鱼明胶、25mL 一抗稀释液、0.0325g NaN_3）、乙酸铀、柠檬酸铅等。

【实验步骤】

本实验以包埋后免疫标记为例。

1. 包埋块的制备

（1）固定：切取需要免疫标记的材料，迅速投入 1%多聚甲醛＋0.1%戊二醛的固定液中，在冰上切成 0.5mm×0.5mm×0.5mm 的小块，之后于 4℃固定 4h。

（2）漂洗：清洗液 4℃漂洗 3 次，每次 10～15min。

（3）封闭：封闭液 4℃孵育 30min。

（4）脱水：30%、50%、70%（此步及之前 4℃）、85%（此步及之后室温）、95%、100%（2 次）乙醇梯度脱水，每步 10～15min。

（5）渗透：LR White 包埋剂与无水乙醇 1∶1 混合渗透 1h； LR White 包埋剂渗透 3 次，每次 30min；LR White 包埋剂渗透 4℃过夜。

（6）包埋：用胶囊密封（没有空气）包埋，55℃聚合 24h。

2. 切片

（1）半薄切片定位。

（2）超薄切片：用镍网或金网捞取切片。

3. 免疫标记染色（图 2-18）

（1）封闭：将金网上有材料的一面倒着漂浮在封闭液滴上，室温封闭 5min。

（2）一抗孵育：室温孵育 2h，转 4℃过夜。

（3）清洗：清洗液清洗 6 次，每次 2min。

（4）二抗孵育：室温孵育 30min 至 1h。

（5）清洗：清洗液清洗 6 次，双蒸水清洗 4 次，每次 2min。

（6）染色：按照常规超薄切片染色方法染色，乙酸铀染色 5min，柠檬酸铅染色 1min。

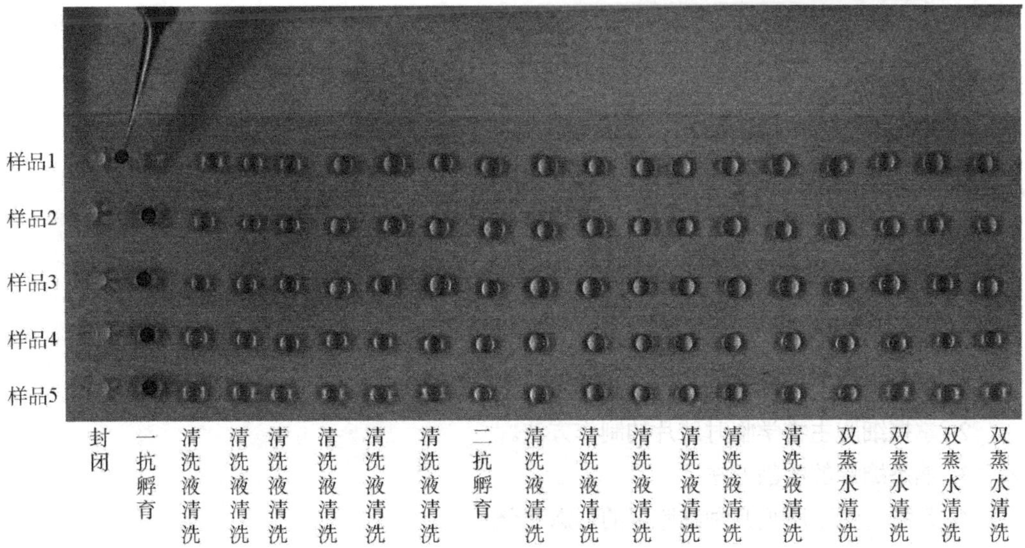

图 2-18 免疫标记染色步骤

4. 观察拍照

在透射电镜下观察，并拍照记录，分析结果。

【思考问题】

分析免疫电镜技术与免疫荧光技术的异同。

参考文献

丁明孝，梁凤霞，洪健，等. 2021. 生命科学中的电子显微镜技术. 北京：高等教育出版社.
吴雄文，梁智辉. 2002. 实用免疫学实验技术. 武汉：湖北科学技术出版社.
杨勇骥，汤莹. 2012. 医学生物电子显微镜技术. 上海：第二军医大学出版社.

第三章　细胞的形态结构观察

实验八　细胞的显微观察

【实验目的】

1. 熟悉光镜下动物、植物细胞的基本形态结构。
2. 掌握细胞生物学临时装片的制作方法。
3. 熟悉蟾蜍的解剖方法。
4. 熟悉光镜下所见几种细胞器的形态和分布。
5. 进一步熟悉各种细胞器的功能。

【实验原理】

细胞是生物体生命活动的基本结构和功能单位。不同细胞具有不同的大小、形态和结构，以适应不同的功能。一般动物、植物细胞直径为10～100μm，细胞内的细胞器更小，大小为20nm至10μm。人眼的分辨率一般只有0.2mm，因此需要通过制作临时装片或石蜡切片，借助显微镜的成像及放大原理，在显微镜下才能观察细胞形态特征和内部细胞器的结构。通常光镜下观察到的结构称为显微结构，电镜下能观察到的更加细微的结构，则称为亚显微结构或超微结构。

光学显微镜由于受到光波特性的限制，一般分辨率较低，为0.2μm，因此对细胞内许多微细结构无法看到。电子显微镜用电子束作光源使分辨率可达到0.14nm，可观察到细胞内各种细胞器的微细结构，电子显微镜的出现对研究细胞内部结构以及细胞的各种活动规律起到重要作用。

【实验准备】

1. 生物材料：蟾蜍、人血涂片、人精子涂片、骨骼肌纵切片、动物脊髓切片、平滑肌纵横切片、平滑肌细胞分离装片、蚕豆叶表皮细胞装片、洋葱鳞茎表皮细胞装片、人口腔黏膜上皮细胞涂片、兔脊神经节切片（示高尔基体）、蛙肝脏切片（示线粒体）、小鼠小肠切片（示线粒体）、马蛔虫子宫横切片（示中心体）。

2. 实验器材：光学显微镜、载玻片、盖玻片、吸水纸、小平皿一个、牙签、吸管、剪刀、镊子、解剖针、擦镜纸等。

3. 实验试剂：2%碘液、Ring液、蒸馏水、1/3000中性红染液、甲苯胺蓝染液等。

【实验步骤】

、细胞的基本形态结构观察

1. 肌细胞玻片标本的观察

骨骼肌细胞为长带状，每个骨骼肌细胞有多个核，核分布于细胞的周边（图3-1）。平滑肌细胞为长菱形，中央有一个短杆状的细胞核（图3-2）。

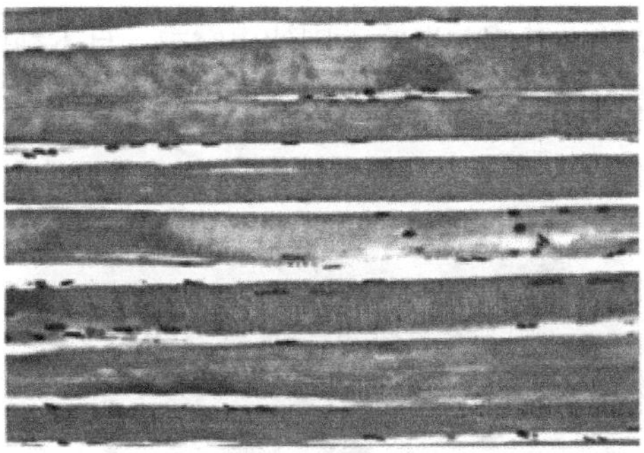

图3-1　骨骼肌

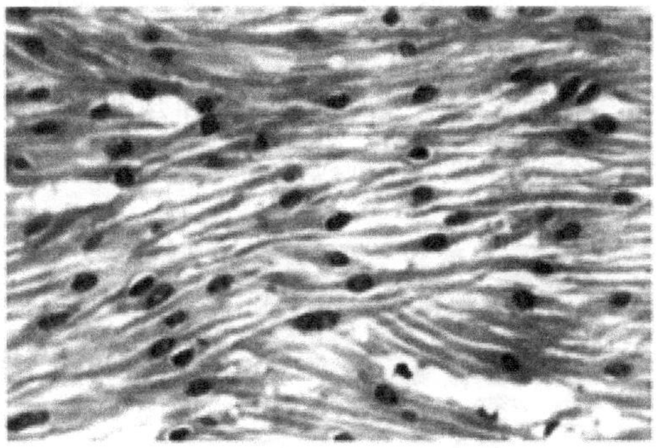

图3-2　平滑肌

2. 动物脊髓切片标本的观察

甲苯胺蓝染色的动物脊髓切片（示神经细胞）在显微镜下观察，染色较深的小细胞是神经胶质细胞。大的、有突起的细胞是脊髓前角运动神经细胞，多呈三角形或星形，注意观察尼氏体（图3-3）。

3. 人精子涂片的观察

精子分为头部、颈部和尾部，就像蝌蚪一样，但从比例上讲，头部比蝌蚪扁，尾部要长。精子头部从正面观呈卵圆形，侧面观为梨状，靠近颈部较粗，而顶端较细（图3-4）。

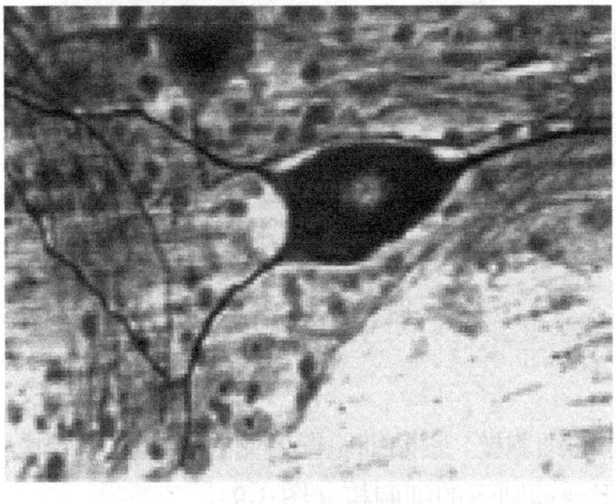

图3-3　神经细胞

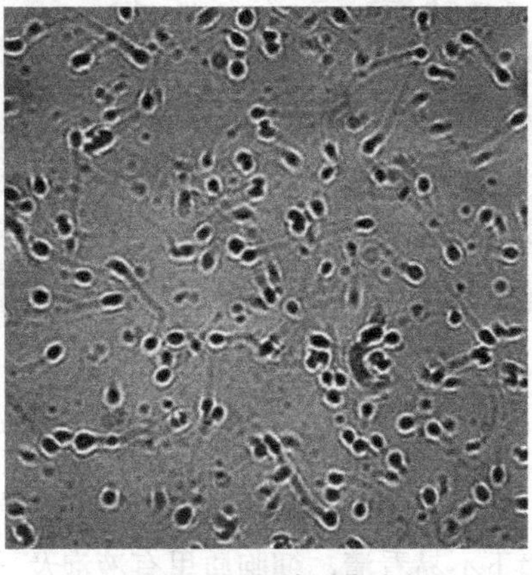

图3-4　人精子涂片

4. 人血涂片的观察

血液是流动的组织，其中含有三类细胞：红细胞、白细胞和血小板。所有的血液细胞从骨髓中通过造血过程形成。

（1）红细胞（图 3-5）：细胞呈双凹饼状。圆形无核，中央浅染，周边色深。侧面观为哑铃形。

（2）白细胞（图 3-6）：正常成人的血液中含量较少，一般为 4000～10 000 个/mm^3，幼儿较多。有粒白细胞：细胞质内含有特殊颗粒，经 Wright 染色又分为中性粒细胞、嗜酸性粒细胞和嗜碱性粒细胞 3 种。无粒白细胞：又分为淋巴细胞和单核细胞。

（3）血小板（图 3-7）：又称血栓细胞，正常成人血液含量为 10 万～40 万/μL，很小，直径为 2～4μm。光镜下其结构一般呈双凹盘状，当受到刺激时，则伸出突起，呈不规则形。在血涂片中，血小板一般呈星状多突形，常聚集成群。周边部分透明、微嗜碱性；中央部分含有嗜天青颗粒，染为紫红色。

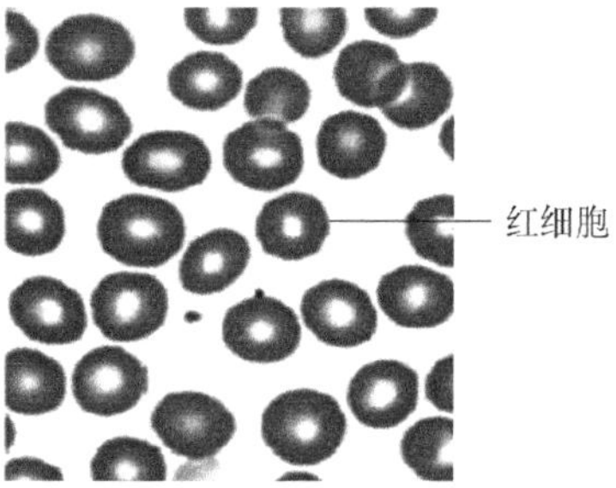

图 3-5　红细胞

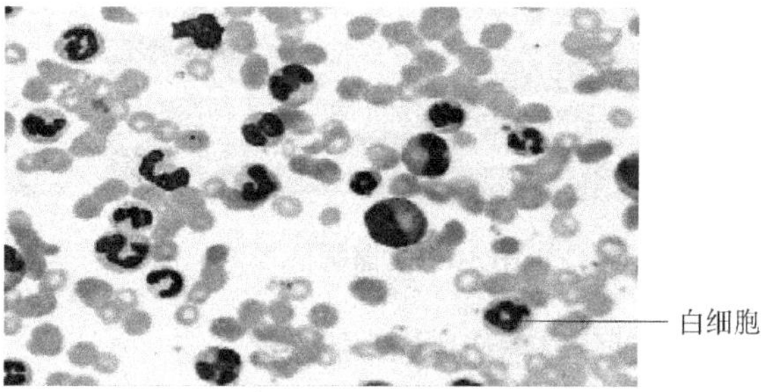

图 3-6　白细胞

5. 蚕豆叶表皮细胞的观察（示气孔）

表皮细胞多呈不规则形，彼此嵌合。表皮细胞之间分布着成对的半月形保卫细胞，两个保卫细胞中间形成的凸透镜状小孔为气孔（图 3-8）。

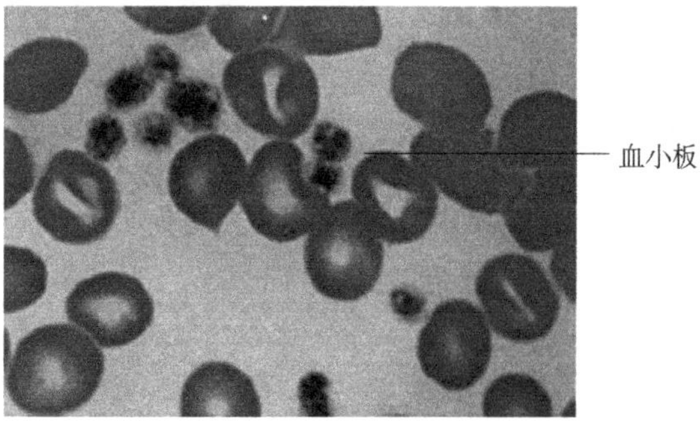

图 3-7　血小板

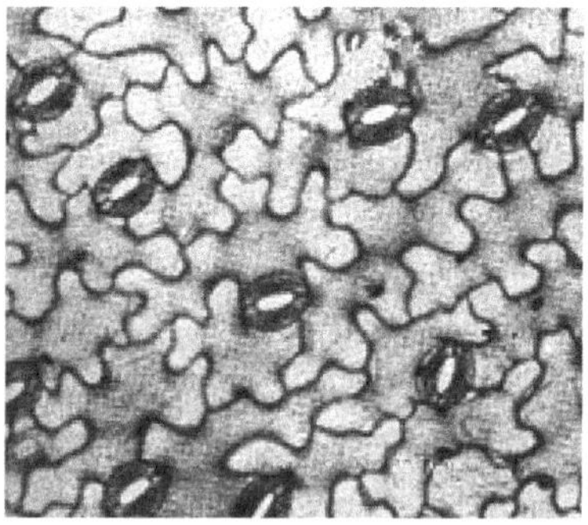

图 3-8　蚕豆叶表皮细胞

6. 洋葱鳞茎表皮细胞的观察

洋葱表皮细胞略呈长方形，最外层为较厚的细胞壁，紧贴细胞壁内侧的细胞膜非常薄，光镜下不易看清，细胞质里有液泡及一个圆形或卵圆形的细胞核（图 3-9）。

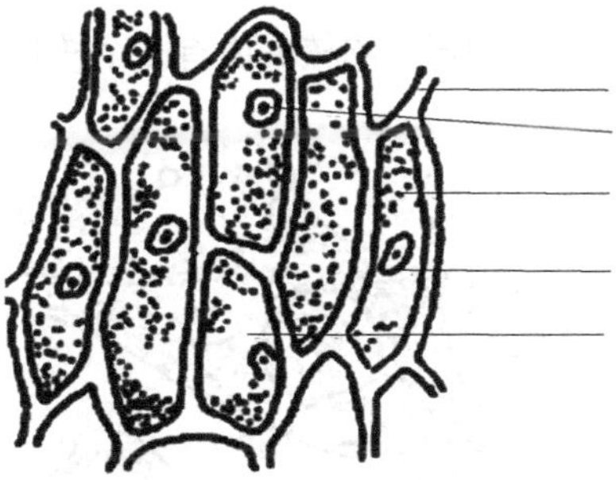

图 3-9 洋葱表皮细胞

二、临时装片制备与观察

1. 蟾蜍红细胞血涂片的制备

取一只活大蟾蜍，处死。打开蟾蜍胸腔，剪开心脏，取一小滴血于载玻片的一端。另取一张载玻片使其一端边缘浸在血滴内待血沿边缘展开后，以45°均匀用力迅速地向前推，使血液在第一张载玻片上形成均匀的薄层血膜。晾干，置于显微镜下观察（图 3-10）。

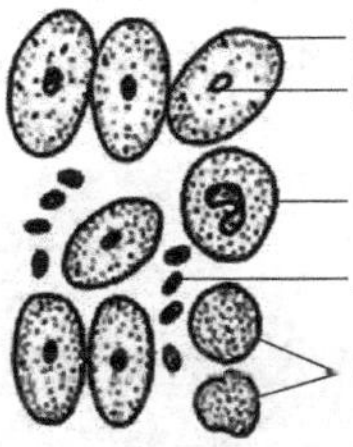

图 3-10 蟾蜍血涂片

2. 蟾蜍透明软骨活细胞及动物细胞液的观察

解剖蟾蜍，剪取胸骨剑突软骨边缘最薄部分的一小块，放入载玻片中央的1/3000中性红染液中，染色5～10min，然后用吸管吸去中性红染液，滴加Ring液，盖上盖玻片，镜检。软骨细胞为椭圆形，细胞核及核仁清晰可见，在细胞核的上方有许多被染成玫瑰红色的小液泡。

3. 骨骼肌标本的制备和观察

剪开蟾蜍腿部皮肤，剪下一小块肌肉，放在载玻片上。用镊子和解剖针剥离肌肉块成为肌束，继续剥离，可得到如头发丝细的肌纤维（肌细胞），尽可能拉直肌纤维。滴加少许Ring液，盖上盖玻片，置于低倍镜下观察，可见肌细胞为细长形，每个细胞上有许多细胞核位于细胞的边缘，紧贴细胞膜的内侧，换高倍镜观察，可见细胞上有许多横纹。

4. 神经细胞标本的制备和观察

取蟾蜍一只，破坏脑和脊髓，在口裂处剪去头部，除去延脑，剪开椎管，可见乳白色脊髓。取下脊髓放在平皿内，用Ring液洗去血液后放在载玻片上，剪碎。将另一载玻片压在脊髓碎块上，用力挤压。将上面的载玻片取下即可得到压片。在压片上滴一滴甲苯胺蓝染液，染色10min。盖上盖片，吸去多余染液，在显微镜下观察。染色较深的小细胞是神经胶质细胞，无突起；染成蓝紫色的、大的、有多个突起的细胞是脊髓前角运动神经细胞，胞体多呈三角形或星形，中央有一个圆形细胞核，内有一个核仁（图 3-11）。

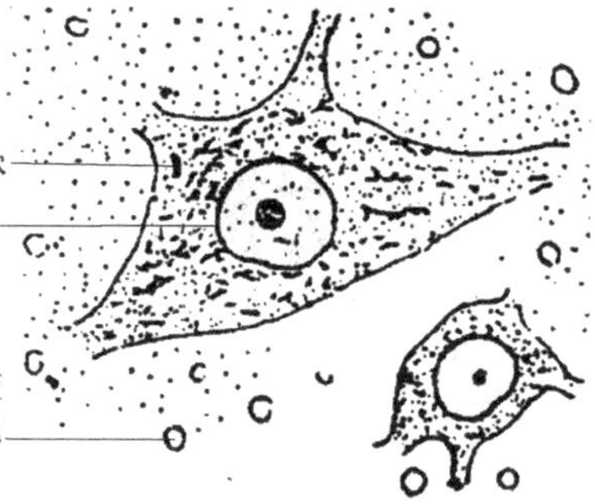

图 3-11　脊髓神经细胞

5. 人口腔黏膜上皮细胞标本的制备及观察

吸取一滴 2%碘液滴在一张洁净的载玻片中央，用一根牙签在自己的口腔内壁轻轻刮取黏膜上皮细胞，将它涂在碘液上来回搅动使细胞散开，染色 1min 后加盖玻片，用吸水纸吸去多余液体。在低倍镜下观察即可见呈不规则形状的细胞，在高倍镜下观察，可见细胞中央有一卵圆形的细胞核，细胞膜极薄，细胞质均匀一致（图 3-12）。

图 3-12　人口腔黏膜上皮细胞

三、光镜下细胞器的观察

1. 高尔基体

采用镀银法染色的兔脊神经节切片观察高尔基体。神经细胞因合成运输大量的蛋白质而含有发达的内质网和高尔基体，在低倍镜下观察，神经节的假单极细胞体被神经束分隔成群。神经细胞的胞体呈圆形或椭圆形。转换高倍镜观察，细胞中央不着色的圆形区为细胞核。在核的周围有黑褐色颗粒状或呈不规则的条索状结构即高尔基体（图 3-13）。

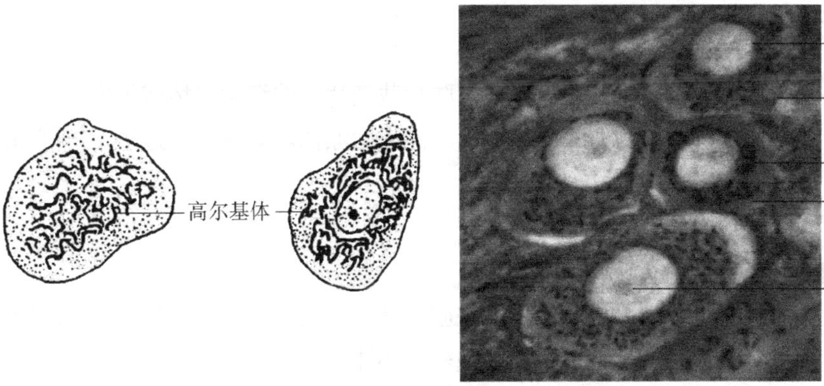

图 3-13　兔神经节细胞（示高尔基体）

2. 线粒体

（1）蛙肝脏切片：取蛙肝脏切片标本置于低倍镜下观察，在细胞内有深蓝色的线状物或颗粒状物，就是线粒体。

（2）小鼠小肠切片：取小鼠小肠横切片置于低倍镜下观察，可见有许多向肠管内突出的皱襞，称为襞褶。换高倍镜，可见许多柱状细胞，并可明显看到一个染色较深的卵圆形细胞核，在细胞核的周围特别是朝向肠腔的一端均有被染成深蓝色或黑色的呈短棒状或颗粒状的线粒体（图 3-14）。

图 3-14　小鼠十二指肠上皮细胞（示线粒体）

3. 中心体

取马蛔虫子宫横切片，在低倍镜下寻找其受精卵分裂期的细胞，细胞的外面有卵壳，细胞与卵壳之间的腔叫卵壳腔。在某些卵细胞内，细胞核附近有圆形的小粒——中心粒，它与周围致密的细胞质——中心球，组成中心体。转换高倍镜观察，可见分裂中期细胞两极各有一颗深蓝色的圆形小粒，为中心粒。在中心粒周围的明亮区，为中心球。在中心球周围隐约可见许多纤细的、辐射状分布的星射线。中心粒和中心球，合称中心体（图 3-15）。

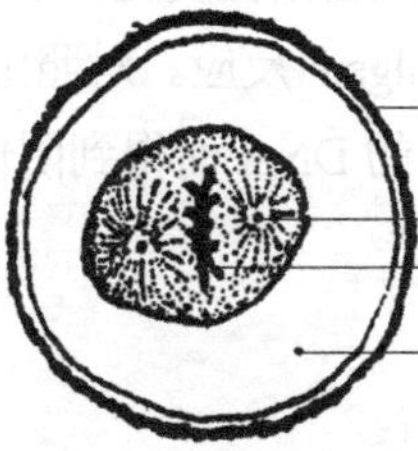

图 3-15　马蛔虫受精卵细胞分裂中期（示中心体）

【注意事项】

1. 制作临时装片时，操作要小心、认真，防止载玻片上的细胞损坏或丢失。
2. 血涂片的制作过程中，务必一次完成，不能来回涂抹。血液不宜过多，一滴即可。

【思考问题】

1. 动物细胞与植物细胞有哪些主要区别？
2. 蟾蜍血涂片制作过程中，为什么不能来回涂抹？效果与一次涂抹的有什么区别？
3. 为什么选择分裂中期或后期的细胞来观察中心体？
4. 任选动物细胞和植物细胞各一个，绘图并分别对其结构进行标注。
5. 绘图示兔脊神经节细胞中的高尔基体形态及分布，并注明各部分名称。

参 考 文 献

陈冬至，韩艳梅. 2010. 基础医学实验教程. 北京：北京大学医学出版社.
段斐. 2016. 医学形态实验学. 北京：人民卫生出版社.
郭振. 2012. 细胞生物学实验. 合肥：中国科技大学出版社.
王崇英，侯岁稳，高欢欢. 2017. 细胞生物学实验. 4版. 北京：高等教育出版社.

实验九　DNA的细胞化学反应——Feulgen反应

【实验目的】

1. 了解 Feulgen 反应的基本原理。
2. 掌握 Feulgen 反应的实验操作方法。
3. 熟悉细胞内 DNA 的一般分布。

【实验原理】

Feulgen 反应是 1924 年由 Feulgen 和 Rossenbeck 开创的。这一反应的原理是：标本经稀盐酸水解后，DNA 分子中的嘌呤碱和脱氧核糖之间的键打开，使脱氧核糖的第一碳原子上形成游离的醛基，这些醛基在原位与 Schiff 试剂发生反应。Schiff 试剂是由碱性品红和偏重亚硫酸钠形成的无色品红液。无色品红液可与醛基反应，形成含有紫红色醌基的化合物分子，使细胞内含有 DNA 的部位呈紫红色阳性反应，可以作为定性研究 DNA 的一种简便方法。细胞中只有 DNA 有专一的 Feulgen 反应。对照组没有经过水解反应或用热三氯乙酸处理或 DNA 酶处理，抽提去细胞中的 DNA 而得到阴性反应，从而证明了 Feulgen 反应的专一性。

【实验准备】

1. 生物材料：洋葱鳞茎表皮或根尖。

2. 实验器材：显微镜、恒温水浴锅、温度计、冰箱、温箱、天平、镊子、解剖针、刀片、剪刀、载玻片、盖玻片、滤纸、擦镜纸、离心管、吸管、烧杯、量筒等。

3. 实验试剂。

（1）1mol/L HCl：取 82.5mL 相对密度为 1.19 的浓盐酸加蒸馏水定容至 1L。

（2）Schiff 试剂：取 0.5g 碱性品红加入含有 100mL 煮沸的蒸馏水的三角烧瓶中，不时振荡并继续煮 5min 使品红充分溶解，注意不要沸腾。溶液冷却至 50℃时用滤纸过滤，在滤液中加入 10mL 的 1mol/L HCl，冷却至 25℃时，加入 0.5g $Na_2S_2O_5$，充分振荡后，塞紧瓶塞。在室温暗处静置 2d 左右，直到溶液颜色退至淡黄色，然后加入 0.5g 活性炭，用力振荡 1min，最后用粗滤纸过滤至棕色瓶中。滤液应为无色没有沉淀物的溶液，封严瓶盖后用黑纸包裹，贮于 4℃冰箱中备用。

（3）亚硫酸水溶液：200mL 蒸馏水、10mL 10% $Na_2S_2O_5$ 水溶液和 10mL 1mol/L HCl 于使用前混匀。

（4）其他：5%三氯乙酸、蒸馏水等。

【实验步骤】

（1）水解：将洋葱根尖或鳞茎内表皮放在装有 1mol/L HCl 的 15mL 离心管中，在 60℃水浴锅中水解 10min。

（2）漂洗：吸去 HCl，加入 5mL 蒸馏水漂洗 5min。

（3）染色：吸去蒸馏水，加入 5mL Schiff 试剂避光染色 30min。

（4）漂洗：吸去 Schiff 试剂，加入 5mL 新鲜配制的亚硫酸水溶液漂洗 1min，重复操作 3 次。

（5）再漂洗：吸去亚硫酸水溶液，加入 5mL 蒸馏水漂洗 5min。

（6）压片：把根尖放在载玻片上，用刀片切下生长区部位（染成紫红色），用镊子轻轻捣碎，盖上盖玻片，用拇指轻压使细胞分散均匀。洋葱表皮可省去压片这一步。

（7）观察：把载玻片放在显微镜下观察，细胞中凡有 DNA 的部位应呈现紫红色，颜色的深浅可用来判断 DNA 的相对含量。

对照组样品处理可用以下两种方法。

方法一：把样品放在 5%三氯乙酸中于 90℃水浴 15min，然后按照上述步骤（1）～（7）制片观察。

方法二：材料不经 1mol/L HCl 水解，直接放在 Schiff 试剂中染色，按照上述步骤（4）～（7）制片观察。

【注意事项】

1. Feulgen 反应成功的一个关键因素，就是 Schiff 试剂的质量。品红必须使用标明 DNA 染色反应用的碱性品红。

2. Schiff 试剂使用时如有白色沉淀，就不能再使用，如果发现颜色变红，可加入少许 $Na_2S_2O_5$ 使溶液转变为无色后再继续使用。

3. Feulgen 反应的染色深浅与材料、水解的温度和时间都有关系。水解时间的长短要根据固定液和材料来选择，时间太短则游离的醛基量少而染色不深，时间太长会因醛基进一步变成其他物质，染色也不深。水解时间一般为 8～12min。水解的温度也要严格控制。

4. 未经水解的对照切片在 Schiff 试剂中最多不要超过 1h（40min 即可），时间过长，试剂本身的酸性也会使 DNA 水解，从而出现假阳性反应。

5. 漂洗时，所用的亚硫酸水溶液，最好在每次实验前临时配制，以便保持较浓的 SO_2。

6. 操作过程中，用镊子镊取根尖的生长区部位，切勿夹取根冠部位。

【思考问题】

1. Feulgen 反应染色结果的影响因素有哪些？
2. 在稀盐酸水解后，为什么要用亚硫酸水溶液进行洗片？
3. Feulgen 反应的实验原理及操作步骤是什么？
4. 绘制 Feulgen 反应的染色结果图。

参 考 文 献

陈冬至，韩艳梅. 2010. 基础医学实验教程. 北京：北京大学医学出版社.
段斐. 2016. 医学形态实验学. 北京：人民卫生出版社.
郭振. 2012. 细胞生物学实验. 合肥：中国科技大学出版社.

实验十 RNA 的细胞化学——Brachet 反应

【实验目的】

1. 了解 Brachet 反应的实验原理。
2. 掌握 Brachet 反应的实验操作方法。
3. 熟悉细胞内 DNA 和 RNA 的一般分布。

【实验原理】

Brachet 反应主要是利用核酸分子上磷酸根和碱性染料甲基绿-派洛宁形成盐键而在原位沉淀显色，可以同时显示出细胞内的 DNA 与 RNA。当甲基绿与派洛宁作为混合染料时，甲基绿与细胞核染色质中 DNA 选择性结合显示绿色或蓝色，派洛宁与核仁、细胞质中的 RNA 选择性结合显示红色。这是由于两种核酸分子都是多聚体，聚合程度有差别，且两种染料在混合染液中有竞争作用。

【实验准备】

1. 生物材料：洋葱、蟾蜍。
2. 实验器材：光学显微镜、恒温水浴锅、剪刀、镊子、解剖盘、染色缸、载玻片、盖玻片、吸水纸、擦镜纸等。

3. 实验试剂。

（1）Unna 试剂（甲基绿-派洛宁混合液）。

甲液：5%派洛宁水溶液 6mL，2%甲基绿水溶液 6mL，蒸馏水 16mL。

乙液：1mol/L 乙酸缓冲液（pH4.8）16mL。

甲液、乙液分别置 4℃冰箱备用，用时将甲、乙两液混匀。

（2）1mol/L 乙酸缓冲液（pH4.8）。

A 液：冰乙酸 6mL，加蒸馏水至 100mL。

B 液：乙酸钠 13.5g，加蒸馏水 100mL，充分溶解。

取 A 液 40mL＋B 液 60mL 混匀，pH4.8。

（3）0.1%RNA 酶：0.05g RNA 酶溶于 50mL 0.2mol/L 乙酸缓冲液，pH4.8。

（4）其他：70%乙醇、5%三氯乙酸等。

【实验步骤】

1. 洋葱表皮细胞 DNA 和 RNA 的显示

（1）取材：用镊子撕取一小块洋葱鳞茎内表皮，置于载玻片上。

（2）染色：吸取甲基绿-派洛宁混合液，滴加足够使表皮浸没，染色 30min。

（3）冲洗：蒸馏水洗 2 次，并立即用吸水纸吸干以防派洛宁脱色。

（4）观察：盖上盖玻片后镜检，可见细胞质被染成红色（富含 RNA），细胞核被染成绿色（富含 DNA）。

对照组样本可按以下两种方法处理。

方法一：撕取洋葱鳞茎内表皮，用 5%三氯乙酸于 90℃水浴处理 15min，再用 70%乙醇洗 1min，然后按上述步骤（1）～（4）制片观察。

方法二：撕取洋葱鳞茎内表皮，用 0.1%RNA 酶室温处理 15min，蒸馏水洗 5min，吸干，然后按上述步骤（1）～（4）制片观察。

2. 蟾蜍血细胞 DNA 和 RNA 的显示

（1）蟾蜍血涂片的制备：处死蟾蜍后，打开体腔，剪开心包，小心地在心脏尖剪一小口，血液从心脏流出，用干净载玻片的一端蘸取少许血液，转移到另一平放的载玻片距边缘 1cm 处，以 30°～40°紧贴涂片，形成较薄的血膜，血涂片制备完成后，室温下晾干备用。

（2）固定：取一张晾干的血涂片，放入 70%乙醇中固定 5～10min 后取出，室温下晾干。

（3）染色：将已经固定并晾干的血涂片放入甲基绿-派洛宁混合液中染色 10～15min，取出，用吸水纸吸去多余染液后，放在显微镜下观察。

（4）实验结果：在低倍镜和高倍镜下，可以观察到蟾蜍红细胞的细胞质呈现红色，细胞核呈现蓝绿色。说明 DNA 主要分布于细胞核，而 RNA 主要分布于细胞质（图 3-16）。

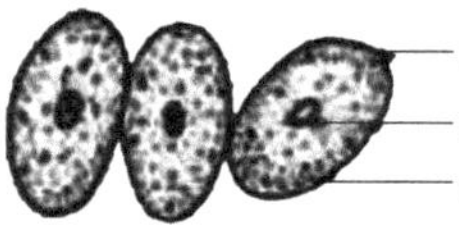

图 3-16 蟾蜍血涂片 DNA 和 RNA 的显示（陈冬至和韩艳梅，2010）

【注意事项】

1. 染料的生产批次不同，染色效果差别比较大，需要用实验来检测。

2. 甲基绿中常因混有甲基紫而影响染色效果，应先把甲基绿放在分液漏斗中，加入足量的氯仿用力振荡，然后静置洗脱甲基紫，待氯仿中没有甲基紫时，把甲基绿烘干备用。

【思考问题】

1. Brachet 反应的原理是什么？
2. Brachet 反应实验操作过程中有哪些注意事项？
3. 绘制 Brachet 反应的染色结果图。

参 考 文 献

陈冬至，韩艳梅. 2010. 基础医学实验教程. 北京：北京大学医学出版社.
段斐. 2016. 医学形态实验学. 北京：人民卫生出版社.
郭振. 2012. 细胞生物学实验. 合肥：中国科技大学出版社.

实验十一　DNA 原位杂交

【实验目的】

1. 掌握 DNA 原位杂交的原理。
2. 掌握 DNA 荧光原位杂交技术。

【实验原理】

DNA 原位杂交（*in situ* hybridization，ISH）是指运用 DNA 探针检测细胞和组织内特定 DNA 序列的一种原位杂交技术。其基本原理是：在细胞或组织结构保持不变的条件下，用标记的已知序列 DNA 片段，按核酸杂交中碱基配对原则，与待测细胞或组织中相应的 DNA 片段结合（杂交）成杂交体，经一定的检测手段将待测 DNA 序列在组织、细胞或染色体上的位置显示出来。

根据探针的标记物是否直接被检测，DNA 原位杂交可分为直接法和间接法两类。直接法主要用放射性同位素、荧光及某些酶标记的探针与靶 DNA 进行杂交，杂交后分别通过放射自显影、荧光显微镜或呈色酶促反应直接显示。间接法一般用半抗原标记探针，最后通过免疫组织化学法对半抗原定位，间接地显示探针与靶 DNA 形成的杂交体。

【实验准备】

1. 生物材料：染色体制片。

2. 实验器材：荧光显微镜、培养箱、烘箱、冰箱、湿盒、染色缸、切片盒、镊子、量筒、盖玻片、移液枪、枪头等。

3. 实验试剂：荧光素直接标记探针、蛋白酶（蛋白酶K或胃蛋白酶）溶液、20×SSC溶液（175.3g NaCl、88.2g $Na_3C_6H_5O_7 \cdot 2H_2O$，1L双蒸水）、70%乙醇、85%乙醇、无水乙醇、70%去离子甲酰胺/2×SSC溶液、杂交缓冲液（2×SSC、0.1%SDS、10%硫酸葡聚糖、50%去离子甲酰胺、500μg/mL鲑鱼精DNA）、50%去离子甲酰胺/2×SSC溶液、DAPI染液等。

【实验步骤】

1. 染色体制片预处理

将染色体制片置于60℃烘箱中处理1.5h。

2. 蛋白酶处理

（1）玻片标本上滴加蛋白酶K溶液或胃蛋白酶溶液，37℃消化（酶浓度与消化时间依据消化情况进行优化）。

（2）2×SSC溶液漂洗玻片3次，每次2min。

（3）经−20℃预冷的梯度乙醇（70%、85%、100%）逐级脱水，每次3min。

（4）室温下空气中干燥。

3. 染色体标本变性

（1）在玻片标本上滴加70%去离子甲酰胺/2×SSC溶液，盖上盖玻片，70℃处理2～4min。

（2）去掉盖玻片，经−20℃预冷的梯度乙醇（70%、85%、100%）逐级脱水，每次3min。

（3）室温下空气中干燥。

4. 探针变性和杂交

（1）用杂交缓冲液稀释DNA探针，配制成杂交液，85℃处理5min，立即置于0℃冰浴5～10min。

（2）在玻片标本上滴加热变性杂交液，盖上盖玻片，在湿盒中37℃处理12～17h。

5. 杂交后洗脱

（1）去掉盖玻片，于42℃条件下50%去离子甲酰胺/2×SSC溶液浸洗玻片10min。

（2）37℃条件下2×SSC溶液浸洗玻片两次，每次5min。

6. 复染

每张玻片滴加10μL 4～10μg/mL DAPI染液，复染20min后封片。

7. 杂交信号检测

在荧光显微镜下观察玻片上的探针杂交信号，并拍照记录。

【注意事项】

1. 探针浓度依其种类和实验要求略有不同，最适宜的探针浓度要通过实验才能确定。

2. 变性时间、变性温度可进行优化以获得最佳条件。

3. 变性和杂交时将盖玻片轻轻放在载玻片上，放好后不可移动载玻片，避免破坏盖玻片下面的样品进而影响观察结果。

4. 探针和 DAPI 染液应避光保存和使用。

【思考问题】

1. 杂交前进行蛋白酶 K 处理的原因是什么？

2. 杂交液中甲酰胺的作用是什么？

3. 杂交后进行洗脱的目的是什么？

参考文献

蔡明夷，刘贤德，陈紫莹，等. 2013. 皱纹盘鲍染色体 C 带和 rDNA 定位. 水产学报，37（7）：1002-1008.

何晓波，侯永刚，孙泰雷，等. 2009. 家猪 13/17 罗伯逊易位染色体着丝粒 DNA 的 FISH 检测. 青岛农业大学学报（自然科学版），26（2）：90-94.

牛凯，陈成彬，刘慧静，等. 2017. rDNA 序列在多种蔬果类植物染色体上的定位. 南开大学学报（自然科学版），50（5）：67-75.

王金英，曹帅，党江波，等. 2019. 烟草 18S rDNA 染色体原位杂交技术优化研究. 中国烟草学报，25（2）：78-85.

武江，李森，李子瑜，等. 2020. 黄花菜染色体制片及荧光原位杂交技术体系的建立. 山西农业大学学报（自然科学版），40（6）：19-26.

实验十二　细胞中多糖的定位

【实验目的】

1. 掌握显示细胞中多糖反应的原理和方法。

2. 熟悉细胞内多糖的一般分布。

【实验原理】

细胞中多糖的定位多使用过碘酸希夫反应（periodic acid-schiff，PAS）反应。过碘酸（periodic acid）是一种强氧化剂，它可把多糖中葡萄糖分子的两个相邻的带有羟基的 C—C 键打开，使分子中相邻的二醇基氧化成二醛基，醛基在原位与希夫（Schiff）试剂（无色品红亚硫酸溶液）反应生成紫红色产物（图 3-17）。

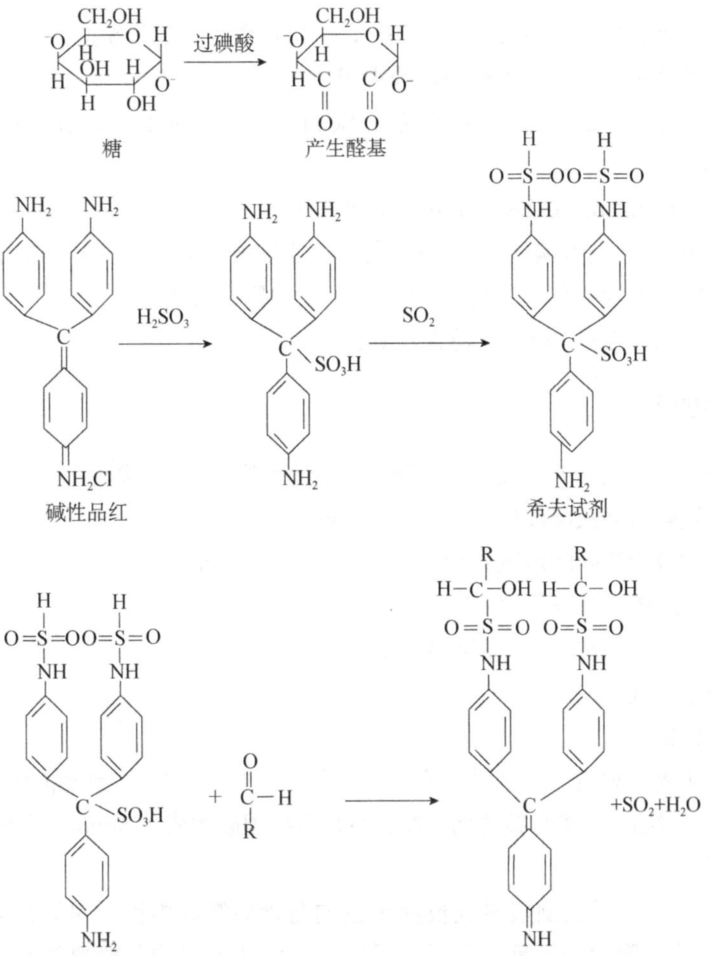

图 3-17　PAS 反应示意图（郭振，2012）

【实验准备】

1. 生物材料：马铃薯、唾液（刷牙、漱口之后，用 1%乙酸在舌尖部稍稍接触，唾液开始分泌之后，用烧杯盛接之，此唾液经过过滤后即可使用）。

2. 实验器材：普通光学显微镜、刀片、吸管、剪刀、镊子、解剖盘、牙签、吸水纸、载玻片、盖玻片、染色缸等。

3. 实验试剂。

（1）过碘酸溶液：过碘酸（$HIO_4 \cdot 2H_2O$）0.4g、95%乙醇 35mL、0.2mol/L 乙酸钠（27.2g＋1000mL H_2O）5mL，加入蒸馏水或 0.5%～0.1%过碘酸水溶液 10mL。配制好的溶液保存于冰箱，瓶外加黑纸，溶液显黄色即失效。

（2）Schiff 试剂。

Schiff 原液：将 0.5g 碱性品红溶于 100mL 热蒸馏水中，使之充分溶解，待溶液冷却至 50℃时过滤，再冷却到 25℃；加入 1mol/L HCl 10mL 和 1g $NaHSO_3$ 或 1.5g $Na_2S_2O_5$，充分振荡后，放置暗处，静置 24h 或数日，待溶液红色褪去，呈现无色或淡黄色时，加 0.25～0.5g 活性炭摇荡 1min，用粗滤纸过滤，得到无色溶液即可使用。如需存放，则装入棕色瓶中塞紧瓶塞，在冰箱内（0～4℃）避光保存，可保存数月。用前预先取出，使之恢复至室温后再用，如溶液呈粉红色就不能用，须重配。

Schiff 乙醇溶液（配后略带红色无妨）：Schiff 原液 11.5mL、1mol/L 盐酸 0.5mL、无水乙醇 23.0mL。

实验过程中用 Schiff 原液和 Schiff 乙醇溶液均可。

（3）亚硫酸溶液：10%偏重亚硫酸钠（或钾）水溶液 5mL、蒸馏水 100mL、1mol/L HCl 5mL，混合摇匀，盖紧瓶塞。宜现配现用，SO_2 逸出则会失败。

（4）其他：70%乙醇、碘酒、蒸馏水等。

【实验步骤】

（1）把马铃薯块茎用刀片徒手切成薄片（越薄越好），置于载玻片中央。

（2）滴加过碘酸溶液浸没标本，作用 15min。

（3）用吸管吸走过碘酸溶液，滴加 70%乙醇作用 1min。

（4）加入 Schiff 试剂染色 15min。

（5）用亚硫酸溶液洗 3 次，每次 1min。

（6）蒸馏水漂洗 5min。

（7）装片镜检。

（8）对照实验：对照一，对照片须先用唾液配的 0.1%～1%淀粉酶消化 30～60min 后再加入染色液。对照二，将马铃薯切片制作好后直接用碘酒染色 5min。蒸馏水漂洗后置于显微镜下观察。

（9）实验结果：用过碘酸希夫反应染色的马铃薯细胞内糖原呈紫红颗粒，用唾液处理过的马铃薯细胞内为无紫红颗粒，用碘酒染色法处理的马铃薯细胞内糖原呈蓝色颗粒。

【注意事项】

1. 试剂均应低温保存，临用前半小时取出恢复室温。

2. 过碘酸处理温度以不高于 20℃为宜，室温高时，处理时间可适当缩短。Schiff 试剂染色时间可随温度调整，室温高可减少染色时间，冬季室温低，可延长至 20min 左右。

3. 染色结束后应进行充分的漂洗，否则残留在细胞中的 Schiff 试剂一旦转入蒸馏水中，立即还原变红，而使细胞内出现非特异性染色，导致假阳性，多糖定位不准确。

【思考问题】

1. 实验的原理是什么？

2. 实验组和对照组的细胞壁分别呈什么颜色？为什么？

3. 绘图表示马铃薯细胞中淀粉的分布。

参考文献

丁明孝，苏都莫日根，王喜忠，等. 2013. 细胞生物学实验指南. 2版. 北京：高等教育出版社.
郭振. 2012. 细胞生物学实验. 合肥：中国科技大学出版社.
汪德耀. 1995. 细胞生物学实验技术与方法. 厦门：厦门大学出版社.

实验十三 细胞中酸性磷酸酶、碱性磷酸酶和过氧化物酶的定位

【实验目的】

了解酸性磷酸酶、碱性磷酸酶和过氧化物酶的细胞化学染色技术及其在细胞中的分布。

【实验原理】

1. 细胞内酸性磷酸酶的定位

酸性磷酸酶在细胞中定位于溶酶体内，是溶酶体的标志性酶。在酸性环境中，酸性磷酸酶可水解甘油磷酸（含有磷酸酯），释放出磷酸根离子，当磷酸根离子遇到铅离子时便可生成磷酸铅沉淀，由于磷酸铅没有颜色，所以无法观察，因此，进一步与黄色的硫化铵作用，形成黄棕色逐渐到棕黑色的硫化铅沉淀，由此显示出细胞中酸性磷酸酶的分布。

$$\text{磷酸甘油} \longrightarrow \text{甘油} + PO_4^{3-}$$

$$2PO_4^{3-} + 3Pb(NO_3)_2 \longrightarrow Pb_3(PO_4)_2 \downarrow + 6NO_3^-$$

$$Pb_3(PO_4)_2 + 3(NH_4)_2S \longrightarrow 3PbS\downarrow(\text{黑色}) + 2(NH_4)_3PO_4$$

2. 细胞内碱性磷酸酶的定位

（1）Gomori 法：碱性磷酸酶在碱性（pH9.2～9.8）条件下经镁离子激活后可以分解磷酸酯，释放出磷酸根离子，遇到钙离子时产生无色磷酸钙沉淀物，再与硝酸钴反应生成磷酸钴，进一步与黄色硫化铵作用形成黑色的硫化钴沉淀物，从而能够显示出细胞内碱性磷酸酶的分布。

（2）偶氮偶联法：细胞中碱性磷酸酶在 pH9.5～9.8 的缓冲液中，催化 α-磷酸萘酚偶联成不溶性有色偶氮染料沉淀于细胞质中。

3. 细胞内过氧化物酶的定位

细胞中的过氧化物酶能把许多胺类氧化成有色化合物，如联苯胺被氧化成蓝色或棕色产物（蓝色物质为中间产物联苯胺蓝，很不稳定，可自然地转变为棕色的联苯胺腙），因而显示出细胞内过氧化物酶的分布。另外，细胞代谢过程会产生对机体有害的过氧化氢（H_2O_2），过氧化氢酶使其分解为水，对机体起保护作用。通过植物块茎与过氧化氢相遇后所发生的反应可间接证实酶的存在。

【实验准备】

1. 生物材料：小鼠、洋葱。

2. 实验器材：光学显微镜、冰冻切片机、恒温水浴锅、剪刀、镊子、解剖盘、解剖针、染色缸、载玻片、盖玻片、吸水纸、注射器、记号笔、10mL 小烧杯、培养皿等。

3. 实验试剂。

（1）6%淀粉肉汤：牛肉膏 0.3g、蛋白胨 1.0g、NaCl 0.5g、可溶性淀粉 6g，加入 100mL 蒸馏水中，加热溶解，煮沸 15min 灭菌。4℃保存，使用前水浴熔化。

（2）0.05mol/L 乙酸缓冲液。

A 液（0.2mol/L 乙酸液）：冰乙酸 1.2mL 加蒸馏水至 100mL。

B 液（0.2mol/L 乙酸钠液）：$CH_3COONa \cdot 3H_2O$ 2.72g 加蒸馏水至 100mL。

取 A 液 30mL＋B 液 70mL＋蒸馏水 300mL 即成 0.05mol/L 乙酸缓冲液，4℃保存。

（3）3% β-甘油磷酸钠液：取 β-甘油磷酸钠 3g 溶于 100mL 蒸馏水中，4℃保存。

（4）酸性磷酸酶作用液：称取硝酸铅 25mg，加入 0.05mol/L 乙酸缓冲液 22.5mL，搅动使之全部溶解后，再缓慢地逐滴加入 3% β-甘油磷酸钠液 2.5mL，边加边搅动，防止产生絮状沉淀；对照组的作用液不加 β-甘油磷酸钠液，以蒸馏水代替，现用现配。

（5）甲醛-钙固定液：甲醛 10mL、10% $CaCl_2$ 10mL，加入蒸馏水 80mL。

（6）2%硫化铵液（临用时配）：硫化铵 2mL，加入 98mL 蒸馏水。

（7）1%硫化铵液（临用时配）：硫化铵 1mL，加入 99mL 蒸馏水。

（8）0.1%沙黄染液：0.1g 沙黄溶于 10mL 95%乙醇中，再加蒸馏水 90mL。置棕色瓶中避光保存，时间不超 4 个月。

1%沙黄染液：1g 沙黄溶于 10mL 95%乙醇中，再加蒸馏水 90mL。置棕色瓶中避光保存，时间不超 4 个月。

（9）碱性磷酸酶作用液一：3% β-甘油磷酸钠 10mL、2%巴比妥钠 10mL、2% $CaCl_2$ 20mL、2% $MgSO_4$ 5mL，加入蒸馏水 5mL，pH9.0～9.4。

（10）2%硝酸钴：取硝酸钴 2g，溶于 100mL 蒸馏水中。

（11）碱性磷酸酶作用液二：10mg α-萘磷酸钠溶解于 0.5mL *N*，*N*-二甲基甲酰胺中，加入 50mL 0.2mol/L Tris 盐酸缓冲液（pH8.9～9.2）中，再加入 50mg 固蓝 B，混合后过滤，立即使用。

（12）2%甲基绿溶液：取甲基绿 2g 溶于 100mL 蒸馏水中充分溶解，置分液漏斗中，加入 100mL 三氯甲烷并摇荡 3min，静置 10min，待甲基绿和三氯甲烷分为两层，打开活塞去掉下层的三氯甲烷，重复 3～5 次，获得不含甲基紫杂质的甲基绿溶液，4℃冰箱保存。

（13）联苯胺混合液（临用前配制）：取联苯胺 0.2g 溶于 95%乙醇 100mL，滴加 3% H_2O_2 2 滴，混匀。

（14）0.5%硫酸铜：取硫酸铜 0.5g 溶于 100mL 蒸馏水中。

（15）其他：甘油明胶封片剂、0.1%钼酸铵、1%联苯胺、生理盐水、蒸馏水等。

【实验步骤】

1. 酸性磷酸酶的定位

（1）实验前 3 天，连续每天用无菌注射器取已经灭菌的 6%淀粉肉汤 1mL 注射于小鼠腹腔内，以激活吞噬细胞。

（2）在第 3 次注射后 3～6h，颈椎脱臼法（右手抓住鼠尾，用力向后拉，左手拇指与食指同时按住鼠头，使脊髓和脑髓间断）处死小鼠（图 3-18），剖开腹腔，用吸管吸取适量的生理盐水冲洗腹腔。

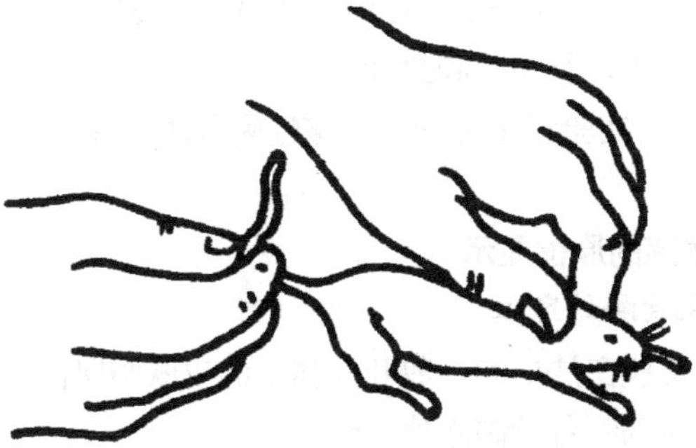

图 3-18　颈椎脱臼法处死小鼠

（3）将内脏推向一侧，用吸管在腹腔背壁处吸取腹腔液。

（4）将 3～4 滴腹腔液滴于冰冻的干净载玻片上，放于培养皿中盖好盖子，4℃放置 30min。

（5）用吸水纸吸干液滴周边的水分（注意不要擦拭涂有细胞的区域，并防止在空气中放置过久而使细胞干燥），标本放入酸性磷酸酶作用液和对照作用液（不加 β-甘油磷酸钠或标本放入前在 50～80℃生理盐水中处理 30min，两种方法均可）中，37℃温育 30min。

（6）取出，用生理盐水小心冲洗，多余的水分用吸水纸吸干，放入甲醛-钙固定液固定 5min。

（7）用蒸馏水小心冲洗，吸走多余水分，放入 2%硫化铵液 3～5min

（8）取出，用蒸馏水漂洗，用 0.1%沙黄染液染色 1～3min，蒸馏水漂洗晾干。

（9）显微镜下观察，小鼠腹腔巨噬细胞为不规则形状，实验组阳性细胞内大小不等的棕色或棕黑色的颗粒就是酸性磷酸酶；对照组细胞内无棕色或棕黑色的颗粒。

2. 碱性磷酸酶的定位

1）*方法一：Gomori 法*

（1）小鼠脱臼处死，解剖小鼠，取肾脏组织切成 24mm×24mm×2mm 见方的小块，冰冻切片机切片，将切片贴于载玻片上。

（2）置于 37℃碱性磷酸酶作用液一和对照作用液（不加 β-甘油磷酸钠或标本放入孵育液前在 50～80℃的生理盐水中处理 30min，两种方法均可）中孵育 30～60min。

（3）蒸馏水漂洗 2 次，浸入 2%硝酸钴溶液 3～5min。

（4）蒸馏水漂洗 2 次，1%硫化铵液浸泡 3～5min。

（5）蒸馏水漂洗 3～5min，0.1%沙黄染液染色 1～3min。

（6）蒸馏水漂洗，晾干，甘油明胶封片。

（7）镜检：显微镜下，阳性细胞中碱性磷酸酶活性部位呈黑色，细胞核呈红色；对照组细胞无黑色部位。

2）方法二：偶氮偶联法

（1）将小鼠新鲜的肾组织冰冻切片置于 37℃碱性磷酸酶作用液二和对照作用液（不加β-甘油磷酸钠或标本放入前在 50～80℃生理盐水中处理 30min，两种方法均可）中孵育 20～30min。

（2）取出，蒸馏水漂洗 3～5min，20g/L 甲基绿溶液复染 3～5min。

（3）蒸馏水漂洗，晾干，甘油明胶封片。

（4）镜检：显微镜下，实验组阳性细胞中碱性磷酸酶活性部位呈黑色，细胞核呈红色；对照组细胞无黑色部位。

3. 细胞内过氧化物酶的原位显示

1）动物细胞过氧化物酶的定位

（1）取材：小鼠颈椎脱臼法处死，剪开大腿上的皮肤与肌肉，取出股骨，用剪刀剪断或折断，再用牙签挑取骨髓制备骨髓涂片，晾干。

（2）固定：将涂片放入盛有 0.5%硫酸铜染色缸中固定 30s。

（3）氧化：取出涂片，直接转入装有联苯胺混合液的染色缸中 3min。

（4）染色：蒸馏水或自来水冲洗后，滴 2～3 滴 1%沙黄染液于涂片上，染色 1min。

（5）冲洗：蒸馏水或自来水冲洗，置空气中干燥。

（6）观察：镜下可见骨髓细胞内有被染成蓝色或棕色的颗粒，便是过氧化氢酶的部位。

2）植物细胞过氧化物酶的定位

（1）取新鲜洋葱根尖于载玻片上压片。

（2）加 1 滴 0.1%钼酸铵，置 5min。

（3）加 1%联苯胺溶液 1 滴，待其出现蓝色。

（4）用生理盐水冲洗 1 次。

（5）加盖玻片，显微镜观察。

【注意事项】

1. 注射淀粉溶液时，注射部位应在腹部 1/2 处，进针不宜太深，以免伤及肝和血管，如果小鼠惊恐躁动，应待其安静后再捕捉注射。

2. 1%和 2%硫化铵溶液，以及酶作用液要现用现配。

3. 酸性磷酸酶是水溶性酶，低温和甲醛固定可以增加溶酶体的通透性，从而使底物更容易进入溶酶体内。

【思考问题】

1. 简述过氧化物酶、碱性磷酸酶和酸性磷酸酶染色原理。

2. 绘图表示过氧化物酶、碱性磷酸酶和酸性磷酸酶的分布。

3. 细胞内碱性磷酸酶和酸性磷酸酶的分布有何差别？

参 考 文 献

陈冬至，韩艳梅. 2010. 基础医学实验教程. 北京：北京大学医学出版社.
丁明孝，苏都莫日根，王喜忠，等. 2013. 细胞生物学实验指南. 北京：高等教育出版社.
郭振. 2012. 细胞生物学实验. 合肥：中国科技大学出版社.
汪德耀. 1995. 细胞生物学实验技术与方法. 厦门：厦门大学出版社.

扫码看视频

实验十四　细胞器的活体染色与观察

【实验目的】

1. 学习细胞器的活体染色技术。

2. 掌握细胞器活体染色技术的作用原理。

3. 观察和了解活细胞内高尔基体、内质网、液泡、溶酶体、线粒体、细胞核的形态、结构与分布特点。

【实验原理】

对细胞的结构及功能的研究是细胞生物学的主要内容，尤其是活细胞结构的显示能够生动鲜明地揭示细胞的生活状态。活体染色是观察活细胞的生理状态和发育时期很有效的方法，可通过使活细胞或组织着色来显示细胞内的某些结构，不影响细胞的生命活动且对其无毒害作用。所以需要选择一定的活体染料来对细胞进行染色，使活体染料选择性地固定、堆积在细胞内某些特殊结构，使这些特殊结构显色从而易于被识别。活体染料之所以能固定、堆积在细胞内某些特殊的部分，主要是靠染料的“电化学”特性。活体染料包括一些碱性染料、酸性染料以及荧光标记染料。碱性染料除了具有溶解于类脂质（如卵磷脂、胆固醇等）、易于被细胞吸收的特性以外，它的胶粒表面还带阳离子，而被染的部分本身也带有阴离子，这样它们彼此之间就发生了吸引作用。例如，詹纳斯绿 B（Janus green B）和中性红（neutral red）两种碱性染料是活体染色中最重要的染料，分别对线粒体和液泡系的染色具有专一性。一些酸性染料的胶粒表面带有阴离子，而被染的部分本身也带有阳离子，彼此之间发生吸引作用。与碱性染料染色和酸性染料染色不同的是细胞器的活体荧光标记技术。这种技术可以从分子水平上动态地研究活细胞中的各种生理活动，极大地增强了人们对细胞的认识能力，能够用来分析细胞的信号转导、物质运输、能量代谢和膜电位的变化等。

每种细胞器都能用相应的活体染色剂来标记。

Golgi-Tracker Red 是一种高尔基体红色荧光探针，可以用于活细胞高尔基体特异性荧光染色，但不适合用于固定细胞的标记。Golgi-Tracker Red 为采用 BODIPY TR 进行了荧光标记的 C5-ceramide。Golgi-Tracker Red 的最大激发光波长为 589nm，最大发射光波长为

617nm。BODIPY-FL-神经酰胺是一种脂类物质，能特异地标记高尔基体。其最大激发光波长是 464nm，最大发射光波长为 532nm。

DiO-C6（3）是一种短链碳酸化氰苷染料，可以标记包括内质网在内的多种膜性细胞器。但是，根据形态、结构特征，内质网更容易被识别。DiO-C6（3）的最大激发光波长为 484nm，最大发射光波长为 501nm。

罗丹明 123 是一种阳离子荧光染料。活体线粒体能够产生膜电位，可以吸引罗丹明 123 进入线粒体。因此，罗丹明 123 能够特异地标记线粒体。罗丹明 123 的最大激发光波长为 504mn，最大发射光波长为 534nm。詹纳斯绿 B 可专一性地对线粒体进行活性染色，这是由于线粒体内细胞色素氧化酶系的作用，使染料始终保持氧化状态（即有色状态），呈蓝绿色。

Hoechst 33258 是一种可以穿透细胞膜的蓝色荧光染料，对细胞的毒性较低。这种染料会结合 DNA 的 AT 富集区域，所以也常用于普通的细胞核染色或常规的 DNA 染色。Hoechst 33258 的最大激发光波长为 346nm，最大发射光波长为 460nm。

中性红对液泡和溶酶体的染色具有专一性，可将活细胞中的液泡和溶酶体染成红色。中性红也可作为荧光染料来标记液泡和溶酶体，其最大激发光波长为 541nm，最大发射光波长为 640nm。溶酶体（lysosome）是一种普遍存在于真核细胞中的细胞器，含有酸性水解酶。溶酶体荧光探针 Lyso-Tracker RED，是一种向酸性探针，含有一连接到弱碱基上的荧光素，高度选择性地染色酸性细胞器溶酶体。它可以自由通过细胞膜，选择性地聚集在溶酶体内，对活细胞进行直接染色，在波长 590nm 可以清晰地看到被染成红色的溶酶体。

【实验准备】

1. 生物材料：培养在盖玻片上的细胞爬片、人口腔黏膜上皮细胞、小鼠、蟾蜍、洋葱鳞茎内表皮细胞或小麦叶片上表皮、小麦或黄豆幼根根尖、培养细胞。

2. 实验器材：光学显微镜、荧光显微镜、激光共聚焦显微镜、恒温水浴锅、冰箱、剪刀、镊子、解剖刀、眼科剪、载玻片、凹面载玻片、盖玻片、吸管、牙签、吸水纸、擦镜纸、24 孔细胞培养板、培养皿、表面皿、离心管、微型台式离心机、培养箱、解剖盘、剪刀等。

3. 实验试剂。

（1）PBS（pH7.4，含有 Ca^{2+}、Mg^{2+}）：在 800mL 蒸馏水中溶解 8g NaCl、0.2g KCl、1.44g Na_2HPO_4、0.24g KH_2PO_4，加入 $CaCl_2$ 至终浓度为 1mmol/L，加入 $MgCl_2$ 至终浓度为 0.5mmol/L，用盐酸调 pH 至 7.4，加水定容至 1L。分装成小份，121℃高压灭菌，备用。

（2）Golgi-Tracker Red 染色工作液：取少量 Golgi-Tracker Red 按照 1∶100 加入 Golgi-Tracker Red 稀释液中，混匀即 Golgi-Tracker Red 染色工作液。

注：染色工作液中 Golgi-Tracker Red 的浓度可以根据实际情况进行适当调整，推荐的稀释比例调整范围为 1∶200～1∶50。Golgi-Tracker Red 染色工作液可以在首次使用后回收，保存于 4℃或−20℃，可重复使用。1～2d 内可以 4℃保存，更长时间则需−20℃保存。使用至达不到预期效果时可以废弃。

（3）BODIPY-FL-神经酰胺储存液：用细胞培养液配制 1pmol/L 的 BODIPY-FL-神经酰胺（相对分子质量 576）储存液，小份分装，避光保存于 20°C。

（4）DiO-C6（3）储存液：用乙醇配制 0.5mg/mL DiO-C6（3）（相对分子质量 573）储存液，小份分装，避光室温保存。使用时用乙醇稀释 1000 倍，制成工作液备用。

（5）0.33%中性红染液：0.1g 中性红加蒸馏水至 300mL，溶解备用。

（6）罗丹明 123 溶液：用蒸馏水配制 1mg/mL 的罗丹明 123（相对分子质量 381）溶液，小份分装，避光保存于 4°C。使用时用 PBS（pH7.4，含有 Ca^{2+}、Mg^{2+}）稀释 100 倍，制成工作液。

（7）Hoechst 33258 溶液：用蒸馏水配制 10μmol/mL 的 Hoechst 33258（相对分子质量 533.88）储存液，小份分装，避光保存于 4°C。使用时用蒸馏水稀释 100 倍，制成工作液。

（8）Ringer 液：NaCl 0.85%、KC1 0.03%、$CaCl_2$ 0.033%。

（9）0.02%詹纳斯绿 B 水溶液：称取 50mg 詹纳斯绿 B 溶于 5mL Ringer 液中，30～40°C加热，使之溶解，用滤纸过滤后，即 1%原液。取 1%原液 1mL 加入 49mL Ringer 液，即 0.02%工作液，装入棕色瓶中备用。

（10）其他：1mol/L 硝酸钾溶液、含 10%小牛血清和青霉素及链霉素的 DMEM 培养液等。

【实验步骤】

一、高尔基体的活体染色与观察

1. Golgi-Tracker Red 染色法

（1）去除细胞培养液，用 PBS（pH7.4，含有 Ca^{2+}、Mg^{2+}）洗涤细胞爬片。

（2）去除洗涤液，加入 Golgi-Tracker Red 染色工作液，4°C孵育 30min。

（3）回收 Golgi-Tracker Red 染色工作液，用冰浴预冷的细胞培养液洗涤细胞 3 次，换新鲜培养液，37°C孵育 30min。

（4）用新鲜培养液再洗涤一次，随后用荧光显微镜或激光共聚焦显微镜使用波长 589nm 左右的激发光进行观察。可观察到高尔基体呈明亮的红色荧光，而细胞内的其他膜系统呈比较微弱的荧光。

2. BODIPY-FL-神经酰胺染色法

（1）将细胞爬片用 PBS（pH7.4，含有 Ca^{2+}、Mg^{2+}）漂洗 3 次。

（2）将长有细胞的盖玻片浸入 BODIPY-FL-神经酰胺储存液中，37°C孵育 10min。

（3）将细胞爬片浸入含有 10%小牛血清和青霉素、链霉素的 DMEM 培养液中，37°C孵育 10min。

（4）将细胞爬片放置在载玻片上进行荧光显微观察（BODIPY-FL-神经酰胺最大激发光波长为 464nm，最大发射光波长为 532nm）。高尔基体在荧光显微镜下呈绿色层状膜结构。

二、内质网的活体染色与观察

（1）将细胞爬片用 PBS（pH7.4，含有 Ca^{2+}、Mg^{2+}）漂洗 3 次。

（2）将细胞爬片浸入 DiO-C6（3）工作液中，室温孵育 10min。

（3）将细胞爬片用 PBS（pH7.4，含有 Ca^{2+}、Mg^{2+}）漂洗 3 次。

（4）将细胞爬片放置在载玻片上进行荧光显微观察［DiO-C6（3）最大激发光波长为 484nm，最大发射光波长为 501nm］。内质网在荧光显微镜下呈蓝绿色层状膜结构。

三、液泡和溶酶体的活体染色与观察

1. 植物根细胞液泡系的活体染色与观察

（1）实验前，将小麦或黄豆种子培养在培养皿内潮湿的吸水纸上，使其发芽，胚根伸长到 1cm 以上。切取小麦或黄豆幼苗根尖（1～2cm 长），置于载玻片上，滴一滴 Ringer 液，用镊子或刀片小心地将根尖压成一薄片，吸去 Ringer 液，在材料上滴一滴 0.33%中性红染液，染色 5～10min。

（2）用吸水纸吸去多余染液，滴一滴 Ringer 液，盖上盖玻片，并用镊子轻轻地压盖玻片，将根尖压扁，利于观察。

（3）在高倍镜下，先观察根尖分生区细胞，可见细胞质中散在很多大小不等的染成玫瑰红色的圆形小泡，这是初生的幼小液泡。然后，由分生区向伸长区观察，在一些已分化、长大的细胞内，液泡的染色较浅，体积增大，数目变少。在成熟区细胞中，一般只有一个淡红色的巨大液泡，占据细胞的绝大部分，将细胞核挤到细胞一侧贴近细胞壁处。从以上的观察结果，思考植物细胞液泡系的形态演进情况。

2. 植物表皮细胞液泡的活体染色与观察

（1）撕取洋葱鳞茎内表皮或小麦叶片上表皮小块若干，投入 0.33%中性红染液中染色 5～10min，取出 1～2 片，在 pH 低于 7.0 的蒸馏水中稍加冲洗，在载玻片上滴一滴 Ringer 液，小心地将制片平展到载玻片上，加盖玻片，在光学显微镜下观察，可见被染成红色的中央大液泡。

（2）将步骤（1）中的活体染色制片取出几片放入 pH 略高于 7.0 的自来水中浸泡 10～15min，再置于载玻片上镜检，描述观察到的染色部位。

（3）为了确认中性红染色部位，可将上述洋葱内表皮染片在 1mol/L 硝酸钾溶液中浸泡 10min 左右，然后取出观察。由于硝酸钾能使原生质强烈膨胀，发生“帽状质壁分离”，因而能清楚地区别开无色透明的原生质和染成红色的液泡。

（4）将步骤（2）中的活体制片放在酒精灯火焰上微微加热，以杀死细胞，再在显微镜下观察，描述染色结果。

（5）请利用实验中学到的知识，描述中性红染色后死活细胞的区别。

3. 蟾蜍透明软骨活细胞液泡系中性红染色观察

软骨细胞能分泌软骨黏蛋白和胶原纤维等，因而粗面内质网和高尔基体都发达，用中性红活体染色后，可明显显示出液泡系。

（1）将蟾蜍处死，剪取胸骨剑突最薄的部分一小块，放入载玻片上的 0.33%中性红染液滴中，染色 5～10min。

（2）用吸管吸去染液，滴加 Ringer 液，盖上盖玻片进行观察。

（3）在高倍镜下，可见软骨细胞为椭圆形，细胞核及核仁清楚易见，在细胞核的上方细胞质中，有许多被染成玫瑰红色、大小不一的泡状体，这一特定区域即液泡系。

4. 溶酶体中性红活体染色与荧光显微镜观察

（1）将细胞爬片用 PBS（pH7.4，含有 Ca^{2+}、Mg^{2+}）漂洗 3 次。

（2）将细胞爬片浸入中性红染液中，37℃孵育 15min。

（3）将细胞爬片用 PBS（pH7.4，含有 Ca^{2+}、Mg^{2+}）漂洗 3 次。

（4）将细胞爬片放置在载玻片上进行荧光显微观察（中性红最大激发光波长为 541nm，最大发射光波长为 640nm）。溶酶体在荧光显微镜下呈橙红色球状结构。

四、线粒体的活体染色与观察

1. 人口腔黏膜上皮细胞线粒体的活体染色与观察

（1）取干净的载玻片放在 37℃恒温水浴锅的金属板上，滴 2 滴 0.02%詹纳斯绿 B 染液。

（2）用牙签钝端在实验者口腔颊黏膜处稍用力刮取上皮细胞，将刮下的黏液状物放入载玻片上的染液中，染色 10～15min（注意：不可使染液干燥，必要时可再加染液），盖上盖玻片，用吸水纸吸去四周溢出的染液，置于光学显微镜下观察。

（3）在低倍镜下，选择平展的口腔黏膜上皮细胞，换高倍镜或油镜进行观察。可见扁平状上皮细胞细胞核周围的细胞质中，分布着一些被染成蓝绿色的颗粒状或短棒状结构，即线粒体。

2. 小鼠肝细胞线粒体的活体染色与观察

（1）用脊椎脱臼法处死小鼠，置于解剖盘中，剪开腹腔，取小鼠肝边缘较薄的肝组织块，放入表面皿内。用吸管吸取 Ringer 液，反复浸泡冲洗肝组织块，洗去血液。

（2）在干净的凹面载玻片的凹穴中，滴加 0.02%詹纳斯绿 B 染液，再将肝组织块移入染液（注意：不可将组织块完全淹没，要使组织块上半部分露在染液外，这样细胞内的线粒体酶系可充分氧化，易被染色），当组织块边缘被染成蓝绿色即可（一般需染 20～30min）。

（3）吸去染液，滴加 Ringer 液，用眼科剪将组织块着色部分剪碎，使细胞或细胞群散出。然后，用吸管吸取分离出的细胞悬液，滴一滴于载玻片上，盖上盖玻片，用光学显微镜进行观察。

（4）在低倍镜下选择不重叠的肝细胞，然后转高倍镜或油镜观察，可见具有 1～2 个核的肝细胞质中，有许多被染成蓝绿色的线粒体，注意其形态和分布状况。

3. 洋葱鳞茎表皮细胞线粒体的活体染色与观察

（1）用吸管吸取 0.02%詹纳斯绿 B 染液，滴一滴于干净的载玻片上。然后撕取一小片洋葱鳞茎内表皮，置于染液中，染色 10～15min。

（2）用吸管吸去染液，加一滴 Ringer 液，注意使内表皮组织展平，盖上盖玻片，用光学显微镜进行观察。

（3）在高倍镜下，可见洋葱表皮细胞中央被一大液泡所占据，细胞核被挤至一侧贴细胞壁处，仔细观察细胞质中线粒体的形态与分布。

4. 线粒体的活体染色与荧光显微镜观察（罗丹明 123 染色法）

（1）将细胞爬片用 PBS（pH7.4，含有 Ca^{2+}、Mg^{2+}）漂洗 3 次（注：对于悬浮细胞的染色可以参考贴壁细胞的染色方法进行）。

（2）将细胞爬片浸入罗丹明 123 工作液中，室温孵育 10min。

（3）将细胞爬片用 PBS（pH7.4，含有 Ca^{2+}、Mg^{2+}）漂洗 3 次。

（4）将细胞爬片放置在载玻片上进行荧光显微观察（罗丹明 123 最大激发光波长为 504nm，最大发射光波长为 534nm）。线粒体在荧光显微镜下呈绿色颗粒状结构。

五、细胞核的活体染色与观察

（1）将细胞爬片用 PBS（pH7.4，含有 Ca^{2+}、Mg^{2+}）漂洗 3 次（注：对于悬浮细胞的染色可以参考贴壁细胞的染色方法进行）。

（2）将细胞爬片浸入 Hoechst 33258 溶液中，室温孵育 10～30min。

（3）将细胞爬片用 PBS（pH7.4，含有 Ca^{2+}、Mg^{2+}）漂洗 3 次。

（4）将细胞爬片放置在载玻片上进行荧光显微观察（Hoechst 33258 最大激发光波长为 352nm，最大发射光波长为 461nm）。细胞核在荧光显微镜下呈蓝紫色球状结构。

【注意事项】

1. 在对口腔黏膜上皮细胞进行染色时，不可使染液干燥，可适当补加染液。

2. 在对植物细胞进行观察时，一定要让材料尽量展开。

3. 在实验过程中，试剂大多对人有害，所以必须戴塑料或乳胶手套进行实验操作。

4. 荧光染料均存在猝灭问题，应注意避光操作，以减缓荧光猝灭。

5. 观察要迅速，否则激发光照射太久会引起荧光猝灭。

6. 在取小鼠肝脏时要注意组织块大小，以指甲盖的 1/3 左右为宜，且不宜太厚，避免里面的线粒体不易被染色，影响实验结果。在染色过程中要注意不可把肝组织块全部浸没在染液下，这样会使肝组织块进行有氧呼吸，则詹纳斯绿 B 无法被细胞色素氧化酶充分氧化，导致实验失败。染色过程中要注意滴加染液，防止染液挥发干，使肝组织块充分染色。观察时要注意区分肝细胞和红细胞，肝细胞体积相对于红细胞来说较大。制片之前要将组织块尽量剪碎分散，以保证较好的观察效果。

【思考问题】

1. 绘制口腔上皮细胞，示线粒体形态与分布。

2. 绘制蟾蜍胸骨剑突骨细胞，示液泡系形态与分布。

3. 用一种活体染色剂对细胞进行活体染色，为什么不能同时观察到线粒体、液泡系等多种细胞器？

4. 小麦或黄豆根尖经中性红活体染色，为什么看到生长点的细胞中液泡多，而且染色深，伸长区细胞中液泡数量变少，染色浅？

参考文献

博尼费斯农，达索，哈特佛德，等. 2007. 精编细胞生物学实验指南. 章静波，等译. 北京：科学出版社.
赛利斯. 2008. 细胞生物学实验手册. 3 版. 北京：科学出版社.
斯佩克特，戈德曼，莱因万德. 2001. 细胞实验指南. 黄培堂，等译. 北京：科学出版社.
王崇英，侯岁稳，高欢欢. 2017. 细胞生物学实验. 4 版. 北京：高等教育出版社.
杨泓民. 1997. 细胞生物学实验. 2 版. 北京：高等教育出版社.

实验十五　细胞器的分离纯化与鉴定

【实验目的】

1. 掌握细胞核、线粒体、叶绿体和外泌体分离纯化的基本原理和方法。
2. 掌握细胞核、线粒体和叶绿体的快速鉴定方法。
3. 了解细胞器分离的意义和其他常用方法。

【实验原理】

一、细胞器的分离技术

细胞器分离纯化技术是细胞生物学研究中的重要方法，是研究某种细胞器的超微结构、生化组成和特定功能的前提和基础。体外分离制备细胞器时所采用的技术和方法应尽可能保持分离组分的结构完整性及其生理活性。

细胞器的分离一般先采用物理或化学方法破碎组织或细胞，使各种亚细胞结构从细胞中释放出来。实验室常用组织或细胞破碎方法有：①物理法，包括研磨、高速组织捣碎机法、超声波破碎法等；②化学法，包括化学裂解法、反复冻融法和低渗法等。之后，采用分级分离的方法将不同大小、密度和沉降系数的细胞器分离出来。分级分离的方法包括差速离心法（differential centrifugation）和密度梯度离心法（density gradient centrifugation）两种。差速离心法是指由低速到高速逐级沉淀分离，使较大的颗粒先在低离心速度中沉淀，再用较高的离心速度将原先悬浮于上清液中的较小颗粒分离沉淀，从而将质量和密度不同的细胞组分和颗粒分开（图 3-19）。密度梯度离心法是将细胞组分铺放在含有密度逐渐增加的、高溶解性的惰性物质（如蔗糖和氯化铯）形成的密度梯度溶液表面，通过重力或离心力作用，使样品中不同组分以不同的沉降率沉降，形成不同的沉降带。

不同细胞器的分离纯化可依据研究目的和细胞器特点，选择不同的方法。例如，细胞核和叶绿体的分离和纯化采用密度梯度离心法；线粒体和外泌体的分离纯化可采用差速离心法。外泌体是细胞外囊泡（extracellular vesicle，EV）的一种，是近年来研究的热点。

二、外泌体及其分离纯化

外泌体（exosome）是活细胞以主动分泌的方式排出细胞外的磷脂双分子层囊泡，直径为30～100nm，密度为1.15～1.19g/mL。外泌体是细胞外囊泡中直径较小的一种，广泛存在于细胞培养上清液和各种体液中，如血液、精液、唾液、尿液、脑脊液、羊水以及母乳等。几乎所有类型的细胞均可分泌外泌体，外泌体中含有重要的蛋白质、脂质和核酸，参与细胞间通讯、细胞增殖、细胞迁移、血管新生和免疫调节等过程，在机体的生理和病理过程中发挥重要的作用。

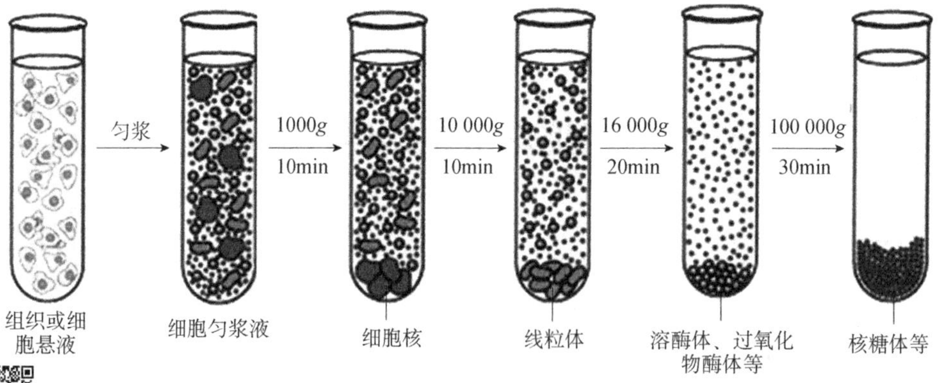

图 3-19 差速离心法的基本过程

外泌体的形成主要包括早期内体的形成和晚期内体的形成两个过程，细胞通过内吞作用产生小囊泡，小囊泡融合形成早期内体，并逐渐形成晚期内体，随着细胞质中微RNA（microRNA）和蛋白质的进入，晚期内体逐渐演变成多泡体（multivesicular body，MVB），与细胞膜融合后，被释放到细胞外形成外泌体。一般来说，外泌体大小相对均一，在透射电镜下呈杯状或双凹碟状，在体液中呈球状。

目前，外泌体的分离提取方法有多种，如离心法、免疫亲和捕获法、聚合物（PEG）沉淀法、尺寸排阻色谱法、切向流超滤法、微流控分离法以及新兴的纳米材料分离法等，不同的方法对外泌体的形态、体积和浓度等影响不同，其中，差速超速离心法（differential ultracentrifugation，DU）是目前分离纯化外泌体的金标准，适用于大体积样本（如细胞培养上清液）中外泌体的分离。

【实验准备】

1. 生物材料：新鲜猪肝、菠菜、HeLa 细胞（人宫颈癌细胞系）。

2. 实验器材：高速离心机（水平转子和角转子）、超高速冷冻离心机、超净工作台、细胞培养箱、普通光学显微镜、荧光显微镜、透射电子显微镜、电子天平、玻璃匀浆器、擦镜纸、载玻片、盖玻片、剪刀、移液器、吸管、离心管（1.5mL、5mL、10mL 和 50mL）、研钵、小烧杯、量筒、纱布、滤纸、注射器、漏斗等。

3. 实验试剂。

（1）0.02%詹纳斯绿 B 溶液：詹纳斯绿 B 0.02g 溶于 0.25mol/L 蔗糖溶液中，定容至

100mL。

（2）磷酸缓冲液（pH6.8）：$Na_2HPO_4 \cdot 12H_2O$ 11.94g，KH_2PO_4 4.54g，溶于蒸馏水中，定容至1L，混匀后使用。

（3）Giemsa染液。

Giemsa原液：将Giemsa粉1g放入研钵中，加入少量甘油，研磨至无颗粒为止，倒入剩余甘油（总体积为66mL），在60～65℃恒温2h，加入甲醇66mL，混匀后密封保存于棕色瓶中。

Giemsa染液（使用液）：Giemsa原液用磷酸缓冲液（pH6.8）稀释10倍，现用现配。

（4）0.2mol/L乙酸缓冲液。

A液：冰乙酸1.2mL，加蒸馏水至100mL。

B液：乙酸钠（$CH_3COONa \cdot 3H_2O$）2.72g溶于中蒸馏水，定容至100mL。

使用时，将A液和B液按2∶3比例混合。

（5）甲基绿-派洛宁染液。

甲液：甲基绿2g溶于0.2mol/L乙酸缓冲液，定容至100mL。

乙液：派洛宁1g溶于0.2mol/L乙酸缓冲液，定容至100mL。

使用时，将甲液和乙液按5∶2比例混合。

（6）叶绿体提取缓冲液：0.35mol/L山梨糖醇、50mmol/L Tris-HCl（pH8.0）、20mmol/L Na_2-EDTA（pH8.0），用前加入0.1%牛血清白蛋白。

（7）0.01%吖啶橙：吖啶橙0.1g溶于100mL叶绿体提取缓冲液。

（8）磷酸盐缓冲液（PBS）：NaCl 9g、KCl 0.2g、$Na_2HPO_4 \cdot H_2O$ 1.56g和KH_2PO_4 0.2g溶于超纯水中，定容至1L，0.22μm微孔滤膜抽滤后4℃保存备用。

（9）0.25%胰蛋白酶：PBS配制，0.22μm微孔滤膜抽滤后4℃保存备用。

（10）其他：蔗糖溶液（0.25mol/L、0.5mol/L和1.5mol/L）、0.34mol/L蔗糖-0.5mmol/L乙酸镁（$C_4H_6O_4Mg$）溶液、0.88mol/L蔗糖-0.5mmol/L乙酸镁（$C_4H_6O_4Mg$）溶液、0.9%生理盐水、70%乙醇、丙酮、胎牛血清、RPMI1640培养基等。

【实验步骤】

1. 细胞核的分离

（1）组织匀浆和过滤：取新鲜猪肝1g，用预冷的生理盐水反复洗涤，洗去血污，滤纸吸干，加入预冷的0.25mol/L蔗糖溶液4mL，于小烧杯中剪碎，移入玻璃匀浆器中匀浆，匀浆过程要在冰浴中进行。匀浆液用数层预先用0.25mol/L蔗糖溶液浸润的纱布过滤。

（2）离心：将匀浆液2mL转移至离心管中，600*g*离心10min（4℃）。离心后上清液转移至离心管中，置冰浴备用；沉淀用预冷的0.25mol/L蔗糖溶液洗涤离心2次，每次1000*g*离心10min。

（3）纯化：离心后沉淀加入0.34mol/L蔗糖-0.5mmol/L乙酸镁溶液1mL悬浮，用装有针头的注射器在悬液下轻轻加入0.88mol/L蔗糖-0.5mmol/L乙酸镁溶液4mL。1500*g*离心

15min。弃上清液，沉淀为纯化的细胞核，用磷酸缓冲液悬浮后4℃保存备用。

（4）鉴定：取少量细胞核悬液制成涂片，空气干燥后用70%乙醇固定10min，甲基绿-派洛宁染液染色15min，蒸馏水冲洗，丙酮分色10s。或采用Giemsa染液染色20min，蒸馏水冲洗，干燥后镜检。经甲基绿-派洛宁染色后，细胞核DNA呈蓝绿色，核仁和混杂的细胞质因含RNA呈红色。Giemsa染液染色后，细胞核为蓝色，核内颜色较深的圆形颗粒为核仁。

2. 线粒体的分离

（1）将分离细胞核时收集的上清液以10 000*g*离心10min，弃上清液。

（2）将沉淀用预冷的0.25mol/L蔗糖溶液悬浮，10 000*g*离心10min，重复2次后得到的沉淀为线粒体。

（3）鉴定：离心后的沉淀用0.25mol/L蔗糖溶液0.5mL悬浮，取1滴悬液滴在载玻片上，加入1滴0.02%詹纳斯绿B染液，染色5～10min，加盖盖玻片后镜检。高倍镜下观察，线粒体为蓝绿色的粒状或短棒状。

3. 叶绿体的分离和纯化

（1）菠菜洗净后用滤纸吸干水分，去叶脉，称取鲜重的叶片5g，剪碎。

（2）将碎叶片放入研钵，加入叶绿体提取缓冲液20mL，研磨。

（3）将匀浆液用6层纱布（纱布提前用叶绿体提取缓冲液润湿）过滤到烧杯中。

（4）取滤液10mL至离心管中，4℃、800*g*离心10min，弃沉淀。

（5）收集上清液，于4℃、2000*g*离心10min，弃上清液，沉淀为叶绿体，用适量叶绿体提取缓冲液悬浮后备用。

（6）纯化：取10mL离心管，先加入预冷的0.5mol/L蔗糖溶液3mL，再用装有针头的注射器将预冷的1.5mol/L蔗糖溶液3mL缓慢加到离心管底部，得到密度梯度离心管。取第（5）步获得的叶绿体悬液1mL缓慢加入密度梯度离心管中，4℃、12 000*g*离心20min。轻轻取出离心管，两层蔗糖密度梯度中间为淡绿色的叶绿体层。

（7）鉴定：用吸管小心吸取中间层，转至新离心管中，取适量叶绿体悬液于载玻片，加盖玻片后镜检。普通光学显微镜下，叶绿体为绿色橄榄形，高倍镜下可看到叶绿体内含有深绿色颗粒——基粒。荧光显微镜下观察，叶绿体发出火红色自发荧光，用0.01%吖啶橙染色后，叶绿体可发出橘红色荧光。

4. 外泌体的分离和纯化

（1）无外泌体细胞培养液的制备：按照1∶9比例将胎牛血清与RPMI1640培养基混合，转入无菌离心管中，100 000*g*离心70min，无菌收集上清液，得到无外泌体的含10%胎牛血清的RPMI1640培养液，用于HeLa细胞的培养。

（2）细胞培养：将对数生长的HeLa细胞用0.25%胰蛋白酶消化传代，用上述无外泌体的RPMI1640培养液（含10%胎牛血清）培养48h。

（3）外泌体的分离和纯化：收集HeLa细胞培养上清液，4℃、500*g*离心10min，取上清液；4℃、12 000*g*离心20min，将上清液转移至洁净的离心管中；4℃、100 000*g*离心7h，去除上清液，用适量体积的PBS重悬沉淀；0.22μm微孔滤膜过滤后，4℃、100 000*g*离心7h；沉淀用50～100μL PBS重悬，即HeLa细胞外泌体，−80℃可保存1年。

（4）鉴定：透射电子显微镜观察 HeLa 细胞外泌体呈圆形或椭圆形；蛋白质印迹检测外泌体标志蛋白。

【注意事项】

1. 要得到完整的、有活性的细胞器，须在低温下迅速提取。

2. 制备蔗糖密度梯度时，蔗糖溶液的添加需缓慢进行。

3. 要掌握好丙酮分化时间，时间不宜太长。

4. 分离纯化外泌体时，500*g* 和 12 000*g* 离心后，需用吸管吸取上清液，切勿倾倒，且保证离心管底部保留 0.5～1cm 高度的液体，防止沉淀污染外泌体。若冷冻离心机转子为角转子，超高速离心前需用记号笔在离心管底部标记，定位沉淀位置。

5. 利用荧光显微镜观察叶绿体时，应抓紧时间，有必要时立即拍照。另外，在制作荧光显微标本时，最好使用无荧光的载玻片、盖玻片和香柏油。

【思考问题】

1. 为什么匀浆介质采用 0.25mol/L 蔗糖溶液？为什么组织匀浆和细胞器的提取均须低温进行？

2. 分离到的线粒体直接用詹纳斯绿 B 染色或者室温放置 2h 后再染色，两者着色是否有差异？为什么？

3. 荧光显微镜观察叶绿体的自发荧光时，更换滤片系统，自发荧光的颜色是否变化？

4. 若细胞培养使用未离心处理的血清，对分离纯化外泌体有什么影响？

5. 比较外泌体制备与细胞核、线粒体以及叶绿体的分离纯化有哪些主要差异，试分析原因。

参 考 文 献

安利国. 2015. 细胞生物学实验教程. 3 版. 北京：科学出版社.
丁明孝，王喜忠，张传茂，等. 2020. 细胞生物学. 5 版. 北京：高等教育出版社.
谷特，尹文秀，王丹丹，等. 2021. 宫颈癌 HeLa 细胞外泌体对细胞迁移和侵袭的影响及 Wnt 或 β-catenin 信号通路机制研究. 中国肿瘤临床与康复，28（1）：30-32.
李冬. 2019. 外泌体：基础和临床. 北京：科学出版社.
李志勇. 2016. 细胞工程实验教程. 北京：高等教育出版社.
刘斌，司徒镇强. 2018. 细胞培养. 3 版. 北京：世界图书出版社.
辛华. 2009. 现代细胞生物学技术. 北京：科学出版社.
Tang Y L，Dawn B. 2015. Mesenchymal stem cell derived exosomes：the potential for translational nanomedicine. St. Salt Lake City：American Academic Press.

实验十六　细胞器间的相互作用关系

【实验目的】

1. 了解细胞器间的互作关系与关键分子。

2. 观察线粒体与内质网互作结构的特征。

【实验原理】

细胞器间的相互作用关系是细胞内除膜泡运输外的另一种更为直接的细胞器间联系。不同膜性细胞器间通过膜偶联发生互作，其间膜不发生融合，间距一般为 10～30nm。膜偶联可持续几十秒至数小时不等。细胞器互作的功能包括物质运输、信号转导、能量传递、细胞器形态功能维持等，进而影响细胞内稳态。

细胞器互作通过特定的偶联复合物完成，可通过蛋白质与蛋白质或蛋白质与脂类的联系而维持。细胞器互作的形式不仅局限于 2 种细胞器间，如线粒体-内质网，也有研究发现 3 种细胞器间存在相互作用，如线粒体-内质网-过氧化物酶体（图 3-20）。

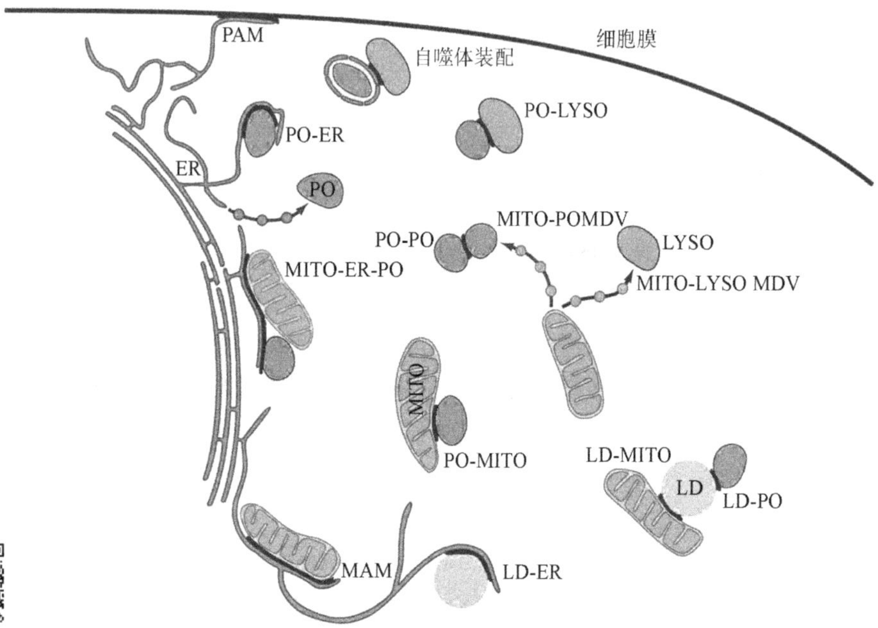

图 3-20 哺乳动物细胞器相互作用示意图（Schrader and Islinger，2017）
红色区域为细胞器间发生相互作用的区域。ER.内质网；LD.脂滴；LYSO.溶酶体；MDV.线粒体衍生膜泡；MITO.线粒体；PAM.与细胞膜相互作用的膜结构；PO.过氧化物酶体；MAM. 线粒体-内质网的互作结构

线粒体-内质网的互作结构（mitochondria associated membrane，MAM）是最早发现，也是研究最为深入的细胞器间相互作用的结构，参与脂类交换、信号转导、Ca^{2+}转运、自噬等生物学过程。MAM 对于线粒体和内质网结构、功能的维持有重要意义，如内质网应激、线粒体分裂等，有报道发现线粒体分裂位点总是位于和内质网接触的部位。

线粒体-内质网间的互作形式多样，有多种蛋白质参与（图 3-21），如哺乳动物线粒体外膜上的电压依赖通道蛋白（voltage-dependent anion channel，VDAC）以及位于内质网膜上的蛋白 IP_3 受体（inositol 1，4，5-triphosphate receptor，IP_3R），通过招募胞质蛋白 GRP75（glucose-regulated protein 75）发生线粒体-内质网互作，这一结构可介导 Ca^{2+}的转运。酵母中，Mmm1、Mdm10、Mdm12、Mdm34 等参与线粒体与内质网的互作。这些蛋白质常被用于观察、研究细胞器间的相互作用关系。

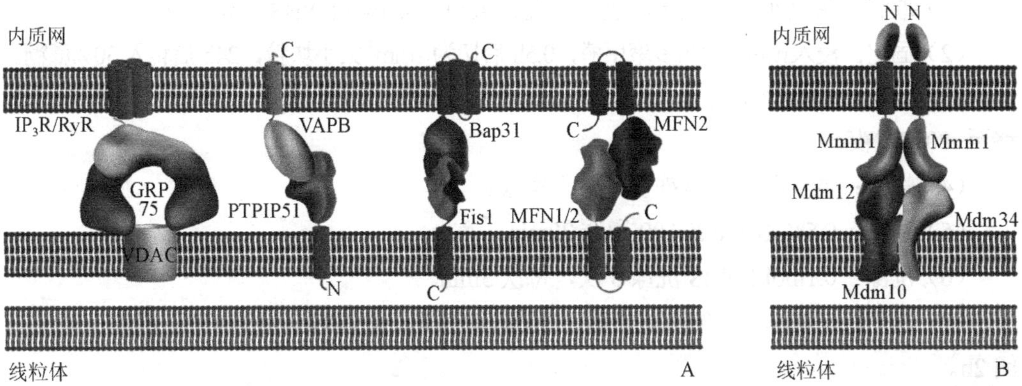

图 3-21　哺乳动物（A）、酵母（B）线粒体-内质网互作结构及相关蛋白质示意图（Schrader and Islinger，2017）

IP_3R / RyR、VAPB、Bap31、MFN2（mitofusin 2）和 Mmm1 为内质网膜蛋白；VDAC、PTPIP51、Fis1 和 MFN1/2 为线粒体外膜蛋白；Mdm10、Mdm12、Mdm34 为和线粒体分布和形态有关的蛋白质

由于细胞器互作的间距为纳米级别，超出了一般光学显微镜的观察范畴，但是可以使用以上特征性互作蛋白质的标记抗体，通过免疫荧光技术，结合激光扫描共聚焦显微镜，对细胞器互作蛋白质进行定位或共定位，从而初步确定目标组织中细胞器间的相互作用。此外，可利用超高分辨率显微镜、透射电子显微镜结合免疫学方法或者能量共振转移、双分子荧光互补、邻位连接等技术观察细胞器间动态或静态的相互作用关系，而且这些技术方法也展示得更为准确直观。

【实验准备】

1. 生物材料：小鼠（心脏、睾丸）。

2. 实验器材：冰冻切片机、荧光显微镜、超薄切片机、透射电子显微镜、载玻片、盖玻片、湿盒、电镜用镍网、包埋模具等。

3. 实验试剂。

（1）固定、包埋用试剂：4%多聚甲醛、30%蔗糖、OCT 包埋剂。

（2）免疫荧光试剂：商品化一抗（VDAC-兔源、IP_3R-小鼠源、GRP75-大鼠源）、商品化荧光标记二抗［山羊抗兔-红色、山羊抗小鼠-绿色（FITC）、山羊抗大鼠-黄色（ITC）］、二抗血清（山羊血清）、PBS、5%BSA（牛血清蛋白封闭液）、0.2%和 0.5%Triton X-100（用 0.01mol/L、pH7.2 的 PBS 配制）、0.05mol/L 甘氨酸（Gly）、DAPI、抗荧光猝灭封片剂。

（3）免疫电镜试剂：商品化一抗（同免疫荧光）、商品化胶体金标记二抗（种属来源同免疫荧光），其余试剂同实验七“免疫电镜技术”。

【实验步骤】

1. 细胞器互作结构的免疫荧光观察

（1）取材：解剖小鼠，获得心脏（睾丸）组织，0.1mol/L PBS 润洗 1 次。

（2）固定：浸入预冷的 4%多聚甲醛，0.5h 后切为 $1mm^3$ 大小块粒，24h 后转入 30%蔗糖。

（3）包埋：滤纸吸干后置入模具并加入 OCT 包埋剂包埋，放于−20℃静置 20min，转移至−80℃过夜。

（4）切片：同实验三“冰冻切片法”实验。

（5）通透：0.5% Triton X-100 通透 20min。

（6）洗涤：0.1mol/L PBS 洗涤 3 次，每次 5min。

（7）封闭：5%BSA、5%二抗血清、0.05mol/L Gly、0.2%Triton X-100，混匀，37℃封闭 2h。

（8）洗涤：同步骤（6）。

（9）一抗：用封闭液按比例（说明书要求）稀释抗体，4℃孵育过夜；如果做共定位分析，需将 2 种或者 3 种一抗分别按比例稀释后，混合，4℃孵育过夜。

（10）洗涤：同步骤（6）。

（11）二抗：用封闭液按比例稀释抗体（说明书要求），4℃室温孵育 2h。

（12）洗涤：同步骤（6）。

（13）DAPI 复染：2μg/mL DAPI 复染细胞核，室温 20min。

（14）封片：晾干后，加入抗荧光猝灭封片剂封片，观察或 4℃避光保存。

（15）观察：使用荧光显微镜观察，拍照。

阴性对照：一抗孵育步骤时，以 PBS 代替一抗，作为阴性对照。

2. 细胞器互作结构的免疫电镜观察

解剖小鼠，获得心脏（睾丸）组织，后续处理步骤同实验七“免疫电镜技术”。一抗、二抗稀释浓度参照说明书。

【注意事项】

1. 免疫荧光样品处理过程中，加入荧光标记二抗孵育时应注意避光，防止荧光猝灭。

2. 共定位分析时，一抗要求来源于不同的动物，二抗要求不同荧光信号标记。本实验所用二抗是同一物种来源（山羊），共定位封闭液中二抗血清用同种动物的正常血清，终浓度 5%即可。如果二抗非同一物种来源（如山羊和驴），则共定位封闭液中二抗血清需分别加入相应动物的正常血清，终浓度均为 5%（如 5%山羊血清和 5%驴血清）。

3. DAPI 能够结合 DNA，操作者应注意自身防护。

4. 免疫电镜材料处理注意事项同实验七“免疫电镜技术”要求。

【思考问题】

1. 有哪些方法可以观察线粒体-内质网互作结构？

2. 除了对互作结构进行观察，还有哪些方法可以用于细胞器间互作关系的研究？

3. 查阅资料，总结涉及细胞器相互作用的其他分子，以及由它们介导的互作结构特征。

参 考 文 献

Schrader M，Islinger M. 2017. Molecular mechanisms and physiological significance of organelle interactions and cooperation. Lausanne：Frontiers Media.

实验十七　细胞骨架的染色与观察

细胞骨架（cytoskeleton）是真核细胞中由蛋白质聚合而成的纤维网络结构和动态变化体系。细胞骨架主要包括微丝（microfilament，MF）、微管（microtubule，MT）和中间丝（intermediate filament，IF）。细胞骨架在维持细胞形态，承受外力、保持细胞内部结构的有序性方面起重要作用。

显示细胞骨架的常用方法有两种：骨架蛋白染色法和免疫荧光染色法。骨架蛋白染色法具有简单易行的特点，但不能区分骨架蛋白的组成，有些类型的纤维太细，在光学显微镜下无法辨认，常用于骨架形态及完整性观察。免疫荧光染色法可特异显示骨架蛋白，利用荧光标记可以清晰显示细胞中微丝或微管的分布，利用荧光显微镜对荧光标记的细胞骨架进行观察，可以得到清晰的实验结果，具有更普遍的应用意义。

Ⅰ. 细胞骨架的考马斯亮蓝染色及光学显微观察

【实验目的】

1. 掌握考马斯亮蓝 R250 染细胞骨架的方法。

2. 观察光镜下细胞骨架的基本形态和结构。

【实验原理】

考马斯亮蓝（Coomassie brilliant blue）R250 是一种蛋白质染料，能非特异地显示细胞骨架蛋白。用适当浓度的 Triton X-100 处理可将细胞内膜结构和部分蛋白质抽提掉，但细胞骨架系统的蛋白质却被保存，再用考马斯亮蓝 R250 染色，可在光学显微镜下观察到细胞骨架的网状结构，其主要成分为直径 40nm 的微丝束。

【实验准备】

1. 生物材料：洋葱鳞茎。

2. 实验器材：普通光学显微镜、1.5mL 离心管、吸管、载玻片、盖玻片、剪刀、小镊子、滤纸等。

3. 实验试剂。

（1）M缓冲液（pH7.2）：咪唑 50mmol/L、KCl 50mmol/L、$MgCl_2$ 0.5mmol/L、乙二醇四乙酸（EGTA）1mmol/L、EDTA 0.1mmol/L、巯基乙醇或二硫苏糖醇（DTT）1mmol/L、甘油 4mmol/L，加蒸馏水至1000mL，用1mol/L HCl调pH至7.2。

（2）6mmol/L磷酸缓冲液（pH6.8）。

A液：$NaH_2PO_4 \cdot 2H_2O$ 0.936g/L。

B液：$Na_2HPO_4 \cdot 12H_2O$ 2.148g/L。

A液53.7mL＋B液46.3mL 得到工作液，用 $NaHCO_3$ 调 pH至6.8。

（3）1%Triton X-100：Triton X-100 1mL＋M缓冲液99mL。

（4）0.2%考马斯亮蓝R250：考马斯亮蓝 R250 0.2g、甲醇46.5mL、冰乙酸7mL，加蒸馏水46.5mL。

（5）3%戊二醛：50%戊二醛 6mL＋6mmol/L PBS（pH6.8）94mL。

【实验步骤】

（1）撕取洋葱鳞茎内表皮，大小约0.5cm^2，置于装有1mL 磷酸缓冲液（pH6.8）的离心管中，静置2～3min，使磷酸缓冲液完全浸透样品。

（2）吸去磷酸缓冲液，加1%的Triton X-100 处理样品20min。

（3）吸去1%的Triton X-100，加M缓冲液漂洗3次，每次静置5min。

（4）3%戊二醛固定30min。

（5）6mmol/L磷酸缓冲液（pH6.8）漂洗3次，每次3～5min。

（6）吸去磷酸缓冲液，加0.2%考马斯亮蓝R250染色10min。

（7）蒸馏水漂洗1～2次，降低背景影响。

（8）将样品平铺于载玻片上，加盖玻片，于光学显微镜下观察。

【注意事项】

1. 用去垢剂Triton X-100处理样品时，根据样品大小控制处理时间，一般在30min之内。

2. 用Triton X-100处理样品后，应该充分漂洗。

3. Triton X-100处理样品后的各步骤应该轻柔，避免用吸管猛烈吹打样品引起的细胞骨架断裂。

4. 戊二醛溶液的固定对细胞骨架和细胞形态的维持十分重要，固定时间不应该低于20min。

【思考问题】

1. 该实验如何设对照组？1%的Triton X-100处理细胞的原理是什么？

2. 查阅资料，说明M缓冲液中的咪唑、$MgCl_2$、EGTA、EDTA、巯基乙醇在稳定细胞骨架中的作用。

参 考 文 献

王金友，何炎明，刘兵. 2011. 细胞生物学实验教程. 2 版. 北京：科学出版社.

Ⅱ. 鬼笔环肽标记法观察细胞中微丝的分布

【实验目的】

1. 了解鬼笔环肽标记微丝骨架的原理。
2. 观察微丝束的基本形态。
3. 巩固荧光显微镜的使用。

【实验原理】

鬼笔环肽（phalloidin）是一种来源于毒伞（*Amanita phalloides*）的毒素，包含一个半胱氨酸-色氨酸键，结构上形成双环七肽，以高亲和力选择性结合于丝状肌动蛋白（F-actin），但不会与单体球状肌动蛋白（G-actin）结合，鬼笔环肽这种性质使其成为一种探索微丝分布的良好工具，可以通过带有各种荧光探针的鬼笔环肽结合 F-actin 在荧光显微镜下观察来实现。鬼笔环肽的荧光衍生物已经被证明在活体或固定细胞内定位 F-actin 和在体外观察 F-actin 的实验中起重要作用。鬼笔环肽是研究微丝骨架的常用药物。

【实验准备】

1. 生物材料：优雅蝈螽（*Gampsocleis gratiosa*）精巢。

2. 实验器材：荧光显微镜、光学显微镜、离心机、离心管、与离心管配套的研磨棒、吸管、0.1%多聚赖氨酸包被的载玻片、盖玻片、剪刀、小镊子、培养皿、湿盒（放有湿纱布的暗盒，可用铝盒或小的搪瓷盘代替）等。

3. 实验试剂。

（1）直翅目昆虫生理盐水：NaCl 6.8g、KCl 0.2g、$CaCl_2$ 0.2g、$MgCl_2 \cdot 6H_2O$ 0.2g、$NaHCO_3$ 0.15g、葡萄糖 7.7g，蒸馏水定容至 1000mL。

（2）0.2mol/L 磷酸缓冲液。

A 液：称取 $NaH_2PO_4 \cdot 2H_2O$ 3.12g，加蒸馏水至 100mL，充分溶解。

B 液：称取 $Na_2HPO_4 \cdot 12H_2O$ 7.1632g，加蒸馏水至 100mL，充分溶解。

A 液 19mL＋B 液 81mL 得到工作液，用 $NaHCO_3$ 调 pH 为 7.4。

（3）0.01mol/L PBS：称取 NaCl 0.85～0.9g，量取 0.2mol/L 磷酸缓冲液 5mL，充分溶解，蒸馏水定容至 100mL。

（4）4%多聚甲醛溶液：称取 0.4g 多聚甲醛，置于三角烧瓶中，加入 0.1mol/L 磷酸缓冲液 5～8mL，加热至 60℃左右，持续搅拌使粉末完全溶解，通常需滴加少许 1mol/L NaOH 才能使溶液清亮，再用 1mol/L HCl 将 pH 调至 7.2～7.4，最后用 0.1mol/L 磷酸缓冲液补至 10mL，充分混匀。

（5）10%的 Triton X-100（用 PBS 配制）：Triton X-100 1mL＋0.01mol/L PBS 9mL，置

于 37℃水浴锅中 2h，使其充分溶解。

（6）0.01μmol/L 鬼笔环肽-罗丹明：吸取 0.1μL 鬼笔环肽-罗丹明，加入 766μL 的 0.01mol/L PBS，充分混匀，4℃避光保存。

（7）4′，6-二脒基-2-苯基吲哚（DAPI）贮存液：将 10mg 的 DAPI 固体溶于 100μL 的 0.01mol/L PBS 中，充分溶解，此时浓度为 0.1%，4℃冷藏避光保存。

（8）0.001% DAPI：吸取 1μL 的 DAPI 贮存液，加入 0.01mol/L 的 PBS 1mL，充分混匀，4℃避光保存。

（9）甘油-PBS：甘油 45mL＋0.01mol/L PBS 5mL，充分混合，4℃冰箱静置，待气泡排除后方可使用。

【实验步骤】

1. 精巢细胞悬浮液制备

（1）活体解剖发育良好的雄性成虫，迅速分离出精巢并置于盛有直翅目昆虫生理盐水的离心管中，用研磨棒轻轻研磨。

（2）低速短时离心去除较大组织块，取其上清液，1600r/min 再次离心 4min，弃上清液，收集细胞沉淀。

（3）将收集的细胞转移至新鲜的 4%多聚甲醛溶液中，4℃固定 1h，1600r/min 离心 4min，弃上清液，收集细胞，加 PBS 漂洗，连续 3 次，每次 10min。

2. 细胞涂片

通过普通光学显微镜镜检调节细胞悬浮液浓度，吸取少量浓度适中的细胞悬浮液涂抹在已用 0.1%多聚赖氨酸处理过的载玻片上，自然干燥 10min。

3. 鬼笔环肽-罗丹明标记微丝

（1）在样品处滴加 1%的 Triton X-100，将载玻片置于湿盒中，室温处理 45min，PBS 漂洗 3 次，每次 10min。

（2）标记 F-actin：在样品处滴加 0.01μmol/L 鬼笔环肽-罗丹明，湿盒中室温避光孵育 45min，PBS 漂洗 3 次，每次 10min。

4. DAPI 标记细胞核

在样品处滴加 0.001%的 DAPI，湿盒中 4℃避光孵育 30min，PBS 漂洗 3 次，每次 10min。

5. 封片观察

甘油-PBS 封片，荧光显微镜下选择合适的激发光观察，分别拍照，拍照后用图像处理软件叠加，结果如图 3-22 所示。

【注意事项】

1. 制备细胞悬液，破碎组织块时，用研磨棒轻轻研磨，以免精巢细胞破碎。

2. 涂片前注意通过普通光学显微镜镜检调节细胞悬浮液浓度，浓度过大或过小都会影响涂片效果。

3. 在加入荧光标记物后，所有的操作应该在湿盒中避光进行，避免荧光猝灭。

4. 注意荧光显微镜的正确使用。

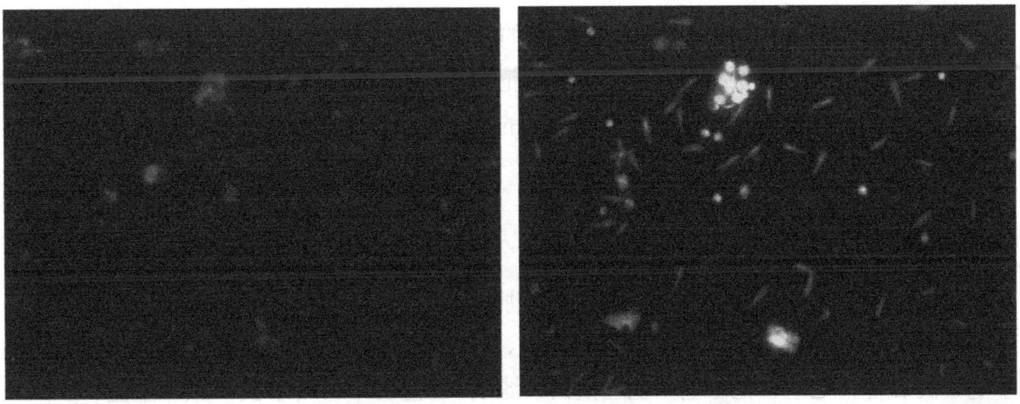

图 3-22 优雅蝈螽精巢细胞涂片荧光染色显示微丝

左. 鬼笔环肽-罗丹明标记的微丝；右. DAPI 标记的细胞核

【思考问题】

1. 鬼笔环肽用于细胞骨架研究有哪些优缺点？
2. 为什么不能用细胞松弛素 B 标记细胞微丝结构？
3. 如果整个组织或细胞完全没有荧光信号，可能的原因有哪些？如果整个组织或细胞全部被染色，主要原因可能有哪些？

参 考 文 献

王秀莉，赵世萍. 2015. 动物细胞骨架的染色与观察. 实验教学与仪器，9：37-38.

周娜，常岩林，王莉. 2012. 优雅蝈螽精子形成过程中 F-肌动蛋白的动态变化. 昆虫学报，55：395-402.

Ⅲ. 免疫荧光标记法观察细胞中微管的分布

【实验目的】

1. 了解微管在细胞中的分布。
2. 掌握细胞骨架研究的免疫荧光标记技术。
3. 巩固冰冻切片技术。

【实验原理】

免疫细胞化学的原理是用标记的抗体对细胞内相对应的抗原进行定性、定位或定量检测，经过组织化学的呈色反应后，用显微镜、荧光显微镜或电子显微镜观察。免疫荧光染色法可特异显示骨架蛋白，是细胞骨架研究的基本方法。

在免疫化学分析中保存抗原最好的方法是冰冻法，快速超低温处理可以避免细胞中可溶性物质的分解并能保存细胞的原貌。新鲜的组织必须经固定和切片才能进行免疫标记定位，冰冻切片法的优点是组织细胞的抗原性保存良好并可结合使用各种化学固定剂，缺点是难以制作连续切片、组织形态有时不容易完整保存。

微管（microtubule）是真核细胞所特有的并广泛存在的结构，是由微管蛋白和少量微管结合蛋白所构成的管状纤维。免疫荧光标记法显示微管可以通过抗微管蛋白亚基的单克隆抗体与微管特异性结合，再通过荧光标记的抗体特异性结合来对细胞中的微管进行原位显示。

【实验准备】

1. 生物材料：优雅蝈螽精巢或培养的细胞。

2. 实验器材：冰冻切片机、荧光显微镜、解剖器、刀片、牙签、培养皿、锡箔纸、签字笔、离心管、毛笔、记号笔、包埋模具、滤纸、吸水纸、纱布、封口膜、湿盒、多聚赖氨酸包被的载玻片、盖玻片等。

3. 实验试剂：4%多聚甲醛溶液、0.5mol/L 蔗糖溶液、OCT 包埋剂、PBS 及用 PBS 配制 1%的 Triton X-100、封闭液[5%牛血清白蛋白（BSA）]、抗体[异硫氰酸（FITC）标记的 α-微管蛋白单克隆抗体，1∶100 稀释]、0.001% DAPI、甘油-PBS 等。

【实验步骤】

1. 取材固定

迅速用剪刀剪开优雅蝈螽体壁，剖开腹面，取出精巢。将分离的精巢迅速分割成小块（尽量把附着在精巢上的气管剔除干净，一次性切割成小块），投入新鲜配制的 4%多聚甲醛溶液中（随配随用），然后 4℃固定 12～24h。

2. 脱水包埋

将组织块转移到 0.5mol/L 蔗糖溶液中脱水直至组织块沉到底部（可 4℃过夜）；再将组织块取出投入 0.5mol/L 蔗糖溶液与 OCT 包埋剂等体积混合溶液中，4℃渗透 2h；最后转移到 OCT 包埋剂中渗透 4h。用 OCT 包埋剂铺平锡箔纸包埋盒，将组织块切面向下放入盒中，在−20℃条件下包埋。

3. 冰冻切片

将包埋好的组织块用冰冻切片机切成 5μm 厚的冰冻切片，并黏附于多聚赖氨酸包被的载玻片上，−20℃保存备用。

4. 抗体免疫

（1）取出冰冻切片，室温放置约 10min，之后复水 10min，PBS 漂洗。

（2）1% Triton X-100 通透 30min，PBS 漂洗 3 次，每次 10min。

（3）浸入 5% BSA 处理 1h，以封闭非特异蛋白的吸附。

（4）将细胞（或组织）浸入 FITC 标记的 α-微管蛋白单克隆抗体，在湿盒中避光孵育 1h。

（5）PBS 洗涤 3 次，每次 10min。

（6）用 0.001%DAPI 染核，在湿盒中避光孵育 15min，PBS 洗涤 10min。

（7）用抗荧光封片剂甘油-PBS 封片。

5. 观察和拍照

选择合适的荧光通道分别观察、采集图像，结果如图 3-23 所示。

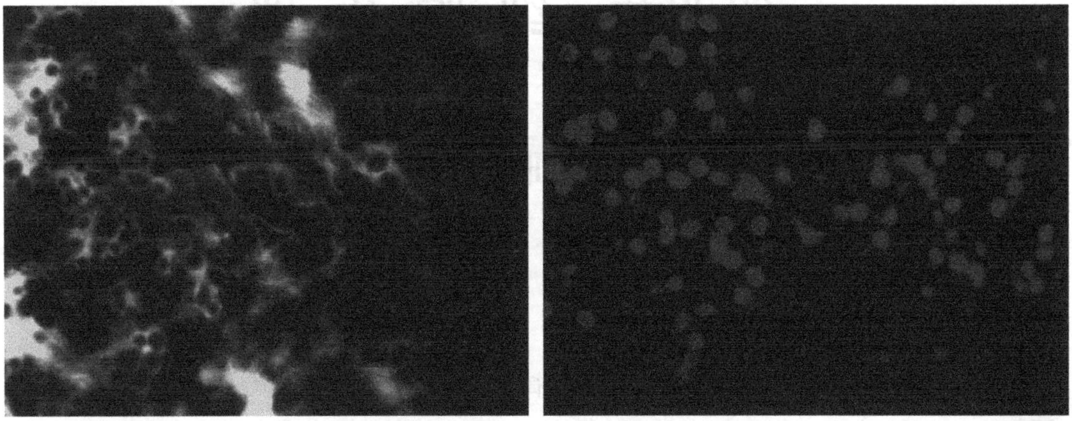

图 3-23　优雅蝈螽精巢冰冻切片荧光染色显示微管

左. FITC 标记的微管；右. DAPI 标记的细胞核

【注意事项】

1. 多聚甲醛固定液随配随用，注意组织块与固定液的比例至少为 1∶20。
2. 购买的商用抗体要及时分装，避免抗体因反复冻融失效，影响实验结果。
3. 实验中所需抗体的稀释比例应参考说明书，进行预实验以确定最适浓度。
4. 实验结束后要及时观察，以免荧光猝灭。

【思考问题】

1. 说明实验过程的关键步骤，并对实验中出现的问题进行分析。
2. 实验中抗体最合适的稀释浓度如何确定？
3. 设计实验探讨微管蛋白在细胞分裂间期和有丝分裂期的分布和动态变化。

参 考 文 献

陈杰，王乐，常岩林. 2018. 优雅蝈螽精子形成期间微丝和微管蛋白的动态变化. 昆虫学报，61：308-321.

丁明孝，苏都莫日根，王喜忠，等. 2013. 细胞生物学实验指南. 2 版. 北京：高等教育出版社.

第四章　细 胞 生 理

实验十八　细胞膜的通透性

扫码看视频

【实验目的】

1. 了解溶血现象及其发生机制。
2. 掌握细胞膜对物质通透性的一般规律。

【实验原理】

细胞膜是一种半透膜，可以选择性地控制不同物质进出细胞。对于不同性质的物质，细胞膜的通透性大为不同。水是生物界最普遍的溶剂，通透性高，水分子可以从渗透压低的一侧通过细胞膜向渗透压高的一侧扩散，以至于在高渗环境中，细胞会失水皱缩，在低渗环境中，细胞会吸水膨胀直至破裂。因此，将红细胞放在低盐溶液中，水分子大量渗透到细胞内使细胞胀破，血红蛋白释放到介质中，介质由不透明的细胞悬液变成红色透明的血红蛋白溶液（此时细胞膜收缩，会略有不溶性内容物），因为红细胞破裂后，使光线比较容易透过溶液，这种现象称为溶血。

若将红细胞放入不同的等渗溶液中，由于红细胞膜对各种溶质的通透性不同，膜两侧的渗透压平衡也会发生改变，渗入的溶质能够提高红细胞的渗透压，所以促使水分进入细胞，使细胞膨胀，达到一定程度，细胞膜破裂，因此也会发生溶血现象。另外，由于不同分子渗入细胞的速度不同，因此溶血时间也不相同。发生溶血现象需要的时间可以作为测量某种物质进入红细胞速度的指标，即溶血时间对应着穿膜速度。

物质穿膜通透性的影响因素：脂溶性越大的分子越容易穿膜（非极性的物质比极性的物质更容易溶于脂类物质）；小分子比大分子更容易穿膜；不带电荷的分子容易穿膜（离子难溶于脂类物质，离子带水膜使体积增大）。

【实验准备】

1. 生物材料：羊血。
2. 实验器材：小烧杯、试管、试管架、10mL 移液管、洗耳球、秒表、注射器等。
3. 实验试剂。

（1）2 种低渗溶液：0.017mol/L NaCl 和 0.032mol/L 葡萄糖。

（2）12 种等渗溶液：0.17mol/L NaCl、0.17mol/L KCl、0.17mol/L NH_4Cl、0.17mol/L CH_3COOK、0.17mol/L CH_3COONH_4、0.12mol/L $(NH_4)_2C_2O_4$、0.17mol/L $NaNO_3$、0.12mol/L Na_2SO_4、0.32mol/L 葡萄糖、0.32mol/L 甘油、0.32mol/L C_2H_5OH、0.32mol/L 丙酮。

【实验步骤】

1. 羊血细胞悬液制备

取 1 份羊血，加入 10 份 0.17mol/L NaCl，轻摇混匀，形成一种不透明的红色液体，此即稀释的羊血细胞悬液。

2. 溶血现象观察

取试管 2 支，分别加入 0.017mol/L NaCl 10mL 和 0.032 mol/L 葡萄糖 10mL，再各加入 1mL 稀释羊血，注意观察溶液颜色的变化——不透明的红色逐渐澄清，说明红细胞发生破裂，造成 100%红细胞溶血，使光线比较容易透过溶液，此为溶血现象。

3. 红细胞对不同物质的通透性

（1）取标记的试管 1 支，加入 0.17mol/L NaCl 10mL，再加入稀释羊血 1mL，轻摇混匀，注意观察颜色变化，有无溶血现象；记录溶血时间（加入稀释羊血到溶液变为红色透明澄清所需时间），并于显微镜下观察各溶液中的细胞。

（2）另取 11 支试管，用另外 11 种等渗溶液进行同样实验，步骤同（1），将实验结果填入表 4-1，并比较分析各溶液发生溶血现象的原因。

表 4-1　不同物质透过红细胞发生溶血情况及结果分析

试管编号	等渗溶液	是否溶血	溶血所需时间	结果分析
1	0.17mol/L NaCl			
2	0.17mol/L KCl			
3	0.17mol/L NH_4Cl			
4	0.17mol/L CH_3COOK			
5	0.17mol/L CH_3COONH_4			
6	0.12mol/L $(NH_4)_2C_2O_4$			
7	0.17mol/L $NaNO_3$			
8	0.12mol/L Na_2SO_4			
9	0.32mol/L 葡萄糖			
10	0.32mol/L 甘油			
11	0.32mol/L C_2H_5OH			
12	0.32mol/L 丙酮			

【注意事项】

实验过程中加入羊血后，要轻摇混匀，不能强力摇晃，以免造成人为的红细胞破裂。

【思考问题】

不同等渗溶液中红细胞溶血时间差异明显的原因是什么？

参 考 文 献

王崇英，侯岁稳，高欢欢. 2017. 细胞生物学实验. 4 版. 北京：高等教育出版社.

吴立柱，曾凡力，侯春燕，等. 2019. “细胞膜的渗透性实验”在“细胞生物学”实验教学中的创新实践. 中国细胞生物学学报，41（11）：2178-2182.
杨汉民. 1997. 细胞生物学实验. 2 版. 北京：高等教育出版社.
杨洪武，潘延云. 2011. 细胞生物学实验. 北京：高等教育出版社.

实验十九　细胞膜电生理

【实验目的】

1. 初步了解膜片钳实验原理。
2. 学会使用全细胞电压钳记录典型的电压门控钾离子通道电流。
3. 记录到 HEK293 细胞中的电压门控钾离子通道典型电流，并学会分析。

【实验原理】

生物电现象是生命体中时刻存在的、与生命活动相关联的电现象。脑电、心电、视网膜电、肌电等生物电现象都是由于微观的离子跨细胞膜流动而产生的，而离子的跨细胞膜流动主要通过细胞膜上的离子通道进行。离子通道是细胞膜上一种跨膜蛋白，介导细胞膜内外各种离子的跨膜转运，进而产生电信号。由于细胞膜上离子通道的选择性，不同离子透过细胞膜的通透性不同，离子浓度在细胞内外两侧分布不均匀，当其扩散达到平衡时，细胞膜两侧会形成电位差即细胞膜电位，这就导致了生物电信号的产生。因此，离子通道是生命体中一切电活动的基础，同时也是感受外界电信号刺激的效应器。

膜片钳技术是检测细胞生物电信号的一种重要技术手段，被称为研究离子通道的“金标准”。通过将细胞膜的电压或者电流钳制在特定的刺激程序下，检测所钳制的细胞膜上的离子通道产生的跨膜电流或电压变化。膜片钳系统主要包括放置细胞的浴槽、控制细胞外液体环境的灌流系统、操作玻璃微电极的微操系统、进行电信号放大的信号放大器系统，以及处理电信号数据的计算机控制系统（图 4-1）。在膜片钳实验中，首先通过玻璃微电极拾取细胞上的电流信号，此电流信号经过信号放大器系统逐级放大，计算机控制系统通过特定数据处理软件将电流显示并进行记录。

通常，膜片钳有细胞贴附记录模式、全细胞记录模式、外面向外记录模式和内面向外记录模式 4 种记录模式（图 4-2）。

（1）细胞贴附记录模式：给予拉制好的电极一定正压，电极与细胞接触后撤去正压，即可形成高阻封接，形成细胞贴附式记录模式。此方法的优点是保持了细胞内部成分的完整，使细胞与离子通道所处的环境接近正常的生理状态；缺点是无法控制细胞和通道所处的环境。

（2）全细胞记录模式：形成细胞贴附式记录后，采取施加负压或电击的方法，使电极钳住的细胞膜破裂，就形成全细胞记录模式。此方法的优点是可以将调节通道的物质从电极内液导入细胞内，记录到的电生理现象明显；缺点是电极内液对细胞内液的透析使细胞活动产生的电信号随时间发生明显衰减，即所谓的 run-down 现象。

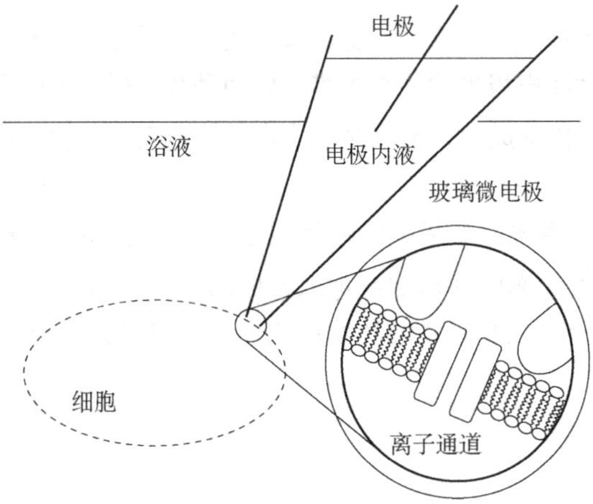

图 4-1 膜片钳封接示意图（关兵才等，2012）

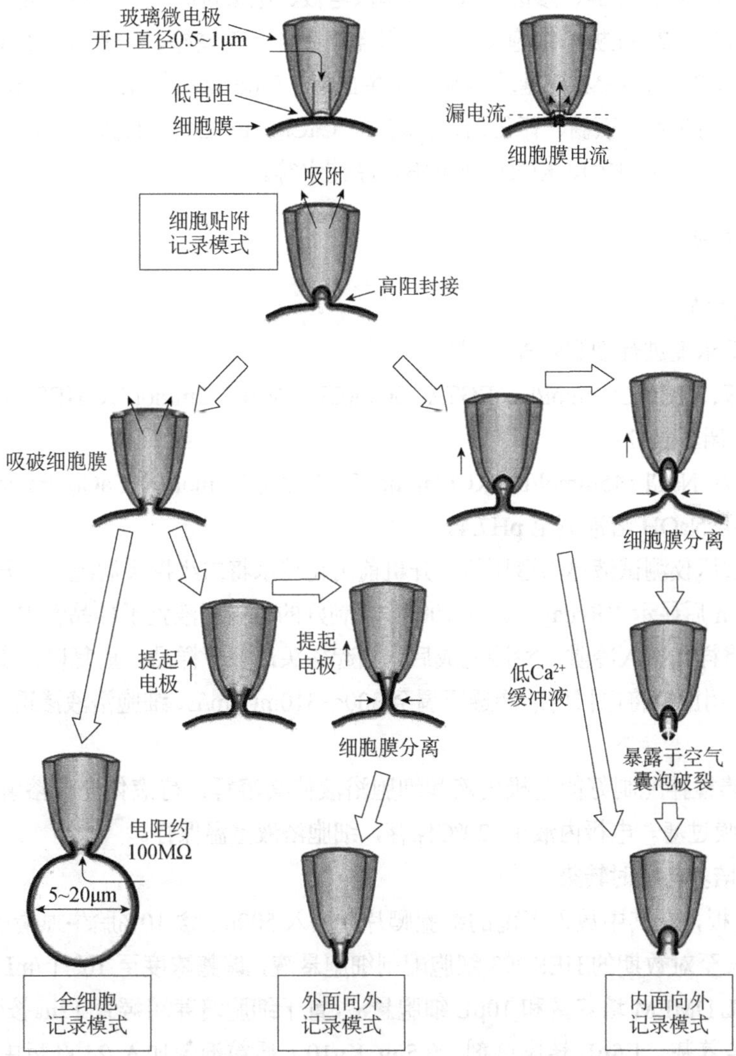

图 4-2 4 种膜片钳记录模式示意图（刘振伟，2016）

（3）外面向外记录模式：形成全细胞记录模式后，缓慢提起电极使其脱离细胞，由于细胞膜具有流动性，粘在电极尖端的细胞膜会自动融合，形成外面向外记录模式。此方法的优点是容易改变膜外侧的成分；缺点是细胞内环境的丧失，使得通道的很多功能难以正常实现。

（4）内面向外记录模式：形成细胞贴附式记录后，迅速提起电极撕下一块膜片，此膜片原来朝向细胞质的一侧朝向浴液，形成内面向外式记录模式。此方法的优点是能通过方便地改变浴液成分来改变通道的环境；缺点是通道失去了正常的细胞内环境而不能正常活动。

【实验准备】

1. 生物材料：HEK293 细胞、Kv10.1 质粒。

2. 实验器材：移液器、渗透压仪、玻璃微电极、电极拉制仪、电极抛光仪、膜片钳系统、细胞培养箱、24 孔板、细胞爬片、注射器、镊子、玻璃棒、滤膜（孔径 0.22μm）等。

3. 实验试剂：DMEM 高糖培养基、胎牛血清、Lipo2000 转染试剂、Opti-MEM 减血清培养基、阿司咪唑、蔗糖、葡萄糖、甘露醇、$CaCl_2$、EGTA、$MgCl_2$、4-羟乙基派嗪乙磺酸（HEPES）、NaCl、KCl、KOH、NaOH、超纯水等。

【实验步骤】

1. 配制液体

按照以下浓度进行细胞内外液配制。

电极内液：KCl 130mmol/L、EGTA 10mmol/L、$MgCl_2$ 2mmol/L、HEPES 10mmol/L，用 KOH 溶液调至 pH7.4。

细胞浴液：NaCl 145mmol/L、KCl 5mmol/L、$MgCl_2$ 2mmol/L、$CaCl_2$ 2mmol/L、HEPES 10mmol/L，用 NaOH 溶液调至 pH7.4。

使用渗透压仪测试液体渗透压值：开机前用超纯水将二级探头润湿，打开渗透压仪电源，预热 3min 后显示“Reday”。取 100μL 配制好的电极内液置于样品管中，装在渗透压仪探针上，将样品按入冷阱。检测完成后，抬起探头，取下样品。重复以上步骤检测细胞浴液渗透压。用蔗糖将电极内液渗透压调至 300～310mOsm/L、细胞浴液渗透压调至 290～300mOsm/L。

用玻璃棒搅拌配制好的电极内液和细胞浴液使其溶解，待液体充分溶解后用孔径为 0.22μm 的滤膜过滤。电极内液于−20℃保存，细胞浴液室温保存。

2. 细胞培养与瞬时转染

取 24 孔板，在其中放入灭菌的细胞爬片，加入 500μL 含 10%胎牛血清的 DMEM 培养基。取生长至对数期的 HEK293 细胞配制细胞悬液，调整浓度至 10^6 个/mL，24 孔板每孔加入 500μL DMEM 培养基和 10μL 细胞悬液，置于细胞培养箱孵育 12h。按照每孔 50μL Opti-MEM 培养基、1.5μL 转染试剂、0.5μg Kv10.1 质粒混匀加入 24 孔板中，继续培养 24h。

3. 拉制电极与设置程序

调整电极拉制仪参数，将玻璃微电极置于电极拉制仪上，按“PULL”按钮开始拉制，拉制完成后取下电极，用电极抛光仪对电极尖端进行抛光，减少尖端毛刺对细胞封接的干扰。

设置电压门控钾离子通道 Kv10.1 全细胞电压钳刺激电压程序，前置钳制电压 0mV，持续 100ms；阶跃电压从−80mV 至＋80mV，按照步阶 20mV 进行，每次扫描持续 750ms；后置钳制电压−80mV，持续 350ms。

4. 记录电流

依次打开膜片钳系统显微镜、汞灯、微操系统，最后开放大器，打开软件。

用超纯水清洗膜片钳浴槽，取准备好的细胞爬片置于膜片钳浴槽，保证爬片放置平整、浴槽内无气泡，通过灌流系统用配制的细胞浴液冲洗细胞至无杂质。

用注射器向拉制好的玻璃微电极中加入约 1cm 深度电极内液，套在固定器采样探头银丝外部，使电极内液没过银丝约 2mm 即可，固定采样探头，并通过三通向电极施加正压。

使用微操系统控制电极，粗调至显微镜视野中央，切换至细调至与细胞接触。通过三通撤去电极内正压，观察封接电阻值变化。

待形成高阻封接（阻值大于 1GΩ）后，通过注射器施加负压或控制电击刺破细胞膜，形成全细胞记录模式。

点击控制面板采样按钮，观察记录到的电压门控钾离子通道 Kv10.1 全细胞电流波形。

通过灌流系统向浴槽浴液加入终浓度为 1μmol/L 的阿司咪唑浴液，再次记录细胞电流，观察细胞电流变化。

选择记录到的电压门控钾离子通道 Kv10.1 全细胞电流，输出为“.ASC”格式，保存波形数据。

依次关闭软件、放大器，再关闭电脑、显微镜、汞灯、微操系统。

5. 数据分析

使用 Origin 绘图软件对数据进行分析：新建工作簿文档，输入保存的电流“. ASC”文件，选择线型工具进行绘制，调整横纵坐标与线型粗细。将记录到的电压门控钾离子通道 Kv10.1 电流以及阿司咪唑抑制后的电流进行对比，并加入比例尺。输出并保存处理后的全细胞电流图片。

【注意事项】

1. 细胞内液及细胞外液的 pH 和渗透压值要符合生理状态。
2. 对细胞进行钳制时，要选择表面光滑的方位。
3. 制备电极内液时要保证整个过程温度在 0℃左右，并且要用孔径 0.22μm 的滤膜过滤 3 次以上，以保证电极内液中无杂质。

【思考问题】

1. 全细胞记录封接电阻为什么不是越小越好？
2. 为什么在配制细胞内外液时需要调节渗透压？

参 考 文 献

关兵才，张海林，李之望. 2012. 细胞电生理学基本原理与膜片钳技术. 北京：科学出版社.
刘振伟. 2016. 实用膜片钳技术. 2 版. 北京：北京科学技术出版社.

实验二十　线粒体跨膜电位检测

【实验目的】

1. 熟练掌握小鼠生精细胞的提取方法。
2. 通过荧光颜色的改变判断精子在形成过程中线粒体膜电位的变化。

【实验原理】

线粒体（mitochondrion）是一种存在于大多数细胞中的由两层膜包被的细胞器，是细胞中制造能量的结构，是细胞进行有氧呼吸的主要场所。线粒体拥有自身的遗传物质和遗传体系，但其基因组大小有限，是一种半自主细胞器。除了为细胞供能外，线粒体还参与诸如细胞分化、细胞信息传递和细胞凋亡等过程，并拥有调控细胞生长和细胞周期的能力。最近越来越多的研究发现线粒体在细胞中的作用远远不止"细胞能量站"，其参与了各种细胞功能调控，与很多人类疾病存在着莫大的联系，细胞信号转导、代谢、自噬、衰老和肿瘤发生都与线粒体的质量和活性相关。

线粒体功能作为细胞健康度评价的关键指标，可以通过检测其膜电位变化情况获得相应数据。线粒体膜电位去极化是低氧损伤或氧化应激反应的一种重要信号，而阳离子荧光染料是用于线粒体膜电位评估的有效工具。

JC-1 也称 CBIC2（3）或 5，5′，6，6′-tetrachloro-1，1′，3，3′-tetraethyl-imidacarbocyanine，是一种广泛用于检测线粒体膜电位（mitochondrial membrane potential）的理想荧光探针，依赖于线粒体膜电位在线粒体中聚集，伴随聚集过程，荧光从绿色（530nm）变为红色（590nm）。当线粒体发生去极化，红绿荧光强度比值降低。在线粒体膜电位较高时，JC-1 聚集在线粒体的基质（matrix）中，形成聚合体（J-aggregate），可以产生橙色荧光；在线粒体膜电位较低时，JC-1 不能聚集在线粒体的基质中，此时 JC-1 为单体（monomer），可以产生绿色荧光（图 4-3）。这样就可以非常方便地通过荧光颜色的转变来检测线粒体膜电位的变化。常用红绿荧光的相对比例来衡量线粒体去极化的比例。

【实验准备】

1. 生物材料：小鼠。

2. 实验器材：荧光显微镜、激光共聚焦显微镜、多功能荧光分光光度计、离心机、细胞培养箱、96 孔板、解剖刀、解剖剪、400 目过滤筛、6 孔板等。

3. 实验试剂：0.1mol/L PBS、高糖 DMEM 培养基、多聚赖氨酸、线粒体氧化磷酸化解偶联剂 CCCP、JC-1、胎牛血清等。

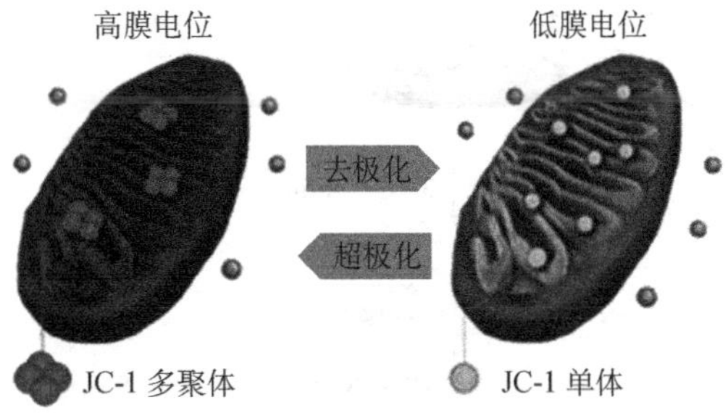

图 4-3 JC-1 的检测原理

【实验步骤】

1. 分离细胞

将小鼠颈椎脱臼致死，解剖获得睾丸组织。解剖睾丸的目的是获得各级生精细胞。将睾丸切除，悬置于低温 DMEM 培养基中，用解剖剪机械分离，使生精细胞从组织中游离出，将细胞悬液在 4℃条件下 800r/min 离心 5min 以纯化细胞，取沉淀，用 PBS 重悬，轻轻吹打进行冲洗，重复 3 次。离心后，生精细胞用含有 10%胎牛血清的 DMEM 培养基再次重悬，使用 400 目过滤筛过滤细胞，以此获得单个细胞，用于后续实验。

2. 细胞染色（图 4-4）

1）悬浮细胞染色

（1）以 6 孔板为例，每孔用 1mL 培养基重悬 100 万个细胞，其他培养器皿以此类推。

（2）阳性对照的设置：取适量 CCCP（50mmol/L）恢复至室温，向阳性对照孔培养基中加入 1μL，使其终浓度为 50μmol/L，细胞培养箱 37℃孵育 5min。

（3）取适量 JC-1（200μmol/L）恢复至室温，每孔培养基中加入 10μL，使其终浓度为 2μmol/L，细胞培养箱 37℃孵育 15～20min。

（4）37℃ 孵育结束后，4℃、1000r/min 离心 5min，弃上清液。

（5）用 2mL PBS 重悬细胞，4℃、1000r/min 离心 5min，弃上清液，重复 2 次。

（6）用 500μL 的 PBS 重悬细胞，用荧光显微镜或激光共聚焦显微镜观察，也可以用荧光分光光度计或流式细胞仪分析（绿色荧光：E_x/E_m=510nm/527nm；红色荧光：E_x/E_m=585nm/590nm）。

2）贴壁细胞染色　若用荧光分光光度计或流式细胞仪检测贴壁细胞，可先对贴壁细胞进行消化、收集、重悬后参考悬浮细胞的检测方法。若用荧光显微镜或激光共聚焦显微镜检测，方法如下。

（1）以 96 孔板为例，每孔加入 1mL 细胞培养液。

（2）阳性对照的设置：取适量 CCCP（50mmol/L）恢复至室温，向阳性对照孔培养基中加入 1μL，使其终浓度为 50μmol/L，轻摇混匀，细胞培养箱 37℃孵育 5min。

（3）取适量 JC-1（200μmol/L）恢复至室温，每孔培养基中加入 10μL JC-1，使其终浓度为 2μmol/L，轻摇混匀，细胞培养箱 37℃孵育 15～20min。

（4）37℃孵育结束后，吸除上清液，用 PBS 洗涤 2 次。

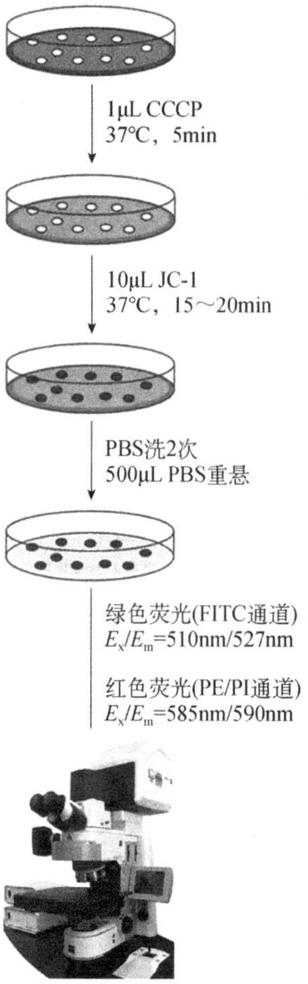

图 4-4　细胞染色流程

（5）加入 500μL 的 PBS，用荧光显微镜或激光共聚焦显微镜观察（绿色荧光：E_x/E_m=510nm/527nm，可用 FITC 通道；红色荧光：E_x/E_m=585nm/590nm，可用 PE/PI 通道）。

【注意事项】

稀释 JC-1 时要迅速，否则易聚集，不易溶解。

【思考问题】

通过实验结果分析精原细胞在形成精子的时候，线粒体膜电位的变化，进而分析该变化的原因。

参 考 文 献

Nicholls D G. 2004. Mitochondrial membrane potential and aging. Aging Cell, 3: 35-40.

扫码看视频

实验二十一 细胞的凝集反应

【实验目的】

1. 了解细胞外被多糖与细胞识别的关系。
2. 掌握凝集素促使细胞凝集的原理。

【实验原理】

细胞凝集是指细胞与细胞之间通过某种凝集素的作用而相互粘连在一起的现象，最终形成大的细胞团块，在不用显微镜时即可用肉眼看到的明显现象。凝集素（lectin）是一类含糖的（少数例外）并能与糖分子专一性结合的蛋白质或糖蛋白，广泛分布于动植物和微生物细胞中，具有凝集细胞、刺激细胞分裂、抗菌、抗病毒等作用。但凝集素是一类非酶本质、非免疫原性的特殊蛋白质，其结构中至少含有一个非催化结构域，能够可逆性地结合特异性碳水化合物、糖蛋白、糖脂表面的糖基，而不改变糖类的结构基础。人们通常使用的是植物凝集素，如大豆凝集素、花生凝集素、刀豆凝集素等，凝集素是它们的总称。凝集素能与细胞表面糖被上的糖分子连接，在细胞间形成“桥”，从而引起细胞凝集。

细胞凝集与细胞膜有关，细胞膜外面有一层外被——糖被，主要是由多糖或分支状的寡糖链分子与细胞膜上的蛋白质、脂类通过共价键连接形成的糖蛋白、糖脂组成的。目前普遍认为，糖被与细胞的抗原性，细胞的识别、生长、分化都有着直接的联系。

细胞凝集反应灵敏度高，方法简便，在生物学、医学和农业等领域表现出广阔的应用前景，如诱导细胞凋亡和自噬、抗病毒、血型鉴定以及通过芯片技术对癌症进行高通量快速检测等。

【实验准备】

1. 生物材料：羊血、马铃薯块茎、大豆、韭菜。

2. 实验器材：离心机、显微镜、电子天平、离心管、双凹载玻片、滴管、小烧杯、移液器、研钵等。

3. 实验试剂。

（1）PBS：NaCl 7.2g、Na_2HPO_4 1.48g、KH_2PO_4 0.43g，加蒸馏水定容至1000mL，调pH7.2。

（2）其他：0.17mol/L NaCl、0.9%生理盐水、硫酸铵等。

【实验步骤】

1. 2%羊血红细胞悬液制备

取 5mL 新鲜稀释羊血（羊血∶0.17mol/L NaCl=1∶10），2000r/min 离心 5min，用移液器轻轻吸去上清液，再加入 5mL 生理盐水洗涤红细胞，2000r/min 离心 5min，再重复洗 4 次，最后按沉淀的红细胞体积用 0.9%生理盐水配制成 2%红细胞悬液。

2. 凝集素制备

（1）马铃薯凝集素制备：称取去皮马铃薯块茎 2g，切成小块，置于小烧杯内，加 10mL PBS，浸泡 2h，浸出的粗提液即含有马铃薯凝集素。

（2）大豆凝集素制备：取大豆 10 粒，研磨成颗粒状，加入 10mL PBS，浸泡 0.5～1h，浸出的粗提液即含有可溶性大豆凝集素。

（3）韭菜凝集素制备：取 3～5g 韭菜叶，用蒸馏水洗净，剪碎，按 1∶1（*m*/*V*）加入 0.9% 生理盐水，研磨匀浆，过滤；滤液 5000r/min 离心 20min，取上清液加入硫酸铵至 60%饱和度发生沉淀；5000r/min 离心 20min，弃上清液，沉淀加入 1mL PBS 溶解备用。

3. 细胞凝集反应

分别取马铃薯凝集素、大豆凝集素、韭菜凝集素各 1 滴与 2%羊血红细胞悬液 1 滴，置双凹载玻片上，充分混匀，静置 20min；以 PBS 加 2%羊血红细胞液各 1 滴作为对照，充分混匀，静置 20min，低倍镜下观察。

【注意事项】

1. 离心时注意离心管要配平；从离心机中拿出离心管时，切勿振荡；清洗红细胞时轻缓颠倒离心管，防止红细胞破裂。

2. 把液体滴加到双凹载玻片上时，注意用量，防止悬液过多，造成两个孔中悬液接触，影响实验结果。

3. 样品加入孔中后，轻摇双凹载玻片，使混匀。

【思考问题】

1. 仔细观察并比较 3 种凝集素处理的红细胞凝集现象及凝集时间有何不同。
2. 凝集素导致中毒的原理是什么？生活中应注意如何防止凝集素中毒？
3. 结合凝集素的特性，简述凝集素在生物学中的应用及研究意义。

参 考 文 献

王钰清，邢雪聪，柴许然，等. 2020. 植物凝集素的生物学功能与应用. 广西科学，27(1)：27-39.
杨汉民. 1997. 细胞生物学实验. 2 版. 北京：高等教育出版社.
杨洪武，潘延云. 2011. 细胞生物学实验. 北京：高等教育出版社.
Sharon N，Lis H. 1989. Lectins as cell recognition molecules. Science，24（6）：227-234.
Yan Q J，Zhu L F，Kumar N，et al. 2010. Characterisation of a novel monomeric lectin（AML）from *Astragalus membranaceus* with anti-proliferative activity. Food Chemistry，122（3）：589-595.

实验二十二 小鼠巨噬细胞吞噬功能检测

扫码看视频

【实验目的】

1. 观察小鼠腹腔巨噬细胞对鸡红细胞的吞噬作用，加深理解细胞吞噬作用的原理。
2. 掌握小鼠腹腔注射给药和颈椎脱臼处死的方法。
3. 学习检测巨噬细胞吞噬能力的方法。

【实验原理】

细胞吞噬作用是原生动物摄取营养的方式，也是一种原始的防御机制。随着生物的进化，这种吞噬作用已经发展成为高等动物的一种主要防御功能——机体非特异性免疫功能的重要组成部分。

巨噬细胞（macrophage）来源于骨髓，在机体中分布广泛，主要分布于肝、脾、淋巴结、胸腺、腹腔、血液等多种组织器官。它可以吞噬进入体内的细菌和病毒，以及机体内衰老、死亡或发生变异的细胞，因此被称为“抗体巴士”。当病原微生物侵入体内时，可产生趋化因子（细胞产物、补体产物等），趋化因子可吸引巨噬细胞赶到病原体感染部位，通过活跃的变形运动，主动追赶病原体或向感染部位移动。当接触到病原体或异物后，巨噬细胞就会伸出伪足将它包围，并吞入细胞内形成吞噬体。进入细胞内的吞噬体与细胞质中的初级溶酶体融合，形成吞噬溶酶体（次级溶酶体）。在次级溶酶体中，各种水解酶将病原体杀死并分解，最后把不能消化的残渣排出体外。吞噬体的形成需要有微丝及其结合蛋白的帮助，如果用降解微丝的药物细胞松弛素 B 处理细胞，则可阻断吞噬体的形成。

巨噬细胞除了具有吞噬杀伤作用外，还具有抗原呈递作用、抗肿瘤作用，以及分泌生物活性介质、产生免疫应答和其他免疫效应的作用。巨噬细胞的吞噬功能是衡量机体免疫系统功能状态的一个重要指标，因此巨噬细胞功能检测被广泛运用于临床研究、体外评价某些药物对机体的免疫调节作用以及作为判定肿瘤复发转移的简易指标。基础研究中，常以小鼠腹腔巨噬细胞作为评价非特异性免疫功能的主要手段；临床检验中，人单核巨噬细胞可从外周血或皮泡液中获得。根据巨噬细胞的生理生化特征，通常采用体外培养法，用中性红法或墨汁吞噬法检测巨噬细胞的吞噬功能。

【实验准备】

1. 生物材料。

（1）6～8 周龄健康小鼠。

（2）1%鸡红细胞悬液：取鸡翼下静脉血 1mL，加入 4mL 已灭菌的 Alsever 液中，混匀，4℃保存（一周内使用）。使用前加 0.85%生理盐水 1500r/min 离心 10min，洗涤两次，再用生理盐水配成 1%的细胞悬液。

2. 实验器材：细胞培养箱、普通光学显微镜、低速离心机、高压灭菌锅、酶标仪、超净工作台、解剖盘、96 孔细胞培养板、细胞计数板、注射器、镊子、眼科剪、离心管、载玻片、盖玻片、吸管、酒精灯、移液器、酒精棉等。

3. 实验试剂。

（1）阿氏液（Alsever 液）：葡萄糖 20.5g、柠檬酸三钠 0.89g、柠檬酸 0.5g、NaCl 4.2g，加蒸馏水至 1000mL，调 pH 至 7.2，高压蒸汽灭菌 20min，4°C冰箱保存。

（2）0.4%锥虫蓝（又称台盼蓝）：用 0.85%生理盐水配制。

（3）6%淀粉肉汤：牛肉膏 0.3g、蛋白胨 1.0g、NaCl 0.5g、蒸馏水 100mL，加热溶解后再加入 6.0g 可溶性淀粉，使其溶解，再煮沸灭菌，置 4°C保存。使用时水浴熔化，加入适量 0.4%台盼蓝混匀即可。

（4）含 10%胎牛血清的 PRMI1640 培养基和无血清 PRMI1640 培养基。

（5）0.09%中性红溶液：0.09g 中性红加入 100mL 生理盐水，溶解，0.22μm 过滤除菌。

（6）细胞裂解液：乙酸∶无水乙醇（*V*/*V*）=1∶1。

（7）其他：细菌脂多糖（lipopolysaccharide，LPS）、0.85%生理盐水、PBS 等。

【实验步骤】

1. 形态学观察法检测巨噬细胞的吞噬功能

（1）注射 6%淀粉肉汤：实验前 1～3d，每天给小鼠腹腔注射 1mL 6%淀粉肉汤（含台盼蓝），诱导腹腔产生大量巨噬细胞。

小鼠腹腔注射给药方法：抓住鼠尾旋转几圈后置于解剖盘中，右手抓鼠尾，左手按压住小鼠后背并向颈部推，至颈部后抓住头及颈部的皮毛，拿起小鼠，把后肢拉直，左手无名指和小指固定小鼠尾巴和后肢，右手拿注射器在下腹部 1/2 处一侧斜向上 45°进针，将淀粉肉汤缓慢推入，拔出针头，轻轻按揉小鼠腹部使淀粉肉汤分散。

（2）注射 1%鸡红细胞悬液：取一只注射过淀粉肉汤的小鼠，再腹腔注射 1mL 1%鸡红细胞悬液，轻轻按揉腹部，使鸡红细胞悬液分散。

（3）颈椎脱臼法处死小鼠：20～30min 后，眼眶放血，颈椎脱臼法处死小鼠（右手抓住尾巴，左手按住小鼠头部，向两侧用力拉，使脊髓和脑髓间断开而致死）。

（4）吸取腹腔液：将小鼠置于解剖盘中，迅速剪开腹部，暴露腹膜壁，用吸管吸取腹腔液。

（5）显微镜观察：滴一滴腹腔液于干净的载玻片上，盖上盖玻片，置显微镜下观察。在高倍镜（40×）下，巨噬细胞呈较大圆形或不规则形，表面有许多小突起，数量较多，细胞质中含有蓝色肉汤颗粒；鸡红细胞是一些淡黄色、椭圆形有核的细胞。

（6）计数：计数 100～200 个巨噬细胞中有多少个巨噬细胞吞噬了鸡红细胞，以及吞噬的鸡红细胞的数量。按下式计算小鼠腹腔巨噬细胞的吞噬百分数和吞噬指数。

吞噬百分数=100 个巨噬细胞中吞噬了鸡红细胞的细胞数/100 个巨噬细胞×100%

吞噬指数=100 个巨噬细胞中吞噬的鸡红细胞总数/100 个吞噬鸡红细胞的巨噬细胞

2. 中性红法检测巨噬细胞的吞噬功能

（1）免疫小鼠，方法同形态学观察法。

（2）收集腹腔液：眼眶放血，颈椎脱臼法处死小鼠。酒精棉消毒腹部，向小鼠腹腔注射生理盐水 5mL，轻揉腹部，打开腹腔，吸取腹腔渗出液 5mL，1000r/min 离心 10min，弃上清液，沉淀用 PBS 洗涤 3 次，加入含 10%胎牛血清的 PRMI1640 培养基调细胞悬液浓

度为 2×10^6～8×10^6 个/mL。

（3）抗原刺激巨噬细胞：将细胞加入 96 孔细胞培养板，每组 3 孔，每孔 0.2mL 细胞悬液，每孔再加入终浓度为 30μg/mL 的 LPS，37℃细胞培养箱孵育 3h。

（4）吞噬中性红：取制备的 96 孔板巨噬细胞单层，吸去上清液，然后向每孔加入 0.09% 中性红溶液，继续培养 3h。倾去上清液，用 PBS 洗涤细胞 3 次，去除未被吞噬的中性红颗粒，并去除未贴壁的细胞。

（5）检测：每孔加入细胞裂解液 0.2mL，室温下放置 2～3h，待细胞溶解后，即在酶标仪上测波长 520nm 处 OD 值，加无血清 PRMI1640 培养基作为对照组。

【注意事项】

1. 小鼠腹腔注射时，注意进针勿过深，不要刺伤内脏及血管。
2. 如果腹腔液较少，可滴 1～2 滴生理盐水后，再吸取腹腔液观察。
3. 显微镜观察时，可将视野调暗些有利于细胞观察。
4. 巨噬细胞制备及体外培养过程中应严格无菌操作，细胞悬液应充分混匀，确保铺板密度均匀。

【思考问题】

1. 为什么实验前要给小鼠注射含台盼蓝的淀粉肉汤？
2. 为什么实验过程中要加入 LPS？
3. 简述体外检测巨噬细胞吞噬功能的意义。

参考文献

田维毅，王文佳，李海峰，等. 2009. 中性红法检测巨噬细胞吞噬功能的实验条件的优化. 贵阳中医学院学报，31（2）：23-26.
王崇英，侯岁稳，高欢欢. 2017. 细胞生物学实验. 4 版. 北京：高等教育出版社.
谢锦玉. 1998. 现代细胞化学技术及其在中西医药中的应用. 北京：中医古籍出版社.
杨汉民. 1997. 细胞生物学实验. 2 版. 北京：高等教育出版社.
张淑莉，李素芬. 2014. 小鼠腹腔巨噬细胞的分离培养与鉴定. 海南医学，25（9）：2814-2815.

实验二十三　活性氧的检测

【实验目的】

1. 理解活性氧的产生原理。
2. 掌握利用不同仪器检测活性氧的方法与技术。

【实验原理】

活性氧（reactive oxygen species，ROS）主要是细胞在有氧过程中，线粒体电子传递链复合体Ⅰ和复合体Ⅲ产生的一类单电子还原产物，是电子在未传递到末端ATP氧化酶之前溢出呼吸链并消耗大约2%的氧生成的，包括氧的一电子还原产物超氧阴离子（$\cdot O_2^-$）、二电子还原产物过氧化氢（H_2O_2）、三电子还原产物羟自由基（$\cdot OH$）以及一氧化氮等（图4-5）。ROS也可由氧化还原酶和金属催化氧化产生。过量ROS的产生可以引起细胞膜的损伤，促进细胞凋亡与衰老，也是导致多种疾病的危险因素之一。

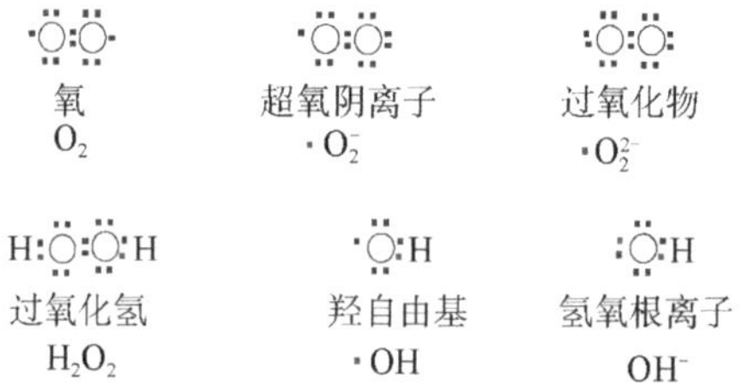

图4-5　常见活性氧的电子结构、名称和化学式

红色•表示未配对电子

本实验主要使用细胞渗透试剂二氯二氢荧光素-乙酰乙酸酯（H_2DCFDA）作为荧光染料，采用微孔板读板法或流式细胞术定量测定贴壁细胞或悬浮细胞中的ROS含量。H_2DCFDA可以检测细胞内的羟基、过氧化物和其他活性氧的活性。H_2DCFDA扩散到细胞后，被细胞内的酯酶去乙酰生成一种非荧光化合物，该化合物随后被细胞内产生的ROS氧化成2，7-二氯荧光素(DCF)。DCF是一种高荧光强度的化合物，最大激发光谱和发射光谱分别在485nm和535nm左右，可以通过异硫氰酸荧光素（FITC）的激发源和过滤器，利用流式细胞仪、微孔板读板机、荧光分光光度计或荧光显微镜等监测其荧光强度以反映ROS的含量。

【实验准备】

1. 生物材料：H9c2心肌细胞、HeLa细胞等体外培养的贴壁细胞，悬浮细胞。

2. 实验器材：荧光微孔板读板机、小型离心机、恒温培养箱、60mm细胞培养皿、透明底黑色侧壁96孔板（荧光检测专用）、离心管、细胞计数板等。

3. 实验试剂：H_2DCFDA、H_2O_2、PBS（或HEPES-KRH缓冲液）、细胞培养基、胎牛血清等。

【实验步骤】

一、悬浮细胞读板法

（1）培养悬浮细胞，实验使用时每孔约有1.5×10^5个细胞。

（2）将细胞收集在离心管中，用缓冲液离心清洗一次。

（3）将细胞重悬于终浓度为10μmol/L的H_2DCFDA溶液（可用缓冲液稀释）中，细胞密度约为1×10^6个/mL，并在37℃避光孵育30min。

（4）使用缓冲液离心洗涤细胞3次。

（5）将细胞重悬于缓冲液或含有10%胎牛血清和无酚红的完全培养基中，使细胞密度

约为 1×10^6 个/mL。

（6）在荧光检测专用 96 孔板中接种染色细胞 100 000 个/孔，立即测量荧光。用荧光微孔板读板机在激发波长 480nm，发射波长 530nm（E_x/E_m=480nm/530nm）下测量荧光值。

（7）此步可根据不同的实验需求对细胞进行不同的分组，如对细胞进行不同剂量和孵育时间的药物处理。用事先配制好的药物或化合物充分覆盖每孔（100μL/孔），并设置适当的对照组。氧化剂 H_2O_2 可作为阳性对照，抗氧化剂 *N*-乙酰半胱氨酸（NAC）可作为阴性对照。并按照实验设计处理细胞 1～6h。药物处理后无须清洗，直接读板。

二、贴壁细胞读板法

（1）在标准细胞培养基中培养贴壁细胞，每个 60mm 细胞培养皿 3×10^6～4×10^6 个细胞。

（2）收集细胞，在荧光检测专用 96 孔板中铺板，每孔约 25 000 个细胞。细胞培养过夜贴壁。

（3）弃去培养基，加入 100μL/孔的缓冲液。

（4）弃去缓冲液，加入 100μL/孔终浓度为 10μmol/L 的 H_2DCFDA 缓冲液（可用缓冲液稀释），37℃避光孵育 45min。

（5）弃去 H_2DCFDA 缓冲液，加入 100μL/孔的缓冲液，立即测量荧光。用荧光微孔板读板机在激发波长 480nm，发射波长 530nm（E_x/E_m=480nm/530nm）下测量荧光值。

（6）对照实验设计同“一、悬浮细胞读板法”第（6）步。

【注意事项】

1. DCF 对光敏感，在实验过程中需要避光。
2. 比较实验组和对照组 ROS 含量时，需要做空白对照、阴性对照和阳性对照。
3. 微孔板应根据检测仪器进行匹配选择。

【思考问题】

1. 使用空白对照、阴性对照和阳性对照的作用和意义是什么？
2. 可以通过哪些方法对检测结果进行标准化？

参 考 文 献

Jakubowski W，Bartosz G. 2000. 2，7-dichlorofluorescin oxidation and reactive oxygen species：what does it measure. Cell Biol Int，24（10）：757-760.

Nagelkerke J F，de Bont H J. 1997. Use of video microscopy to study the mechanisms of cytotoxicity *in vitro* in individual living cells. Toxicol *In Vitro*，11（5）：531-534.

Oksvold M P，Skarpen E，Widerberg J，et al. 2002. Fluorescent histochemical techniques for analysis of intracellular signaling. J Histochem Cytochem，50（3）：289-303.

Rosenkranz A R，Schmaldienst S，Stuhlmeier K M，et al. 1992. A microplate assay for the detection of oxidative products using 2′，7′-dichlorofluorescin-diacetate. J Immunol Methods，156（1）：39-45.

Tsui L C，Dorfman R. 2013. The cystic fibrosis gene：a molecular genetic perspective. Cold Spring Harb Perspect Med，3（2）：a009472.

第五章　细胞分裂与染色体标本制备

实验二十四　植物细胞有丝分裂观察与染色体标本制备

扫码看视频

【实验目的】

1. 掌握常规压片法制备植物染色体标本的基本原理和方法。
2. 掌握植物细胞有丝分裂的基本过程及各分裂时期染色体的主要形态特征。

【实验原理】

有丝分裂（mitosis）指细胞核分裂的过程，是真核生物产生体细胞的重要分裂方式。有丝分裂过程中出现由微管蛋白组成的纺锤体，根据染色体形态和动态变化，可以将有丝分裂分为前期、前中期、中期、后期和末期。

压片法是观察植物有丝分裂、制备植物染色体标本和研究植物染色体组型的基础实验技术，将植物组织或细胞的细胞壁用酸处理后进行压片，染色后即可在普通光学显微镜下观察到细胞的有丝分裂过程和染色体。

制备植物染色体标本时，须选择细胞分裂旺盛、取材较方便的组织作为实验材料，如植物的根尖、茎尖和愈伤组织等。

【实验准备】

1. 生物材料：大麦（$2n$=14）、黑麦（$2n$=42）、小麦（$2n$=42）、蚕豆（$2n$=12）、玉米（$2n$=20）、大蒜（$2n$=16）、洋葱（$2n$=16）等植物的根尖。

2. 实验器材：恒温培养箱、普通光学显微镜、水浴锅、试剂瓶、培养皿、烧杯、刀片、镊子、滴管、吸水纸、铅笔、载玻片、盖玻片、擦镜纸等。

3. 实验试剂。

（1）对二氯苯饱和溶液：将对二氯苯 10g 溶于蒸馏水 300mL 中，60℃恒温培养箱振荡 30min，即可得到对二氯苯饱和溶液。

（2）卡诺（Carnoy）固定液：无水乙醇∶冰乙酸=3∶1，现用现配。

（3）混合酶液（2.5%纤维素酶＋2.5%果胶酶）：将纤维素酶 5g 和果胶酶 5g，溶于蒸馏水 20mL 中，充分混合后分装成小份，冰箱中冷冻保存。

（4）卡宝品红染液（又称改良苯酚品红染液）。

原液 A：将碱性品红 3g 溶于乙醇 100mL 中，可 4℃长期保存。

原液 B：将原液 A 10mL 与 5%苯酚水溶液 90mL 充分混合，2 周内使用。

原液 C：将无水乙酸 6mL 与福尔马林（37%甲醛）6mL 混合后，加入原液 B 45mL，充分混匀后，可长期保存。

将原液 C 2～10mL 加入无水乙酸 90～98mL 中，再加入山梨醇 1～1.8g，混匀即可使用。室温放置 2 周后卡宝品红染液的染色能力显著增强，室温可保存 2 年。

（5）其他：0.1%秋水仙素溶液（4℃保存）、70%乙醇、1mol/L HCl 等。

【实验步骤】

（1）根尖的培养：将植物材料的种子培养在铺有湿滤纸的培养皿中，盖上培养皿盖（大蒜分瓣后摆放于有水的培养皿内，洋葱置于有水的小烧杯上），室温或 25℃发芽。待胚根长至 1～2cm 时，切取 0.5cm 长的根尖部分。

（2）预处理：将切下的根尖浸入 0.1%秋水仙素溶液（或对二氯苯饱和溶液），室温处理 3～4h；或提前将 0.1%秋水仙素溶液（或对二氯苯饱和种子溶液）直接加入种子已长出根尖的培养皿中，3～4h 后切取根尖；也可以将切下的根尖放在 0～4℃盛有蒸馏水的烧杯中，置冰箱中低温处理 24h 左右。

（3）固定：取出根尖，用蒸馏水冲洗后，转入 Carnoy 固定液中固定 2～24h，用 70%乙醇冲洗后，于 70%乙醇保存。

（4）酸处理：将根尖投入 60℃预热的 1mol/L HCl 中，恒温处理 14～15min，蒸馏水冲洗 3 次。

（5）酶解：将根尖浸入混合酶液中，室温酶解 15min，蒸馏水冲洗 3 次，去除酶液。

（6）染色：用卡宝品红染液室温染色 10min 后，取出根尖，置于载玻片上，用镊子轻轻捣碎。盖上盖玻片，覆盖一层吸水纸。

（7）压片：轻压盖玻片，或者用铅笔擦头轻轻敲打盖玻片，使细胞均匀散开。

（8）镜检：把压好的片子放在显微镜下，先用低倍镜观察细胞分散情况和中期分裂象的多少，之后换高倍镜观察分裂期的细胞和染色体形态。卡宝品红染液染色后，细胞的染色质和染色体呈现红色，细胞质不着色。

【注意事项】

1. 如果要观察完整的有丝分裂过程，则不需“预处理”一步，根尖可直接固定。

2. HCl 处理时间不能过长，否则会导致染色体降解而不能着色；HCl 处理后需冲洗干净。

3. 压片时盖一层吸水纸的目的，是吸去盖玻片周围的多余染液，防止染液沾染到皮肤上。敲打时需用手按住盖玻片，防止移位。

4. 若染色体分散不好而难以分辨和计数，可取下片子，平放在桌面上，用手指隔着吸水纸向盖玻片稍施压力，或用铅笔擦头再次轻轻敲打盖玻片。

【思考问题】

1. 制备染色体标本时，为什么要用秋水仙素或对二氯苯进行预处理？

2. 实验过程中，用酸处理植物细胞的目的是什么？酸处理的时间和温度对染色体标本的制片质量有哪些影响？

参 考 文 献

丁明孝，王喜忠，张传茂，等. 2020. 细胞生物学. 5 版. 北京：高等教育出版社.
王崇英，侯岁稳，高欢欢. 2017. 细胞生物学实验. 4 版. 北京：高等教育出版社.
杨汉民. 1997. 细胞生物学实验. 2 版. 北京：高等教育出版社.

实验二十五　动物细胞有丝分裂观察与染色体标本制备

扫码看视频

【实验目的】

1. 通过标本观察分析动物细胞有丝分裂，掌握其分裂过程。
2. 掌握小鼠骨髓细胞染色体标本的制备原理及基本制作过程。
3. 了解吉姆萨（Giemsa）染色法。

【实验原理】

细胞有丝分裂的现象是分别由弗莱明（Flemming）在动物细胞和施特拉斯布格（Strasburger）在植物细胞中发现。有丝分裂包括一系列复杂的核变化、染色体和纺锤体的出现，以及它们平均分配到每个子细胞的过程。

染色体（chromosome）是在细胞分裂过程中，染色质高度螺旋化后的一种形态。它由长臂（q）和短臂（p）两部分组成，中间被着丝点分开。根据长短臂的大小及着丝点位置的不同，将染色体分为 4 类，即中着丝粒染色体、亚中着丝粒染色体、近端着丝粒染色体和端着丝粒染色体。不同的生物其染色体的组成类型不同，如人类的体细胞染色体具有前 3 种类型，而小鼠的体细胞染色体则全部都为端着丝粒染色体，其数目为 40。马蛔虫受精卵细胞中只有 6 条染色体，而洋葱体细胞的染色体为 16 条，因为它们都具有染色体数目少的特点，所以便于观察和分析。

骨髓细胞是具有旺盛分裂能力的细胞，不需要特殊的处理就可以对染色体的形态和数目进行准确的观察和分析。提取动物骨髓细胞的方法比较成熟，且易于获得，不需培养和无菌操作，常用的动物有青蛙、小鼠、大鼠等。

【实验准备】

1. 生物材料：马蛔虫子宫切片、小鼠。

2. 实验器材：显微镜、恒温水浴锅、载玻片、盖玻片、镊子、手术剪、解剖盘、胶头滴管、毛细滴管、注射器、离心管、离心机、小烧杯、冰箱、酒精灯等。

3. 实验试剂：0.3%KCl、Carnoy 固定液（甲醇∶冰乙酸=3∶1）、香柏油、二甲苯、0.05%秋水仙素、生理盐水、吉姆萨染液、蒸馏水等。

【实验步骤】

一、动物细胞有丝分裂的观察——马蛔虫子宫切片

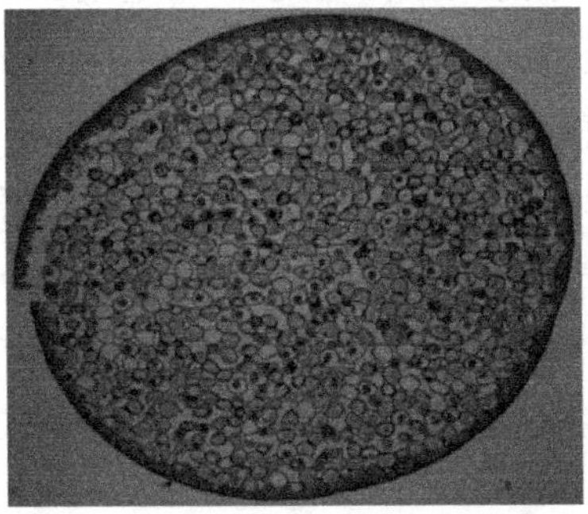

图 5-1　低倍镜下的马蛔虫子宫横切图

取马蛔虫的子宫切片标本，先在低倍镜下观察，可见马蛔虫子宫腔内有许多椭圆形的受精卵细胞，它们均处在不同的细胞时相（图 5-1）。每个卵细胞都包在卵壳之中，卵壳与卵细胞之间的腔，叫卵壳腔。细胞膜的外面或卵壳的内面可见有极体附着。寻找和观察处于分裂间期和有丝分裂不同时期的细胞，并转换高倍镜仔细观察。图 5-2 为马蛔虫受精卵有丝分裂的过程图。

间期（interphase）：细胞质内有两个近圆形的细胞核，一个为雌原核，另一个为雄原核。两个原核形态相似，不易分辨，核内染色质分布比较均匀，核膜、核仁清楚，细胞核附近可见中心粒存在。

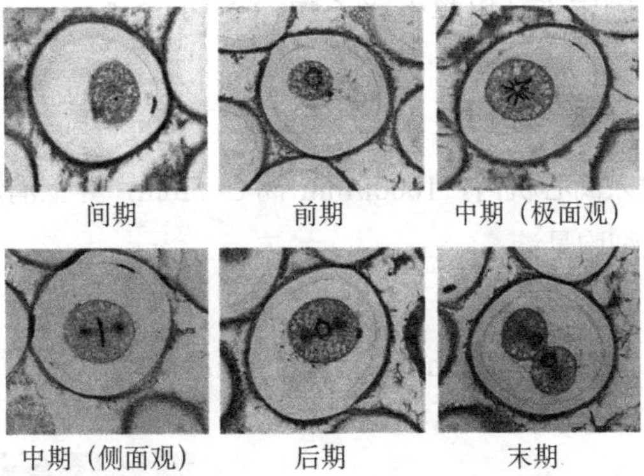

图 5-2　马蛔虫受精卵有丝分裂过程

分裂期（mitotic phase）：分为前期、中期、后期和末期。

前期（prophase）：雌、雄原核相互趋近，染色质逐渐浓缩变粗、核仁消失，最后核膜破裂、染色体相互混合，两个中心粒分别向细胞两极移动，纺锤体开始形成。

中期（metaphase）：染色体聚集排列在细胞的中央形成赤道板，由于细胞切面不同，此期有侧面观和极面观两种不同现象。侧面观染色体排列在细胞中央，两极各有一个中心体，中心体之间的纺锤丝与染色体着丝点相连；极面观由于染色体平排于赤道面上，6 条染色体清晰可数，此时的染色体已纵裂为二，但尚未分离。

后期（anaphase）：纺锤丝变短，纵裂后的染色体被分离为两组，分别移向细胞两极，细胞膜开始凹陷。

末期（telophase）：移向两极的染色体恢复染色质状态，核膜、核仁重新出现，最后细胞膜横缢，两个子细胞形成。

二、小鼠骨髓细胞染色体的制备

1. 取材

用脱臼法处死小鼠，立即剥离大腿的皮肤和肌肉，暴露股骨及两端关节，刮净骨上的肌肉并洗净，剪去股骨两端，暴露骨髓腔，用注射器吸取生理盐水，缓慢冲洗骨髓腔，将骨髓细胞冲入离心管，直到细胞悬液达到 4mL，将毛细滴管插入离心管内缓慢地反复抽吸，冲散骨髓细胞团，制成均匀的细胞悬液。再加 1mL 0.05%秋水仙素，吹吸混匀，37℃恒温水浴锅温浴 30min。取出离心管放入离心机，以 1000r/min 离心 5min。

2. 低渗

弃上清液，向离心管内注入 37℃预温的低渗液（0.3%KCl溶液）至5mL，混匀后置 37℃水浴锅内水浴 15～20min。

3. 离心

将离心管配平后，对称放入离心机内，1000r/min 离心 5min。

4. 固定

弃上清液，留 0.5mL 沉淀物，用弹指法将细胞分散，制成细胞悬液。向离心管内加入新配制的 Carnoy 固定液（甲醇∶冰乙酸=3∶1）至 5mL，充分混匀后，室温下固定10min。

5. 制悬液

固定的细胞悬液放入离心机内，1000r/min 离心 5min，弃上清液，加 Carnoy 固定液 0.3～0.5mL，混匀制成细胞悬液。

6. 滴片

取少量细胞悬液，由高处（30cm 左右）滴到预冷的载片上，每片两滴，轻轻吹气使其分散，晾干。

7. 染色

吉姆萨染液滴于干燥的载玻片上，染色 5～15min，蒸馏水轻轻冲洗，晾干。

8. 观察

首先，将制好的标本放在低倍镜下寻找分散良好的中期分裂象，再转高倍镜或油镜观察。通过观察，可见小鼠染色体全部呈“V”形或“U”形，都为近端着丝粒染色体，短臂很难看出（图 5-3）。

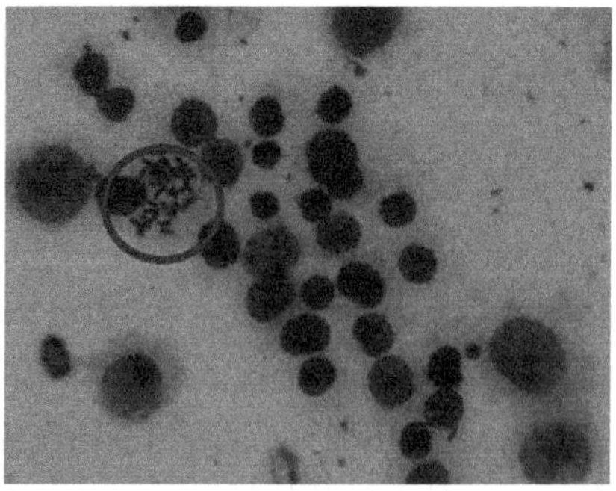

图 5-3 小鼠染色体

【注意事项】

1. 小鼠的体重最好为22～25g，因其体重较大，股骨相对较大，便于取材（骨髓）。因小鼠的后足相对较长，有的同学取材时误把胫腓骨当成股骨，而把股骨从中间剪断，而无法取到骨髓，应注意识别。

2. 低渗处理过程中低渗溶液的量、处理时间均与细胞的数量有关。低渗过度，细胞会破裂；低渗不足，则染色体聚在一起分散不开。

3. 离心速度和离心时间影响染色体标本的制备。离心速度过大或离心时间过长，会引起细胞破裂；反之，离心速度过小或离心时间过短，则细胞沉降不下来，会引起大量细胞的丢失。

4. 用毛细滴管吹散细胞时用力必须尽量轻柔。用力过大则会造成细胞破裂，而染色体也会弥散在溶液中，将在随后的离心中丢失。

5. 载玻片要预冷，以结一层薄冰为宜。拿出预先冰好的载玻片后要立即滴加细胞悬液，这就需要在拿载玻片之前先用滴管吸好液体，若载玻片的冷却温度不够，则会影响染色体的附着和铺展。

6. 滴片时的高度很重要。高度过低细胞不会破裂；过高则染色体过于分散甚至丢失，无法辨别出染色体的准确数量。

【思考问题】

1. 如果观察中发现，视野中细胞不是很分散，存在大量细胞团，试分析原因。
2. 在本实验中，秋水仙素、低渗液、固定液的作用分别是什么？
3. 绘制动物细胞有丝分裂各个时期典型的细胞图像。

参 考 文 献

郭振. 2012. 细胞生物学实验. 合肥：中国科技大学出版社.
张颖珍. 2020. 医学细胞生物与医学遗传学实验指导及习题集. 沈阳：东北大学出版社.

实验二十六　动植物细胞减数分裂观察与染色体标本制备

【实验目的】

1. 掌握减数分裂标本的制作方法，观察减数分裂过程中染色体的动态变化。
2. 了解减数分裂在细胞生物学中的意义和重要性。

【实验原理】

减数分裂是配子形成过程中所特有的细胞分裂方式。减数分裂过程中，染色体只复制一次，核分裂两次，形成的配子中染色体的数目变为原来的一半，而后雌、雄配子的结合保证了染色体数目的恒定。在分裂过程中可以辨认染色体形态和数量上的动态变化，从而为遗传学研究中远缘杂交分析、染色体工程中的异系鉴别、常规的组型分析以及遗传学三大基本规律的论证，提出了直接与间接的依据。

将标本放在低倍镜下找到分裂象，并移至视野中央，换高倍镜观察减数分裂各个时期形态特点（图 5-4）。在生精小管内部，从外围向内依次为精原细胞、精母细胞、精细胞和精子。处于减数分裂期的细胞是从初级精母细胞到次级精母细胞。

1. 精原细胞（spermatogonia）

精原细胞位于生精小管的游离端，胞体较小，由有丝分裂来增殖，其染色体较粗短、染色较浓。

2. 减数分裂Ⅰ（meiosis Ⅰ）

减数分裂Ⅰ是从初级精母细胞到次级精母细胞的一次分裂。第一次减数分裂包括：前期Ⅰ、中期Ⅰ、后期Ⅰ、末期Ⅰ这 4 个时期 。

（1）前期Ⅰ（prophase Ⅰ）：在减数分裂中，以前期Ⅰ最有特征性，时间较长，核的变化复杂，依染色体变化可分为下列 5 个时期。

细线期（leptotene stage）：染色体呈细长的丝，称为染色线。染色线弯曲绕成一团，排列无规则，上面有大小不一的染色粒，形似念珠。核仁清楚。

偶线期（zygotene stage）：同源染色体开始配对，同时出现极化现象，各以一端聚集于细胞核的一侧，另一端则散开，形成花束状。

粗线期（pachytene stage）：每对同源染色体联会完成，缩短成较粗的线状，称为双价染色体，因其由 4 条染色单体组成，又叫四分体。

双线期（diplotene stage）：染色体缩得更短，同源染色体开始有彼此分开的趋势，但因两者相互绞缠，有多点交叉，所以这时的染色体呈麻花状。

终变期（diakinesis）：染色体更为粗短，形成“Y”“V”“O”“8”等形状。终变期末核膜、核仁消失。

（2）中期Ⅰ（metaphase Ⅰ）：核膜和核仁消失，纺锤体形成，双价染色体排列于赤道面，着丝点与纺锤丝相连。这时的染色体组居细胞中央，侧面观呈板状，极面观呈空心花状。

（3）后期Ⅰ（anaphase Ⅰ）：由于纺锤丝的解聚变短，同源的两条染色体彼此分开，分别向两极移动。但每条染色体的着丝粒尚未分裂，故两条姐妹染色单体仍连在一起同去一极。

（4）末期Ⅰ（telophase Ⅰ）：移动到两极的染色体，呈聚合状态，并解旋，同时核膜形成，细胞质也均分为二，即形成两个次级精母细胞，这时每个新核所含染色体的数目只是原来的一半。至此减数分裂Ⅰ结束。

3. 减数分裂Ⅱ（meiosis Ⅱ）

减数分裂Ⅱ类似一般的有丝分裂，但从细胞形态上看，可见胞体明显变小，染色体数目少。

（1）前期Ⅱ（prophase Ⅱ）：末期Ⅰ的细胞进入前期Ⅱ状态，每条染色体的两个单体显示分开的趋势，染色体像花瓣状排列，使前期Ⅱ的细胞呈实心花状。

（2）中期Ⅱ（metaphase Ⅱ）：纺锤体再次出现，染色体排列于赤道面。

（3）后期Ⅱ（anaphase Ⅱ）：着丝粒纵裂，每条染色体的两条单体彼此分离，各成一子染色体，分别移向两极。

（4）末期Ⅱ（telophase Ⅱ）：移到两极的染色体分别组成新核，新细胞的核具单倍数（n）的染色体组，细胞质再次分裂，这样，通过减数分裂每个初级精母细胞就形成了 4 个精细胞。

4. 精子形成

在两次精母细胞分裂过程中，各种细胞器，如线粒体、高尔基体等也大致平均地分到 4 个精细胞中，精细胞经一系列的分化成熟为精子。显微镜下精子头部呈梭形，由细胞核及顶体共同组成，尾部细长呈线状（图 5-4）。

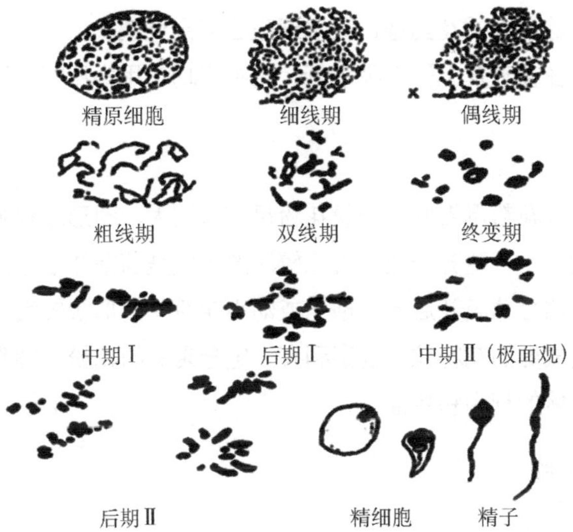

图 5-4　蝗虫精巢细胞的减数分裂

【实验准备】

1. 生物材料：植物花及花序、性成熟的蝗虫。

2. 实验器材：显微镜、冰箱、剪刀、解剖刀、解剖针、镊子、单面刀片、载玻片、盖玻片、酒精灯、吸水纸等。

3. 实验试剂：70%乙醇、卡诺固定液、1%乙酸洋红染液或石炭酸品红染液等。

【实验步骤】

一、花药涂压法

1. 取材

选取适当大小的花蕾，是观察花粉母细胞减数分裂的关键步骤。减数分裂时的植株形态和花蕾的大小，依植物种类和品种的不同，须经过实践记录，以备后来参考。通常应从最小的花蕾开始观察，在花冠现色和花药变黄（或红、紫）之前为好。凡是白天开花的，可在上午 7～10 时固定。

2. 固定

将花蕾于卡诺固定液中固定 2～24h。固定后，保存在 70%乙醇中，放入冰箱中冷藏备用。

3. 染色与压片

（1）取固定好的花蕾置载玻片上，吸去多余的保存液，用解剖刀及刀片解剖出一个花药，视花药大小横切为 3～4 段。

（2）加一滴 1%乙酸洋红染液，用解剖针轻压花药，使花粉母细胞从切口出来，静置染色 5～10min。此时可从不同大小的花中连续取出几个花药，进行同样的染色处理。

（3）依次将载玻片在酒精灯上来回移动几次轻微加热，同时用解剖针轻微拨动花药以促进着色，进一步去除残存的花药壁，吸水纸吸去多余染液。

（4）加盖玻片，在盖玻片上覆以吸水纸，用拇指均匀用力压下。注意勿将盖玻片移动或压破。

4. 镜检

先在低倍镜下寻找花粉母细胞，一般花粉母细胞较大，圆形或扁圆形，细胞核大，着色较浅。而一些形状较小、整齐一致、着色较深的细胞是药壁体细胞，一些形状处于中间略呈扇形的细胞是从四分体脱开后的小孢子或幼小花粉粒。形状较大，内部较透明并具有明显外壳的细胞则是成熟的花粉粒。观察到有一定分裂象的花粉母细胞后，换高倍镜观察减数分裂各时期染色体的行为和特征。

二、蝗虫精巢制片

1. 取材和固定

野外捕捉成体雄性蝗虫，浸入卡诺固定液中固定，或摘去头部浸泡在生理盐水内。

2. 解剖精巢

取出蝗虫，用剪刀剪去头胸部，然后在腹部两侧各剪一刀，掀开背板，取出消化道背面两条黄色的团块，即精巢。它是由许多生精小管组成的。

3. 染色及压片

（1）用镊子取一小段管状精巢（长度最好不超过 1mm），置于载玻片上，用解剖针将生精小管纵向挑开，滴加适量的乙酸洋红染液，染色 15～20min。

（2）盖上盖玻片，在酒精灯上过 2～3 次，上覆吸水纸，压片。

4. 镜检

镜下可见呈圆形、核大、染色较深的精原细胞、精母细胞以及减数分裂各时期的细胞，同时可观察到细胞小、核大、细胞质少的精细胞和精子。

【注意事项】

1. 注意取材的时间。
2. 压片时，防止气泡产生。

【思考问题】

1. 根据减数分裂不同时期的典型细胞，以染色体的动态变化为重点，绘图并加以注释。
2. 比较动植物减数分裂的异同。

参 考 文 献

郭振. 2012. 细胞生物学实验. 合肥：中国科技大学出版社.
刘梦豪，赵凯强，王雅栋，等. 2012. 蝗虫精母细胞减数分裂各时期的识别. 遗传，34（12）：1628-1637.
王崇英，侯岁稳，高欢欢. 2017. 细胞生物学实验. 4 版. 北京：高等教育出版社.

实验二十七　人类染色体标本制备和核型分析

【实验目的】

1. 熟悉人类外周血淋巴细胞的培养方法。
2. 初步掌握人类染色体标本制备的基本方法。

【实验原理】

在细胞周期的不同阶段，染色体的结构不同。在细胞分裂间期，染色体呈细长的丝状结构，分散于细胞核中，且交织成网状，难以识别其数目和每个染色体特有的结构；在细胞有丝分裂中期，染色体凝缩形成短的棒状结构，排列在赤道板上，此时染色体的形态、数目最清楚，所以一般选择有丝分裂中期的细胞来观察染色体的形态和数目。

在人类遗传分析中，普遍采用外周血培养的方法制备染色体标本。但是在正常情况下，外周血中的淋巴细胞，几乎都处在 G_1 期或 G_0 期，因而外周血细胞中是没有分裂象的。在细胞培养过程中加入植物血凝素（phytohemagglutinin，PHA），可以刺激外周血淋巴细胞转变为淋巴母细胞，进行有丝分裂；再通过秋水仙素处理，可将细胞阻断在有丝分裂中期；然后通过离心、低渗、固定和滴片，就可以获得大量有丝分裂象；最后通过染色就可以观察染色体的结构和数目。

人类染色体核型是指人的一个体细胞中全部染色体的数目、大小和形态等特征（主要指着丝粒的位置），是按一定的顺序排列后所构成的图像，正常细胞的核型能够代表该个体的核型。人类染色体的组型分析就是根据上述特征对人类染色体进行分组、配对及排列，是由许多细胞的染色体测量的平均值绘制的模式图，代表了一个物种染色体的特征。染色体核型分析在人类细胞遗传学和临床医学中都有广泛应用。

【实验准备】

1. 生物材料：人静脉血。

2. 实验器材：超净工作台、CO_2培养箱、水浴锅、天平、离心机、光学显微镜、冰箱、擦镜纸、离心管（15mL）、2mL 注射器、吸管、滴管、量筒、培养瓶、烧杯、试剂瓶、酒精灯、载玻片、切片盒等。

3. 实验试剂：RPMI1640 培养基、肝素（500U/mL）、胰酶、秋水仙素（40pg/mL）、PHA（100～200μg/mL）、双抗（青霉素和链霉素，100U/mL）、小牛（胎牛）血清、固定液（甲醇和冰乙酸按照体积比 3∶1 混合，用前现配）、PBS（pH7.4）、Giemsa 染液、KCl 溶液（0.075mol/L）等。

【实验步骤】

1. 细胞培养和切片的制备

（1）先对皮肤消毒（碘酒或者 75%乙醇），然后用 2mL 灭菌注射器吸取肝素湿润注射器管壁，从肘静脉采血 1mL。

（2）在超净工作台中取下针头，取 0.3mL 全血接种到盛有 5mL 完全培养基的培养瓶中，轻轻摇晃混匀。

（3）把培养瓶放在CO_2培养箱中 37℃培养 72h 左右，实验开始前 2h 用注射器向培养基中加入秋水仙素至终浓度 0.4pg/mL，之后继续放在CO_2培养箱中 37℃培养。

（4）将继续培养 2h 的细胞取出，用吸管吹打混匀细胞后转移到 15mL 离心管中于 4℃以 1000r/min 离心 5min。

（5）缓慢吸去上清液后，向离心管中加入 6mL 0.075mol/L KCl，重悬细胞后置于CO_2培养箱中 37℃低渗培养 20min。

（6）低渗处理后沿离心管管壁慢慢加入 1mL 固定液，吹打混匀后立即于 4℃以 1000r/min 离心 5min。

（7）缓慢吸去上清液后，沿离心管管壁慢慢加入 6mL 固定液，吹打混匀后处理 20min。于 4℃以 1000r/min 离心 5min，缓慢吸去上清液后再次加入 6mL 固定液，吹打混匀后处理 20min。于 4℃以 1000r/min 离心 5min。

（8）缓慢吸去上清液后，加入 0.5mL 固定液重悬细胞，用滴管吸取细胞悬液后在冰冻保存的清洁载玻片上滴 3 滴细胞悬液，倾斜载玻片并轻轻吹气帮助细胞分散，然后在酒精灯上微热烤干。

（9）在干燥后的载玻片上滴加 Giemsa 染液染色 30min，用清水轻轻漂洗载玻片并晾干后置于显微镜下观察。

2. G 带观察及核型分析

（1）先将胰蛋白酶液水浴加热到 37℃。

（2）将染色体标本浸入胰蛋白酶液中，作用时间几秒到几十秒不等，依样本存放时间长短而定。标本需预先经 60～70℃烤 2h，或 37℃恒温老化 3～7d。

（3）取出标本片后立即放入 PBS 中漂洗 15s，再用蒸馏水洗。

（4）Giemsa 染色 8～10min。用自来水冲洗、晾干。

（5）镜检。在低倍镜下选择分散及显带良好的分裂象，然后在油镜下观察。

（6）计数。将一个细胞中的全部染色体按其自然位置划成几个小区，为了防止重数或漏数，可按其镜下形态画出简图然后计数，确定有无数目异常。

（7）观察染色体的形态结构，确认随体。观察染色体的形态结构确认每条染色体的两条染色单体着丝粒、长臂和短臂以及某些染色体短臂端的随体。

（8）识别染色体的类型。每条染色体含有两条染色单体，通过着丝粒彼此连接。在显微镜下观察染色体的形态结构、次缢痕的位置以及有无结构上的畸变，如断裂、缺失、重复、易位、倒位、环状、等臂染色体等。

（9）判断性别。根据 Y 染色体有无判断性别。

（10）核型照片剪贴。首先根据人类细胞遗传学的国际命名体制（ISCN）规定的各组及各号染色体的结构特征进行分组、排号，依次找出 A、B、D、E、F、C 组，即在每条染色体旁用铅笔标出其组号；然后将每号染色体剪下，将每组染色体按照大小顺序依次排列；最后，将染色体排在染色体核型分析表的相应位置上。粘贴时，应使染色体的短臂居上、长臂居下，并使着丝粒在一条直线上。剪贴过程要细心，防止丢失染色体。

（11）拍照，并进行核型分析。

【注意事项】

1. PHA 的质量是人体淋巴细胞生长状态的关键，效率低或用量不足会导致培养效果差，使分裂期细胞减少；浓度过大或者作用时间太长会使红细胞凝固，影响细胞生长。

2. 采血时不能加入太多肝素，以免引起溶血和抑制淋巴细胞转化和分裂。

3. 采血后必须尽快开始接种培养，避免保存时间过久影响细胞的活力。

4. 秋水仙素的作用浓度和时间、离心的转速、低渗处理的时间和滴片的方法也会影响染色体标本制备质量。

5. 如果染色体边缘发毛，则为胰蛋白酶处理时间过长；如果染色体上没有出现带纹，则为胰蛋白酶处理时间过短。可根据实验结果调整胰蛋白酶的处理时间。

【思考问题】

1. 添加PHA和小牛（胎牛）血清的作用是什么？
2. 结合实验结果，简述染色体标本制备中的关键因素。

参考文献

陈誉华. 2018. 医学细胞生物学. 6版. 北京：人民卫生出版社.

实验二十八 动植物染色体G显带技术及带型分析

【实验目的】

1. 掌握G显带染色体标本的制备技术。
2. 掌握G带带型分析方法。

【实验原理】

染色体标本经胰蛋白酶、碱或其他盐溶液处理后，再用Giemsa染液染色，使染色体上显现深浅相间横纹的技术称为G显带技术（G-banding technique）。通过G显带后，每条染色体都表现其较为恒定的带纹特征，可以较为准确地识别每条染色体，并可发现染色体上较细微的结构畸变。

关于G显带机制有多种说法：①染色体上某些节段富含AT碱基，易着色染成深带，而含GC碱基多的染色体节段则不易着色；②非组蛋白在染色体上的区域性差异分布导致二硫键与硫氢键分布不同，深染区有许多二硫键交联，易与染料结合，而浅染区则缺乏二硫键，多硫氢键，不易与染料结合而呈浅色；③染色体上与DNA结合牢固的组蛋白不易被胰蛋白酶分解掉，染色后这些区段成为深染带，而那些组蛋白与DNA结合疏松的区段则被染成浅带；④染色体本身存在着带的结构，经显带处理后则带更加清楚，显出来的带的特点随显带方法不同而不同，说明带的出现又与染料特异结合有关。目前，G显带机制倾向于多因素决定论，即带型的形成主要取决于DNA碱基组成、核酸结合蛋白及染料三者的相互作用。

【实验准备】

1. 生物材料：动植物染色体制片。

2. 实验器材：恒温培养箱、烘箱、光学显微镜、显微摄影装置、打印机、擦镜纸、染色缸、玻片架、切片盒、滤纸、镊子等。

3. 实验试剂：2.5%胰蛋白酶原液、卡诺固定液、2×SSC溶液、生理盐水、Giemsa原液、PBS（pH6.8）、香柏油、二甲苯、蒸馏水等。

【实验步骤】

1. 胰蛋白酶（GTG）法

（1）将制备好的动物染色体标本玻片置于70～75℃烘箱中烤片2～3h。

（2）将染色体标本玻片放入预温至37℃的0.125%胰蛋白酶工作液中消化0.5～1min。

（3）取出玻片，放入生理盐水中漂洗两次，用滤纸吸去多余水分。

（4）将玻片浸入10%的Giemsa染液中染色10～20min。

（5）自来水冲洗玻片后，晾干或用滤纸吸干水分。

（6）显微镜下观察染色体显带效果。先在低倍镜下选择分散良好的分裂象，然后转换油镜观察其显带情况。

2. 乙酸/盐/Giemsa（ASG）法

（1）将制备好的植物染色体标本玻片浸入2×SSC 溶液中，在60℃温育处理1h。

（2）蒸馏水冲洗后，将玻片浸入5%的Giemsa染液中染色15～20min。

（3）自来水冲洗玻片后，晾干或用滤纸吸干水分。

（4）显微镜下观察染色体显带效果。先在低倍镜下选择分散良好的分裂象，然后转换油镜观察其显带的情况。

3. 带型分析

（1）选择染色体数目完整、分散好、显带清晰的分裂象进行显微摄影，打印后进行染色体剪贴（方法同实验二十七实验步骤“2.G带观察及核型分析”）。

（2）分析图像，确定各条染色体上带纹的数目、相对位置、染色深浅、宽窄等特征，并测绘出带型模式图。

【注意事项】

1. 应做预实验确定合适的胰蛋白酶处理显带时间，不要盲目处理所有标本。

2. 不能仅凭1～2个分裂象的显带效果决定胰蛋白酶处理显带时间，应多观察几个分裂象判断显带效果。

3. 烤片温度和时间会影响显带效果，可进行优化摸索最佳条件。

4. G显带不足时，可重新处理显带。

【思考问题】

1. 染色体G显带有何意义？

2. 要制备出良好的G显带染色体标本，操作时需注意哪些问题？

参考文献

卢惠霖. 1979. 人体显带染色体研究的进展（二）（综述）. 国外医学（医学遗传学分册），3：129-133.

宋运淳，张飞雄，刘立华. 1992. 玉米八个类型染色体G-带带型的分析. 武汉大学学报（理学版），1：105-110.

唐伟，洪炆飞，汪财生，等. 2015. 中华鳖核型与染色体G带分析. 上海海洋大学学报，24（2）：174-181.

赵淑娟，孙平，庞有志，等. 2012. 经营田鼠染色体核型与G带分析. 中国兽医学报，32（9）：1400-1403.

赵伟，李文华，崔英霞. 2004. 染色体G显带失败标本的补救方法. 中华男科学，10（4）：312.

Summer A T. 1972. A simple technique for demonstrating centromeric heterochromatin. Experimental Cell Research，75（1）：304-306.

第二篇

综合性实验

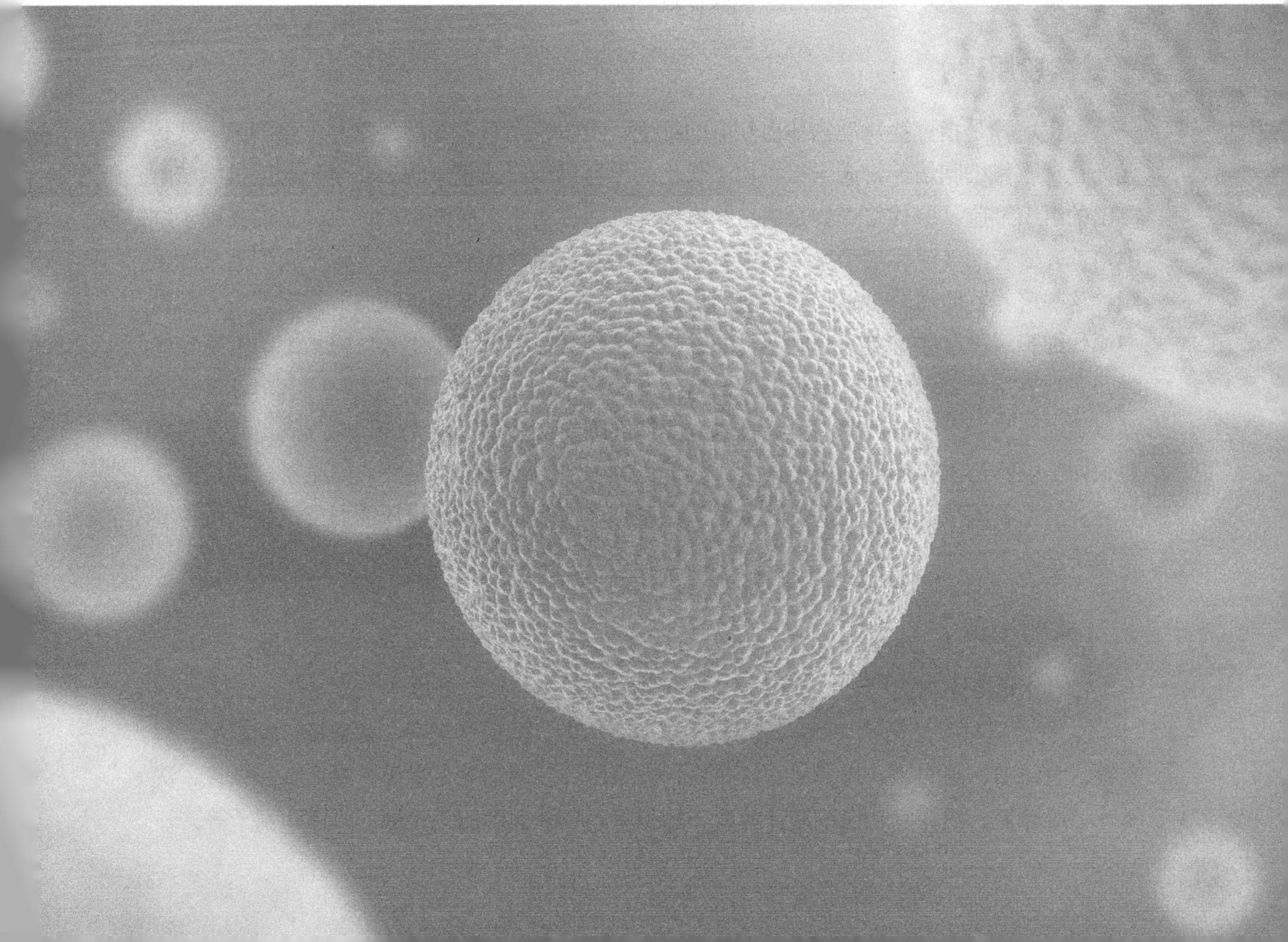

第六章　细胞工程技术

实验二十九　动物细胞培养

动物细胞培养是从动物机体中取出细胞，放在适宜的培养基中，让这些细胞生长和增殖。细胞可以在培养前直接从机体组织中取出并通过酶或机械方法进行解离，也可以来源于已建立的细胞系或细胞株。细胞自身具有生长和自我复制的能力，为细胞体外培养和研究提供可能。动物细胞培养可分为原代培养和继代培养。

Ⅰ. 原代培养

【实验目的】

了解原代细胞培养的基本方法及操作过程。

【实验原理】

原代培养是指直接从动物体内获取的细胞、组织或器官，经体外培养，直到第一次传代为止。原代细胞培养物源于组织块中长出的迁移细胞，或使用酶、化学试剂或机械法解离出的组织细胞。原代培养物是由组织解聚处理后存活下来的细胞所组成，它们黏附于细胞培养容器表面（或存活于悬浮相中）并进行增殖。原代细胞的形态类似于它们的来源组织。这些培养物能够分裂有限代，随后进入一个称为衰老的非增殖状态，最后死去。贴壁型原代细胞对于接触抑制十分敏感，即它们一旦相互汇合就停止生长。但当细胞密度较低时，正常表型就可以维持。原代细胞的培养一般比传代细胞系难度更大。细胞培养是一种操作烦琐而又要求十分严谨的实验技术。要使细胞能在体外长期生长，必须满足两个基本要求：①供给细胞存活所必需的条件，如适量的水、无机盐、氨基酸、维生素、葡萄糖及其有关的生长因子、氧气、适宜的温度，注意外环境酸碱度与渗透压的调节；②严格控制无菌条件。

【实验准备】

1. 生物材料：出生 2～3d 的小鼠。
2. 实验器材：显微镜、CO_2 培养箱、超净工作台、恒温水浴锅、解剖板、解剖剪、解剖镊、眼科剪、眼科镊、培养皿、纱布块、安瓿瓶、玻璃漏斗、量筒、锥形瓶、吸管、洗耳球、培养瓶、酒精灯、血细胞计数板、标记笔、包装灭菌的工作服、口罩和帽子等。

3. 实验试剂。

（1）平衡盐液：Hank's 液。

（2）细胞消化液：0.25%胰蛋白酶液、0.5%水解乳白蛋白-Hank's 液（乳汉液）。

（3）其他：新洁尔灭、碘酒、75%乙醇、Ham's F-12 培养液、小牛血清等。

【实验步骤】

（1）处死小鼠。采用剪断颈动脉放血的方法处死小鼠，用新洁尔灭浸湿体表的被毛，将其固定在解剖板上并使背部向上，先用碘酒消毒背部的被毛，然后再用75%乙醇擦拭碘酒擦过的部位。

（2）取出肾脏。在小鼠腰部的后缘，用镊子提起皮肤，再用解剖剪剪开皮肤并分别拉向两侧。此时，再换一把解剖剪及解剖镊，剪开背部的肌肉，暴露出腹腔，即可见到肾脏（一般右肾略低于左肾），用弯头眼科镊取出肾脏，置于无菌培养皿中。

（3）剪切肾脏。去除肾膜及脂肪后，用 Hank's 液洗涤一次，再将洗过的肾脏转入另一培养皿中。沿肾脏的纵轴剪开，将肾剪成数块，然后用 Hank's 液洗涤一次。将洗过的肾块转移入无菌的安瓿瓶（或小烧杯）中。用弯头眼科剪，将肾剪成 $1mm^3$ 大小的组织块，再用 Hank's 液洗涤 2～3 次，直到液体澄清为止。

（4）消化及分散组织块。将清洗过的 Hank's 液吸去，按组织块体积的 5～6 倍加入 0.25%胰蛋白酶液。37℃水浴消化 20～40min，每隔 10min 摇动一次安瓿瓶，直到组织变成松散、黏稠状，颜色略变为白色为止。此时吸去胰蛋白酶液，再用 Hank's 液洗涤 2～3 次。加入少量乳汉液，用吸管反复吹打组织块，直到大部分组织块分散成混淆的细胞悬液为止。此时，将分散的细胞悬液经过灭菌的纱布过滤，去除部分较大的组织碎片。

（5）计数与稀释。从已过滤的细胞悬液中吸取 1mL，滴于血细胞计数板上，进行计数。计数后用 Ham's F-12 培养液稀释，稀释后浓度为 3×10^6～5×10^6 个/mL。

（6）分装与培养。将稀释好的细胞悬液分装于培养瓶中，盖紧瓶塞做好标记，置于 CO_2 培养箱中进行培养。待细胞已基本长成致密单层时，即可进行继代培养。

Ⅱ. 继代培养

【实验目的】

了解继代培养的方法及操作过程。

【实验原理】

继代培养是指细胞从一个培养瓶以 1∶2 或 1∶2 以上的比例转移，接种到另一培养瓶中继续培养。这种培养过程的第一步是制备细胞悬液，当细胞生长成致密单层时，它很容易被蛋白水解酶和螯合剂（乙二胺四乙酸，EDTA）所破坏。因为 EDTA 对钙离子、镁离子具亲和力，而这两种离子又是细胞保持紧密结合所必需的因素，所以一般采用胰蛋白酶和 EDTA 的混合物作为消化液。体外培养的各种细胞株或细胞系，它们的继代方法基本相同，而各种细胞所需的营养液却不相同。

【实验准备】

1. 生物材料：HeLa 细胞。

2. 实验器材：显微镜、CO_2 培养箱、超净工作台、酒精灯、移液器、无菌工作服、口罩、帽子、培养瓶等。

3. 实验试剂。

（1）无 Ca^{2+} 和 Mg^{2+} 的磷酸盐缓冲液（PBS）：NaCl 8g、Na_2HPO_4 2.9g、KCl 0.2g、KH_2PO_4 0.2g，溶于 1L ddH_2O 中，调整 pH 为 7.2～7.4，过滤灭菌，4℃保存。

（2）营养液：EMEM 培养基 90%、小牛血清 10%、3%谷氨酰胺 1mL，7.4% $NaHCO_3$ 调 pH 至 7.0～7.2。

（3）细胞消化液：0.5%胰蛋白酶和 0.04% EDTA 钠盐液。

【实验步骤】

（1）在酒精灯旁打开培养瓶瓶塞，倒去瓶中的细胞营养液，然后加入适量无 Ca^{2+} 和 Mg^{2+} 的 PBS，轻轻摇动，将溶液倒出。

（2）在上述瓶中加入适量细胞消化液（0.02% EDTA 或 0.04% EDTA＋0.5%胰蛋白酶液各一半），以盖满细胞为宜，置于室温 2～3min 后，翻转培养瓶，肉眼观察细胞单层是否出现缝隙（针孔大小的空隙）。如出现缝隙，即可倒去消化液，如未出现缝隙，则可将瓶翻回，继续进行消化，直到出现缝隙为止（消化时间的长短与不同的细胞及生长状态有关）。

（3）倒去消化液，加入新配制的营养液 3mL，以终止消化。

（4）用移液器吸取培养瓶中的营养液，反复吹打瓶壁上的细胞层，直至瓶壁细胞全部脱落下来为止。此时，可继续轻轻地吹打细胞悬液，以使细胞散开。随之即可补加营养液，细胞继代的比例，不同细胞亦不同，HeLa 细胞一般以 1∶2 或 1∶4 进行分装，即一瓶细胞可继代为两瓶。若原瓶为 5mL 营养液，要分装成两瓶，则需补液到 10mL。混匀后，可将一半分装至另一培养瓶中。

（5）分装好的细胞培养瓶上注明细胞代号、日期等信息，置于 CO_2 培养箱中培养。

Ⅲ. 细胞冻存、复苏和活力测定

【实验目的】

1. 掌握细胞冻存的方法，熟练进行细胞冻存操作。

2. 掌握细胞复苏及细胞活力测定的操作方法。

【实验原理】

对细胞进行低温冻存是组织细胞培养中的常规工作。细胞冻存可以长期保存细胞，特别是一些有价值的细胞系或细胞株。及时对细胞进行冻存可以防止细胞老化或恶性转变，并减少细胞继代培养引起的遗传变异和形态改变。直接冻存细胞时，细胞内外环境中的水分都会形成冰晶，导致细胞内发生机械损伤。因此，冻存时尽可能减少细胞内冰晶的形成是减少细胞损伤的关键。在冻存前，通常向培养液中加入一定量的保护剂。常用的保护剂为二甲基亚砜（DMSO）和甘油，它们在低温冷冻后对细胞无明显毒性，分子质量小，溶解度大，易穿透细胞，可使冰点下降，提高细胞膜对水的通透性；再加上缓慢冷冻方法，使细胞内水分在冻结前透出细胞，减少细胞内冰晶的形成，从而减少冰晶对细胞的损伤。

细胞复苏应采取快速融化的方法，以保证细胞外冰晶在很短的时间内融化，避免缓慢融化使水分渗入细胞内形成胞内再结晶对细胞造成损害。细胞复苏时速度要快，使之迅速通过细胞最易受损的−5～0℃。复苏后的细胞仍能生长，活力受损不大。

在细胞群体中不可避免地存在一些因各种原因而死亡的细胞，总细胞中活细胞所占的百分比叫作细胞活力。从不同组织中分离细胞时也要检测细胞活力，以了解分离过程是否对细胞造成了损伤；复苏后的细胞也要检测活力，以了解冻存和复苏的效果。实验室中常用台盼蓝（trypan blue）染色法进行检测，死细胞能被染成蓝色，活细胞不着色，从而得以区分。利用细胞内某些酶与特定的试剂发生显色反应，也可用于测定细胞相对活力，如3-（4，5-二甲基噻唑-2）-2，5-二苯基四氮唑溴盐（MTT）比色法。

MTT的商品名为噻唑蓝，是一种黄色的染料。其检测原理为活细胞线粒体中的琥珀酸脱氢酶可使MTT还原为蓝紫色结晶状甲臜（formazan）颗粒并沉积于细胞内和细胞周围，DMSO能溶解甲臜，用酶标仪测定其在波长490nm处的吸光度值，可间接反映活细胞数量。在一定细胞数范围内，MTT结晶形成的量与细胞数成正比，也与细胞活力成正比。该方法广泛用于一些生物活性因子的活性检测、大规模的抗肿瘤药物筛选、细胞毒性试验及肿瘤放射敏感性测定等。它的特点是灵敏度高、操作简单、快速、经济。

【实验准备】

1. 生物材料：对数生长期细胞、冻存的细胞。

2. 实验器材：普通冰箱、超低温冰箱、液氮罐、低速离心机、显微镜、恒温水浴锅、超净工作台、酶标仪、CO_2培养箱、培养瓶、移液器及吸头、冻存管、离心管、防护手套、护目镜、载玻片、盖玻片、擦镜纸、96孔培养板、血细胞计数板、滤纸、0.22μm微孔滤膜等。

3. 实验试剂。

（1）4%台盼蓝染液：称取4g台盼蓝，加少量双蒸水研磨，加双蒸水至100mL，用滤纸过滤后制成储存液，4℃保存。使用时，用PBS稀释储存液至0.4%为工作液。

（2）5mg/mL MTT溶液（pH7.4）：将MTT 0.5g溶于100mL的PBS中，用0.22μm微孔滤膜过滤除菌后，放在4℃避光保存即可。在配制和保存的过程中，容器用铝箔纸包住。

（3）其他：0.25%胰蛋白酶液、0.02% EDTA 溶液、PBS、DMSO、冻存液（DMEM 培养基 50%～70%、胎牛血清 20%～40%、DMSO 10%）、细胞培养液等。

【实验步骤】

一、细胞冻存

（1）选择处于对数生长期的细胞，冻存前一天换液。消化细胞，将细胞悬液收集至离心管中。

（2）1000r/min 离心 10min，弃上清液。

（3）在沉淀中加入适量冻存液，用移液器吹打制成悬液，用血细胞计数板计数，调整细胞密度至 5×10^6 个/mL 左右。

（4）将细胞悬液分装至灭菌冻存管中，每管 1～1.5mL。

（5）用封口膜封冻存管管口，贴上标签，注明细胞种类、冻存日期等信息。

（6）将细胞放入 4℃冰箱 20min、−20℃冰箱 30min，再转入−80℃超低温冰箱过夜，最后放入液氮罐中长期保存；或将冻存管装入一端系有线绳的小布袋中，从液氮罐口缓缓放入，按 1℃/min 的降温速度，30～40min 将冻存管下降到液氮面，再停 30min 后，投入液氮中。

二、冻存细胞的复苏

（1）将恒温水浴锅预热至 37℃。

（2）在超净工作台中摆放好灭菌的离心管、吸头、培养瓶、培养液等。

（3）从液氮罐中取出冻存管，迅速将其投入已经预热的恒温水浴锅中，轻轻地摇动，使管中冻存细胞在 1～2min 迅速融化，融化时水的界面不能超过冻存管盖沿。

（4）待冻存管内细胞悬液完全融化后，从恒温水浴锅中取出冻存管，用 75%酒精棉球擦拭冻存管的外壁，再移入超净工作台中。

（5）打开盖子，将冻存管中细胞悬液全部转移到离心管中，向离心管中加入 10 倍以上的培养液，混匀。

（6）1000r/min 离心 5min，弃上清液，加入适量培养液后接种于培养瓶中，放入 CO_2 培养箱中培养，次日更换一次培养液，继续培养，观察生长情况。若细胞密度较高，应及时进行传代。

三、细胞活力的检测

1. 台盼蓝拒染实验

（1）制备单细胞悬液，并作适当稀释（10^6 个/mL）。

（2）染色：细胞悬液与 0.4%台盼蓝染液以 9∶1 混匀（台盼蓝终浓度为 0.04%）。

（3）计数：用血细胞计数板进行计数。在倒置显微镜下取几个任意视野分别计数死细胞和活细胞。死细胞能被台盼板蓝染色，镜下可见深蓝色的细胞；活细胞不被染色，镜下呈无色透明状。

（4）根据下式计算细胞活力。

活细胞百分比＝[（活细胞总数）/（活细胞总数＋死细胞总数）]×100%

2. MTT 比色法测细胞相对数和相对活力

（1）接种细胞：用 0.25%胰蛋白酶液消化单层细胞，用含 10%胎牛血清的培养液制备单细胞悬液，以 10^3 个/mL 接种于 96 孔培养板中，每孔 200μL。

（2）培养细胞：在 CO_2 培养箱中 37℃培养 2～3d（可根据实验目的和要求调整培养时间）。

（3）呈色：培养 2～3d 后，每孔加 5mg/mL MTT 溶液 20μL，继续孵育 4h。终止培养，小心吸弃孔内培养上清液。对于悬浮细胞需要离心后再吸弃孔内的培养上清液。每孔加 150μL DMSO，振荡 10min，使结晶物充分溶解。

（4）比色：用酶标仪测定各孔在波长 490nm 下的吸光度值，并记录结果。

【注意事项】

1. 解冻液氮中储存的冻存管时请佩戴护目镜和手套，冻存管从液氮中取出时可能会炸裂。

2. 首次冻存的细胞要在短期内复苏一次，观察细胞对冻存条件的适应性，已建系的细胞最好每年取一支复苏一次后，再继续冻存。操作时应小心，以免被液氮冻伤。液氮需定期检查，随时补充。

3. 用台盼蓝染细胞时，时间不宜过长，否则部分活细胞也会着色，从而干扰计数。台盼蓝主要用来鉴定原代培养时细胞分离后的存活情况，用 0.4%台盼蓝直接染色，在倒置显微镜下观察即可，活细胞不被染色。此方法方便易用，在实验室中比较常用。

4. MTT 溶液最好现用现配，过滤后 4℃避光保存，2 周内有效；或配制成 5mg/mL 在 −20℃长期保存。避免反复冻融，最好小剂量分装；用避光袋或是黑纸、锡箔纸包住避光以免分解。

【思考问题】

1. 简要描述细胞原代培养和继代培养的主要步骤。
2. 在细胞冻存过程中为什么要用慢速冷冻的方法？动物细胞冻存的基本原理是什么？
3. 冻存液的作用是什么？细胞冻存的目的是什么？
4. 台盼蓝拒染实验检测细胞活力的基本原理是什么？
5. MTT 比色法检测细胞活力的原理是什么？

参 考 文 献

杨汉民. 1997. 细胞生物学实验. 2 版. 北京：高等教育出版社.

杨淑慎，张小红. 2020. 细胞工程实验技术. 北京：科学出版社.

实验三十 单克隆抗体的制备

【实验目的】

1. 了解单克隆抗体的制备原理。
2. 掌握单克隆抗体的制备方法。

【实验原理】

抗体（antibody）是机体在抗原（antigen）刺激下由 B 淋巴细胞产生的、对抗原兼具高度亲和力及特异性结合力的免疫球蛋白。抗原分子大多含有多个不同的抗原表位（epitope），每个表位都可以刺激产生一种抗体，所以常规抗体是针对不同表位的抗体的混合物，称为多克隆抗体（polyclonal antibody），简称多抗。多抗的科研、临床应用通常较有限。

1975 年，克勒（Köhler）和米尔斯坦（Milstein）建立了淋巴细胞杂交瘤技术，他们把产生抗体的小鼠脾细胞（B 淋巴细胞）与能在体外无限增殖的骨髓瘤细胞融合，形成 B 细胞杂交瘤。这种杂交瘤细胞兼具有“双亲”的特征，既能合成和分泌特异性抗体，又能在体外无限增殖。通过单个杂交瘤细胞的克隆化培养，得到细胞株，它所产生的抗体是针对单一抗原表位的高度同质的抗体，即单克隆抗体（monoclonal antibody），简称单抗。

杂交瘤细胞的筛选很重要，因为脾细胞与骨髓瘤细胞融合，可能有几种结果：①无融合；②同种细胞融合；③脾细胞与骨髓瘤细胞融合。采用含有次黄嘌呤（hypoxanthine，H）、氨基蝶呤（aminopterin，A）和胸腺嘧啶核苷（thymidine，T）的 HAT 培养基，可对杂交瘤细胞进行筛选。由于培养基中氨基蝶呤阻断了细胞以正常途径合成 DNA，细胞必须利用次黄嘌呤和胸腺嘧啶，以次黄嘌呤鸟嘌呤磷酸核糖基转移酶（hypoxanthine-guanine phosphoribosyl transferase，HGPRT）和胸腺嘧啶核苷激酶（thymidine kinase，TK）参与的补救途径合成 DNA 才能生存，但是骨髓瘤细胞为 HGPRT 或 TK 缺陷，所以未融合的骨髓瘤细胞和相互融合的骨髓瘤细胞均不能在 HAT 培养基中存活。尽管未融合的脾细胞和相互融合的脾细胞含有 HGPRT 和 TK，但不能无限增殖。只有脾细胞与骨髓瘤细胞融合形成的杂交瘤细胞因为得到来自亲本脾细胞的 HGPRT/TK 和亲本骨髓瘤细胞的连续传代特性，而在 HAT 培养基中存活下来。筛选出的杂交瘤细胞克隆化培养后，可通过杂交瘤细胞体内接种法或者体外培养法进行单抗的大量生产。

【实验准备】

1. 生物材料：BALB/c 小鼠、骨髓瘤细胞（SP2/0）。

2. 实验器材：高压灭菌锅、超净工作台、CO_2 培养箱、冰箱、倒置显微镜、精密天平或电子天平、液氮罐、离心机（水平转子，4000r/min）、恒温水浴锅、纯水装置、滤器、细胞培养瓶、刻度吸管、试管、滴管、平皿、烧杯、盐水瓶、青霉素小瓶、注射器、

96孔细胞培养板、24孔细胞培养板、离心管、解剖剪、眼科镊、血细胞计数板、移液器、吸管、200目筛网、小鼠固定装置等。

3. 实验试剂。

（1）HEPES液（1mol/L）：HEPES 23.83g溶于超纯水，定容至100mL。过滤除菌，分装（4～5mL/瓶），4℃保存。

（2）7.5% $NaHCO_3$溶液：$NaHCO_3$ 7.5g溶于100mL超纯水。过滤除菌，分装（4～5mL/瓶），盖紧瓶塞，4℃保存。

（3）青-链霉素双抗溶液（100×）：青霉素G（钠盐）100万单位、链霉素（硫酸盐）1g，溶于100mL灭菌超纯水，分装（4～5mL/瓶），−20℃冻存。

（4）L-谷氨酰胺（LG）溶液（100×，0.2mol/L）：L-谷氨酰胺 2.92g，溶于100mL超纯水。过滤除菌，分装（4～5mL/瓶），−20℃冻存。

（5）RPMI1640基础培养基按说明书规定的程序配制，配好后0.22μm滤膜过滤除菌，分装，4℃保存。

（6）不完全RPMI1640培养基：RPMI1640基础培养基原液 96mL，100×LG溶液 1mL，青-链霉素双抗溶液1mL，7.5%的$NaHCO_3$溶液 1～2mL，HEPES溶液 1mL。

（7）完全RPMI1640培养基：不完全RPMI1640培养基80mL，胎牛血清10～20mL。

（8）50%聚乙二醇（PEG）：取PEG4000 50g放于三角瓶中，加超纯水，60～80℃水浴熔化，再定容至100mL，高压蒸汽灭菌15min，分装于青霉素小瓶（约0.6mL/瓶），−20℃储存。临用前加热熔化，加等量不完全培养基，用7.5% $NaHCO_3$调pH至8.0。

（9）次黄嘌呤和胸腺嘧啶核苷（HT）贮存液（100×，H为1×10^{-2}mol/L，T为1.6×10^{-3}mol/L）：次黄嘌呤 136.1mg、胸腺嘧啶核苷 38.8mg，加超纯水，置45～50℃水浴中使完全溶解，再定容至 100mL。过滤除菌，分装（2mL/瓶），−20℃冻存。用前可置37℃加温助溶。

（10）氨基蝶呤（A）贮存液（100×，4×10^{-5}mol/L）：氨基蝶呤 1.76mg，溶于90mL超纯水，滴加1mol/L NaOH 0.5mL中和，加超纯水定容至100mL。过滤除菌，分装（2mL/瓶），−20℃保存。

（11）HT培养基：完全RPMI1640培养基99mL，HT贮存液1mL。

（12）HAT培养基：完全RPMI1640培养基98mL，HT贮存液1mL，A贮存液1mL。

（13）其他：弗式完全/不完全佐剂、生理盐水、特级胎牛血清（FBS）、青-链霉素双抗溶液、0.01mol/L PBS、60mmol/L乙酸盐缓冲液（pH4.0）、正辛酸、$(NH_4)_2SO_4$、6%淀粉牛肉膏、75%乙醇、1mol/L NaOH等。

【实验步骤】

1. 动物免疫

1）制备抗原　抗原种类很多，包括全细胞、细胞提取物、纯化蛋白、融合蛋白、多肽、糖类等，根据实验室条件及相关实验需要制备所需抗原。例如融合蛋白，首先克隆蛋白质的基因序列，构建相应的表达载体，原核表达、纯化相应蛋白质。

2）选择免疫动物　根据所用的骨髓瘤细胞可选用小鼠和大鼠作为免疫动物。如果用小鼠骨髓瘤细胞做后续融合实验，则选用 BALB/c 小鼠作为免疫动物。就 BALB/c 小鼠而言，免疫选择 6～8 周龄的雌性鼠为宜，雌鼠相对于雄鼠较易操作。

3）免疫程序　按表 6-1 中所给比例配制 500μL/次注射用量。推荐使用的抗原用量：①免疫原性较弱的蛋白质抗原，5～50μg/针次；②免疫原性较强的抗原（如细菌、病毒等），1～5μg/针次。

表 6-1　免疫程序

免疫操作	免疫物质（500μL/次，抗原：0.9%生理盐水：佐剂）	免疫注射位点	免疫间隔时间
初次免疫	1：1：2（弗氏完全佐剂）	皮下多点注射	10d
第二次加强免疫	1：1：2（弗氏不完全佐剂）	腹腔注射	10d
第三次加强免疫	1：1：2（弗氏不完全佐剂）	腹腔注射	10d
抗血清效价检测	/	/	/
冲击免疫	1：0：0	腹腔注射	眼内眦取血前 3d

2. 细胞融合（以 BALB/c 小鼠和骨髓瘤细胞 SP2/0 为例）

1）准备脾细胞　在末次免疫后第 3 天处死小鼠。在处死小鼠前，对已产生抗体的小鼠进行摘眼球取血，血清作为阳性对照。

颈椎脱位处死小鼠，75%乙醇浸泡消毒毛皮 3～5min，打开腹腔，无菌取出脾脏。去除脂肪和结缔组织，用不完全培养基冲洗，置于 200 目不锈钢网筛上研磨脾脏，用不完全培养基漂洗 2～3 次，1000r/min 离心 5min，弃上清液；加入完全培养基，用吸管吹打，使细胞分散，收集上层悬液即可。一般一只小鼠可获得 1×10^8～2.5×10^8 个脾细胞。

2）准备骨髓瘤细胞　融合前 2 周，复苏骨髓瘤细胞 SP2/0。在超净台中提前准备好 15mL 离心管，加入 2～3mL 完全培养基。打开恒温水浴锅，加热至 37℃；将冻存在液氮罐中的 SP2/0 细胞取出，迅速置于水浴锅中，在 1min 内将其融化。融化后的细胞移入事先准备好的离心管，吹打混匀，1000r/min 离心 4min，弃上清液；向沉淀中加入 2～3mL 完全培养基，吹吸混匀；转入提前加入 3～4mL 完全培养基的培养瓶，使其分布均匀；放入培养箱，于 37℃，5% CO_2 复苏培养。

融合前 48～36h，将 SP2/0 细胞收集到 50mL 离心管中，1000r/min 离心 4min，弃上清液；加入 5mL 不完全培养基重悬，1000r/min 离心 5min，弃上清液；加入 4mL 不完全培养基，计数，静置待用。

3）准备饲养细胞　在细胞融合后选择性培养过程中，由于大量骨髓瘤细胞和脾细胞相继死亡，致使少数分散的杂交瘤细胞不易存活。加入饲养细胞，可促进杂交瘤细胞生长。以腹腔巨噬细胞最常用。

取小鼠饲养细胞前 3 天，将灭菌的 6%淀粉肉汤注射到健康 BALB/c 小鼠腹腔，刺激产生大量饲养层细胞。细胞融合前 1 天，小鼠引颈处死，75%乙醇浸泡消毒毛皮 3～5min；用无菌解剖剪剪开腹部皮肤，暴露腹膜，用酒精棉球轻轻擦拭腹膜。用注射器吸取约 5mL 不完全培养基，穿刺腹膜（谨防刺破肠管），注射进腹腔内。反复冲洗后，吸出注入的培养基，1000r/min 离心 5min，弃上清液。用 5mL HAT 培养基重悬细胞沉淀，计数，调整细胞密度为 2×10^5 个/mL。将细胞悬液按 100μL/孔加入 96 孔板，置 37℃、5% CO_2 的培养箱中培养，备用。

4）细胞融合与筛选　将 1×10^8 个脾细胞与 2×10^7～5×10^7 个骨髓瘤细胞 SP2/0 加入 50mL 离心管中混合，1000r/min 离心 10min，弃上清液（尽量吸净上清液，以免影响 PEG 浓度）。用手指轻弹离心管细胞沉淀一侧，使细胞沉淀松散，置 37℃预热。用吸管吸取 1mL 37℃预热的 PEG，匀速加入细胞沉淀中（最好在 1min 内完成），加入的同时轻轻搅拌，静置 1min。

之后，每隔 2min 匀速加入 1mL、2mL、3mL、4mL、5mL、10mL 37℃的不完全 RPMI1640 培养基终止 PEG，边加入边旋转离心管；37℃离心管静置 5min。1000r/min 离心 5min，弃上清液；加入 5mL HAT 培养基，轻轻吹吸重悬细胞，然后补加含腹腔巨噬细胞的 HAT 培养基至 80～100mL。将上述细胞悬液按 100～150μL/孔接种到已有饲养细胞的 96 孔板中，于 37℃、5% CO_2 培养箱内培养。

细胞融合后第 2 天、第 5 天观察有无污染及细胞生长状况；第 5 天用 HAT 培养基半量换液；7～10d 后，用 HT 培养基全部替换 HAT 培养基。融合 15d 后，吸取培养板孔内的培养基，间接 ELISA 法检测抗体效价；此后继续培养则可用完全 RPMI1640 培养基替换 HT 培养基。

3. 杂交瘤细胞克隆培养

对离心提取效价达到 1∶10 000 以上孔内的细胞，采用有限稀释法稀释细胞，进行克隆培养：克隆培养前 1 天，制备饲养细胞。用含 20%胎牛血清的 RPMI1640 培养基稀释待克隆的杂交瘤细胞至 10 个/mL，按 100μL/孔接种到含饲养细胞的 96 孔板内，37℃、5% CO_2 培养 7～10d，倒置显微镜下观察，标记单个克隆生长的孔，取上清液检测抗体。将抗体检测阳性孔内的细胞扩大培养，及时冻存保种。

4. 单克隆抗体的大量制备与提取

杂交瘤注射小鼠后能形成肿瘤，生长杂交瘤的小鼠血清和腹水中含有大量同质的抗体，从而大量产生单抗。

将灭菌后的石蜡油注射到已经生产的 BALB/c 母鼠腹腔，1mL/只；7d 后，可将杂交瘤细胞按 1×10^6～2×10^6 个/mL 注射到小鼠腹腔；10d 后待小鼠腹腔肿大，可抽取小鼠腹水。一只小鼠可抽取 2～3 次。

单抗提取：将抽取的腹水 12 000r/min 离心 10min，上清液用 0.22μm 滤膜过滤到小烧杯中；按照 1∶4 的比例逐滴加入 60mmol/L 乙酸盐缓冲液（pH4.0），2mol/L HCl 调 pH 至 4.8，磁力搅拌器缓慢搅动；室温下，逐滴加入正辛酸，正辛酸最终浓度为 25μL/mL，30min 加完；冰浴静置 2h；于 4℃条件下，12 000r/min 离心 30min，取上清液，用 0.22μm 滤膜过滤，加入上清液体积 1/10 的 0.01mol/L PBS，1mol/L NaOH 调 pH 为 7.4；冰浴条件下缓慢搅拌并加入 $(NH_4)_2SO_4$ 固体至 45%饱和度，作用 30min；4℃静置 1 h，12 000r/min 离心 30min，弃上清液，将沉淀溶于少量的 0.01mol/L PBS 中，纯水 4℃过夜透析；超滤，分装，−80℃保存抗体。

【注意事项】

1. 制备单抗的实验周期长，环节多，所以影响因素比较多，稍不注意就会造成失败。

例如：容易发生污染，包括细菌、霉菌和支原体污染。尤其是支原体污染，可能会导致杂交瘤细胞不生长、不产生抗体或停止产生抗体、克隆化生长困难等。支原体污染主要来源于牛血清。此外，其他添加剂、实验室环境、工作人员也可能带来支原体污染。要对每一批小牛血清和长期传代培养的细胞进行支原体检查，查出污染源及时采取措施处理。

2. 细胞融合前必须做骨髓瘤细胞对 HAT 选择培养基敏感性试验，不敏感的细胞不能用于细胞融合。

【思考问题】

1. 请比较单抗和多抗的优缺点。
2. 为什么可以利用 HAT 培养基筛选杂交瘤细胞？
3. 除了杂交瘤技术用于制备单抗外，还有哪些制备单抗的方法？
4. 关于抗体的纯化，实验中介绍了简便易操作的辛酸-硫酸铵沉淀法，除此之外，还有哪些抗体纯化方法？各有什么优缺点？
5. 查阅资料，总结单抗的应用。

参 考 文 献

高吉，何娟，王庆文，等. 2020. 单克隆抗体技术的诞生、现状和展望. 科学通报，65：3085-3090.
李志勇. 2008. 细胞工程学. 北京：高等教育出版社.

实验三十一　哺乳动物细胞的转染

【实验目的】

1. 掌握哺乳动物细胞转染的基本操作过程。
2. 掌握细胞中外源基因表达的检测方法。
3. 了解将外源基因导入真核细胞的方法。

【实验原理】

细胞转染是采用生物、物理或化学的方法将外源基因导入细胞的技术。转染方法一般有磷酸钙转染法、脂质体转染法、DEAE（二乙氨乙基）-葡聚糖转染法、病毒法、电穿孔法和显微注射法等。其中，磷酸钙转染法和脂质体转染法操作简单，无需昂贵设备，成本较低，已被许多实验室广泛采用；DEAE-葡聚糖转染法所需外源 DNA 量较少，转染效果稳定，但该法只对少数细胞系转染效率高，且对细胞有毒性作用；病毒法使用反转录病毒载体，是目前转染效率最高的方法，可用于转染不易转化的细胞或原代培养的细胞，但病毒 DNA 可能会影响外源基因的表达，有潜在的危险性，且所转染的外源基因不能超过 8kb；电穿孔法和显微注射法转染效率较高，但需要昂贵的仪器设备，且显微注射法在导入外源基因时只能一个细胞一个细胞地注射，不适合大量细胞的转染。本实验介绍脂质体转染法将绿色荧光蛋白基因表达载体质粒 DNA 导入细胞。

绿色荧光蛋白（green fluorescent protein，GFP）是一种吸收紫外光或蓝光后发出绿色荧光的蛋白质，最早是由下村修和约翰森在 1974 年从维多利亚水母（*Aequorea victoria*）中纯化得到，1992 年，水母的 *GFP* 基因被成功克隆鉴定。通过在异体细胞或生物体中的表达研究发现，GFP 有具发光功能的荧光基团，产生的荧光性质较稳定，无种属特异性，表达时无需辅助因子和其他蛋白质的参与。GFP 由一小段 DNA 序列编码，可与细胞内特定蛋白基因构建成融合蛋白基因，当融合蛋白在细胞中表达时，特定蛋白便有了荧光标记。*GFP* 已作为新型报告基因广泛应用于生物医学领域，进行基因表达和调控、细胞分化以及蛋白质的细胞内定位和转运等研究。

脂质体（liposome）是由脂质双分子层组成的，内部为水相的闭合囊泡结构。脂质体 2000（Lipofectamine 2000）是一种阳离子脂质体，可用于 DNA、siRNA、dsRNA、荧光标记的 Oligo、RNA 的转染，转染效率高，适用于所有常见细胞系和多种难以转染的细胞系，是目前实验室常见的转染方法之一。因脂质体对细胞有一定的毒性，转染时间需控制在 24h 之内。

【实验准备】

1. 生物材料：HeLa（人宫颈癌细胞）或 CHO（中国仓鼠卵巢上皮细胞）、3T3（小鼠胚胎成纤维细胞）、293T（人胚肾细胞）或 HepG2（人肝癌细胞）等细胞系。

2. 实验器材：CO_2 培养箱、倒置荧光显微镜、超净工作台、移液器（10μL 和 100μL）、血细胞计数板、35mm 细胞培养皿或 6 孔细胞培养板、移液管、擦镜纸、无菌吸头、1.5mL 离心管等。

3. 实验试剂：脂质体 2000、细胞培养基（DMEM 或 RPMI1640 等）、无血清培养基（OPTI-MEM Ⅰ 培养基）、胎牛血清、绿色荧光蛋白基因表达载体质粒 DNA（pcDNA3.1-GFP 或 pCMV-GFP 等）、0.25%胰蛋白酶液。

【实验步骤】

以 HeLa 细胞为例，转染的基本程序如下。

1. 培养细胞的准备

转染前一天，用胰蛋白酶消化细胞，血细胞计数板计数，并将细胞按照一定的细胞密度接种于 6 孔细胞培养板或 35mm 细胞培养皿中，加入含 10%胎牛血清的培养基（不含抗生素）中继续培养，使细胞转染时的密度达 40%～70%（对数生长期）。

2. 转染液的制备

在 1.5mL 离心管中制备以下两种液体：A 液为 100μL 不含抗生素的无血清培养基（如 OPTI-MEM Ⅰ 培养基）稀释的绿色荧光蛋白基因表达载体质粒 DNA（每孔/皿细胞，使用 50μL 无血清培养基稀释 0.8～1.0μg DNA）；B 液为 100μL 无血清培养基稀释的脂质体（每孔/皿细胞，使用 50μL 无血清培养基稀释 1～3μL 脂质体试剂），室温放置 5min。混合 A 液和 B 液，室温放置 30min，形成 DNA-脂质体复合物。

3. 转染的准备

用无血清培养基轻轻漂洗细胞，去除细胞表面残留的血清，在每孔/皿中添加 1mL 无血清培养液，备用。

4. 转染

将 DNA-脂质体复合物逐滴添加到每孔/皿中，轻轻摇动细胞培养板或培养皿，混匀，于 37℃、5% CO_2 培养箱继续培养。

5. 镜检

24h 后，将细胞培养板或培养皿放在倒置荧光显微镜下观察。转染有 *GFP* 基因的细胞表达绿色荧光蛋白，在荧光显微镜下呈绿色。

【注意事项】

1. 转染前需选择合适的时机对细胞进行传代，保证转染时培养细胞铺满培养板或培养皿底面积的 40%～70%，且贴附稳定。

2. 高浓度 DNA 溶液与脂质体 2000 溶液直接混合时，可能会混浊，但不会影响转染。

3. 血清中含有带负电荷的物质，对脂质体在细胞膜上的吸附有抑制作用，故转染需要选用不含血清的培养液。

4. 添加混合后的转染液时，应一滴一滴地加入细胞培养板或培养皿中。

【思考问题】

1. 常用的细胞转染方法有哪些？不同的转染方法中，外源基因是如何进入细胞的？

2. 转染 24h 后将含 DNA-脂质体复合物的培养液，更换为含 10%胎牛血清的培养液后，细胞还会表达绿色荧光蛋白吗？传代之后呢？

参 考 文 献

安利国. 2015. 细胞生物学实验教程. 3 版. 北京：科学出版社.

刘爱平，郭振，王琦琛. 2021. 细胞生物学荧光技术原理和应用. 2 版. 合肥：中国科学技术大学出版社.

辛华. 2009. 现代细胞生物学技术. 北京：科学出版社.

王崇英，侯岁稳，高欢欢. 2017. 细胞生物学实验. 4 版. 北京：高等教育出版社.

章静波，黄东阳，方瑾. 2011. 细胞生物学实验技术. 2 版. 北京：化学工业出版社.

实验三十二　小鼠胚胎干细胞培养与体外诱导分化

【实验目的】

1. 初步掌握小鼠胚胎干细胞的制备、传代培养及体外诱导分化的实验原理和技术。

2. 了解胚胎干细胞理论及其应用研究价值。

【实验原理】

哺乳类动物囊胚期胚胎由内细胞团和周围的滋养层细胞两部分构成，滋养层将来发育为胚外组织和结构，内细胞团则发育为整个胚胎本体组织。世界上第一株胚胎干细胞（embryonic stem cell，ES 细胞）细胞系是由英国的埃文斯（Evans）和考夫曼（Kaufman）两位科学家于 1981 年从小鼠内细胞团分离得到的。人类胚胎干细胞于 1998 年建系成功。胚胎干细胞在特定培养基中，是既可以在体外长期培养、增殖并维持未分化状态，同时又能够发育分化为各种组织细胞的具有全部发育潜能的多能（pluripotent）干细胞。胚胎干细胞在某些特定条件下培养可定向诱导分化为不同类型的细胞群。

胚胎干细胞的上述特性决定了其具有十分重要的理论和实际应用价值。例如，利用胚胎干细胞研究细胞增殖和分化，研究基因表达、调控和动物发育问题；利用胚胎干细胞转基因和嵌合体技术治疗遗传缺陷和改良动物品种。如果科学家最终能够成功诱导和调控体外培养的胚胎干细胞正常的分化，这一技术将对基础研究和临床应用产生巨大的影响，有可能在以下领域发挥作用：体外研究人胚胎的发生发育、非正常发育（通过改变细胞系的靶基因）、人类新基因的发现、药物筛选和致畸实验，以及作为组织移植、细胞治疗和基因治疗的细胞源等。

【实验准备】

1. 生物材料：小鼠胚胎干细胞、13.5d 孕鼠（制作饲养层使用）。

2. 实验器材：超净工作台、离心机、体视显微镜、倒置相差显微镜、CO_2 培养箱、灭菌锅、小型动物手术器械、移液管、培养皿、4 孔细胞培养板或 6 孔细胞培养板、96 孔细胞培养板、0.22μm 微孔滤膜、擦镜纸、$25cm^2$ 培养瓶、10cm 皮氏培养皿、15mL 离心管等。

3. 实验试剂。

（1）小鼠 ES 细胞培养基：DMEM 80%、胎牛血清 20%、β-巯基乙醇 0.1mmol/L、L-谷氨酰胺 2mmol/L、白血病抑制因子（LIF）1000IU/mL、非必需氨基酸 0.1mmol/L。

（2）丝裂霉素 C：取一瓶丝裂霉素 C（2mg）、2 瓶分装好的 DMEM 培养基（100mL，含 10%胎牛血清），转入超净工作台；无菌操作打开瓶盖，用 1mL 移液管向其中加入 4mL 培养基，吸吹 300 次，盖好盖，颠倒摇匀 100 次；向 2 瓶培养基中各加入 2mL 丝裂霉素 C 培养基，使丝裂霉素 C 终浓度为 10μg/mL，做好标签，4℃保存备用。

（3）PBS：调 pH 至 7.2，用 0.22μm 微孔滤膜过滤除菌。

（4）其他：0.25%胰蛋白酶消化液、75%乙醇、白血病抑制因子（LIF）、视黄酸（retinoic acid，RA）、抗坏血酸、EDTA 等。

【实验步骤】

1. 小鼠胚胎成纤维细胞及饲养层的制备

（1）孕鼠处理：取孕 13.5d 左右的小鼠胚胎，去除头部及内脏，PBS 充分漂洗以除去血细胞，然后剪成 1～$2mm^3$ 的组织块，加入 0.25%胰蛋白酶消化液，边消化边轻轻吹打组织块 2～3min，加入等量的 DMEM 培养基终止消化，待组织块沉降后收集上部单细胞悬液，将细胞悬液离心并用含10%血清的DMEM培养基重悬小鼠胚胎成纤维细胞（MEF），根据收获细胞量的多少，按一定密度将其接种在若干$25cm^2$培养瓶中，于37℃、5%CO_2培养箱中培养，即获得原代MEF。第二天长满单层后可按常规方法传代培养，5代以内的MEF可用来制作饲养层。

（2）MEF饲养层的制备：选取形态正常、已接近长满（80%～90%）培养瓶的MEF，用含丝裂霉素C的DMEM培养基处理2～3h，PBS洗涤5次，将其消化成单细胞悬液，以1×10^4个$/cm^2$的浓度接种至培养皿中，37℃、5%CO_2培养箱中放置培养，使饲养层细胞充分贴壁。当细胞铺展成单层时即可使用，放置过夜后使用效果最佳。制备好的饲养层细胞可在5d内使用。

2. 胚胎干细胞的分离培养、冻融和扩增

（1）ES细胞的分离过程（略），一般实验用国际通用的R1-ES细胞系（129品系）。

（2）小鼠ES细胞的常规培养：由于ES细胞生长较快，需要每天换液，一般1～2d传代一次。传代时，弃去旧培养基，用PBS洗一遍，加入胰蛋白酶-EDTA消化液，静置约1min，尽量吸去全部消化液，残液继续作用1～2min，待细胞层出现裂缝时，轻敲培养皿底，细胞集落松散滑落时，加入培养基终止胰蛋白酶的作用，适度吹打使细胞从培养皿底脱落并成为单细胞悬液。根据ES细胞的生长速度确定传代的密度，一般以1∶6～1∶2接种至预先铺有新鲜饲养层的培养皿中，补足所需的培养基。按前后左右方向轻轻水平晃动培养皿，使ES细胞分布均匀，放回CO_2培养箱培养。

（3）ES细胞的冻存和扩增同一般细胞冻存过程，主要是注意传代密度和防止ES细胞分化。

3. 胚胎干细胞的体外诱导分化

（1）类胚体（EB）形成过程：ES细胞要保持在未分化状态，处于指数增长期。胰蛋白酶消化后，用3倍细胞培养基中和；室温1000r/min离心5min；用ES细胞培养液重悬，贴壁40min；然后用不含LIF的培养液重悬细胞。用10cm皮氏培养皿的皿底做悬滴，滴要饱满，不能铺开，每滴20μL（约1000个ES细胞），迅速将培养皿倒置。2d后，将液滴晃到一起，用2mL移液管将含有EB球的液体转移到15mL离心管里，室温静置5min去掉上清液。EB球用含有100nmol/L～1μmol/L RA的培养基重悬，转移到皮氏培养皿或者超低吸附板（生物反应器）中，继续培养3d，每天换液。

（2）心肌细胞的体外诱导分化：将培养48～72h的类胚体，按每孔一个类胚体转移至96孔细胞培养板中，加入含10g/L抗坏血酸的DMEM培养基，进行诱导分化培养，注意适时换液。在倒置相差显微镜下观察后发现，培养24h后类胚体基本贴壁生长；培养4～6d可明显观察到类胚体出现类似心肌的自发性搏动；诱导分化培养14～27d的拟胚体自发性搏动最为明显。依据自发性搏动现象可初步判断类胚体已分化为心肌细胞。

【注意事项】

1. 饲养层细胞也可使用14d的同系小鼠胚胎原代培养的成纤维细胞，用前制备。若无饲养层细胞培养会导致细胞分化。

2. 涉及培养的所有试剂应该使用去离子水或三蒸水配制，包括各种用品都应该严格高压灭菌或过滤除菌。

3. 内细胞团培养时应适时观察，已分化的内细胞团不可用于后续实验。

4. 消化细胞的时间应视酶活力和环境温度等条件，适时终止反应。

5. 通过形态特征只能初步鉴定胚胎干细胞克隆，只有通过胚胎干细胞标志分子检测和构建嵌合体等技术才能明确鉴定。同样，只有通过进行相关的免疫组化等实验才能明确鉴定诱导分化的细胞为心肌细胞。

【思考问题】

1. 详细记录、描述培养过程中培养材料的形态特征及变化，适时拍照。

2. 思考胚胎干细胞及干细胞定向诱导分化的应用前景。

参 考 文 献

邸科前. 2007. 小鼠胚胎干细胞的分离及鉴定.保定：河北农业大学硕士学位论文.

邸科前. 2015. 小鼠雌性诱导多能性干细胞的分离与多能性研究.保定：河北农业大学博士学位论文.

实验三十三　植物原生质体制备与外源基因的瞬时表达

【实验目的】

1. 掌握拟南芥原生质体的制备方法。

2. 掌握聚乙二醇介导的拟南芥原生质体的转化方法。

【实验原理】

拟南芥又名鼠耳芥、阿拉伯芥、阿拉伯草，是在植物遗传学和植物发育研究中的模式生物之一。植物瞬时表达系统在启动子功能分析、基因功能分析和生产重组蛋白方面用途广泛。常用的方法有基因枪转化和聚乙二醇（PEG）介导的基因转化。在进行瞬时表达分析时，一般将目的基因和报告基因融合，常用于构建融合基因的报告基因有新霉素磷酸转移酶基因（*npt* Ⅱ）、氯霉素乙酰转移酶基因（*GAT*）、β-葡糖醛酸糖苷酶基因（*GUS*）、荧光素酶基因（*LUC*）和绿色荧光蛋白基因（*GFP*）等。GFP是一个由238个氨基酸残基组成的本身具有发光功能荧光团的蛋白质，能够自身催化形成发色结构，并在蓝光或紫外线的激发下发出荧光，其基因是一种新型报告基因。GFP之所以能产生绿色荧光是由于其蛋白质分子多肽链内含有特殊的生色团结构，即第65～67位的Ser-Tyr-Gly链，可自身环化，在氧气的参与下与周围其他 3 个氨基酸形成六肽生色团。晶体结构分析表明，GFP 分子为致密管状结构，由周围 11 个 β 折叠围绕中央一个 α 螺旋构成，其生色团即包含在该中央 α 螺旋结构中。

利用 GFP 的荧光特性对某一蛋白质的 N 端或 C 端进行标记，然后借助荧光显微镜或共聚焦显微镜便可对标记的蛋白质进行细胞内活体观察。标记过程是利用常规的 DNA 重组技术将 *GFP* 基因与目的蛋白基因的编码区连接形成一个单一的融合基因表达载体，然后将这一重组表达载体导入细胞，使融合蛋白得到瞬时或稳定表达，通过检测这些 GFP 的荧光来测定这些蛋白质的位置。另外，GFP 也大量用于各种细胞结构的标记，包括细胞骨架、细胞膜、细胞核、中心体、过氧化物酶体、线粒体、叶绿体和高尔基体等。利用这一技术，也可以测定某些细胞的分布和生长状况，尤其是一些透明的动物和植物组织内特定细胞和生长化合物分布情况。GFP 非常稳定，其光谱特性一般不受变性溶液的影响。

聚乙二醇（PEG）带微弱极性的负电荷，能与水、蛋白质和碳水化合物等具有正电荷基团的分子形成氢键。当 PEG 分子链足够大时，在邻近原生质体表面起着分子桥的作用，引起原生质体紧紧粘连成团。Ca^{2+}在蛋白质或磷脂负电荷基团和 PEG 之间形成桥梁，加强原生质体之间的粘连作用。在洗涤过程中，直接或间接与细胞膜结合的 PEG 分子从原生质体表面洗脱，并随着 pH 的降低，导致膜电荷的不平衡和发生重新分布，最后导致原生质体发生融合。融合细胞在培养过程中再生细胞壁，分裂形成愈伤组织和再生植株，产生体细胞杂种植株。PEG 介导的基因转化基本步骤包括：融合基因载体的构建、原生质体的制备、原生质体的转化、报告基因的活性分析和组织化学分析等。

【实验准备】

1. 生物材料：野生型拟南芥种子、已构建好的 GFP 融合表达质粒载体。

2. 实验器材：荧光显微镜、恒温摇床、超净工作台、高压蒸汽灭菌锅、离心机、光照培养箱或培养室、冰箱、移液器及吸头、镊子、手术刀、酒精灯、离心管、6 孔培养板等。

3. 实验试剂。

（1）酶解液（15mL）：0.15g 纤维素酶 R10、0.0375g 离析酶 R10，1.09g 甘露醇、1mL 0.3mol/L KCl、1mL 0.3mol/L 吗啉乙磺酸（MES），调整 pH 至 5.7，加水 10mL，55°C水浴加热 10min。冷却到室温后加入以下试剂：1mL 0.15mol/L $CaCl_2$、1mL 75mmol/L β-巯基乙醇、1mL 1.5% BSA，用 0.45μm 滤膜过滤后使用。

（2）40%PEG 溶液：1g PEG4000、0.75 mL H_2O、0.625mL 0.8mol/L 甘露醇、0.25mL 1mol/L $CaCl_2$。

（3）W5 液体培养基（1000mL）：154mmol/L NaCl、125mmol/L $CaCl_2$、5mmol/L KCl、5mmol/L 葡萄糖、0.03% MES，用 KOH 调 pH 至 5.8，高压蒸汽灭菌 20min。

（4）MMg 溶液（100mL）：15mmol/L $MgCl_2$、0.1% MES、0.4mol/L 甘露醇，用 KOH 调 pH 至 5.8，高压蒸汽灭菌 20min。

（5）WI 溶液（200mL）：0.5mol/L 甘露醇、4mmol/L MES（pH5.7）、20mmol/L KCl，高压蒸汽灭菌 20min。

（6）1/2 MS 培养基（1000mL）：2.151g MS 盐、30g 蔗糖、7g 琼脂粉，用 KOH 调 pH 至 5.8，高压蒸汽灭菌 20min。

【实验步骤】

1. 拟南芥原生质体的制备

（1）拟南芥幼苗材料准备：将拟南芥种子脱毒后点种在 1/2 MS 培养基中，4℃暗处理 3d 后置于正常光照下生长。待长出 4 片叶子后移栽至营养土中，生长 3 周。

（2）原生质体的分离：取生长 3 周未抽薹的植株叶片，切成 1mm 宽的长条，置于酶解液中，真空抽气 15min，于 37℃黑暗条件下，40～50r/min 酶解 3～4h。

（3）酶解结束，轻轻晃动锥形瓶，释放原生质体。酶解液经 200 目筛子过滤后，将绿色溶液置于 15mL 离心管中，均分为两管。于 4℃、800r/min 离心 2min。

（4）弃去上清液，沉淀用预冷的 W5 液体培养基轻柔洗涤，每管 4mL。于 4℃、1000r/min 离心 1min。

（5）弃去上清液，加入 4mL 预冷的 W5 液体培养基，于冰上静置 30min。

（6）室温 1000r/min 离心 1min，弃上清液。每管沉淀用 0.5mL MMg 溶液重悬，保持原生质体数目为 2×10^5 个/mL。本步骤及以下操作均在室温下进行。

2. PEG 介导的拟南芥原生质体的瞬时转化

（1）取 10～20μg 质粒于 2mL 的圆底离心管中，加 100μL 步骤 1 第（6）步中的原生质体（一般一个基因的转化需要 100μL），用 1mL 吸头（剪去前端）轻柔混匀。

（2）加入 110μL PEG 溶液，轻柔混匀，静置 20～30min。

（3）加入 440μL W5 液体培养基来回颠倒混匀，室温 1000r/min 离心 1min。

（4）弃上清液，加 1mL WI 溶液重悬原生质体。加入 6 孔板内，于 23℃弱光条件下孵育 16～24h。

（5）从 6 孔板中吸取孵育结束的原生质体于无菌的 1.5mL 离心管中，1000r/min 离心 2min 后重悬，终体积约为 50μL。荧光显微镜观察。

【注意事项】

1. 每一步操作要尽量轻柔，以免原生质体发生破裂。
2. 离心全部使用水平转子。

【思考问题】

原生质体瞬时转化的关键步骤有哪些？

参考文献

杨汉民. 1997. 细胞生物学实验. 2 版. 北京：高等教育出版社.
杨淑慎，张小红. 2020. 细胞工程实验技术. 北京：科学出版社.

第七章 细 胞 周 期

实验三十四 流式细胞术检测细胞周期中 DNA 的含量

【实验目的】

掌握使用流式细胞术检测细胞周期中 DNA 含量的方法。

【实验原理】

流式细胞术分析通过测定 DNA 含量来分析细胞周期。哺乳动物、酵母、植物或细菌细胞的 DNA 均可采用多种 DNA 结合染料染色。S 期细胞由于 DNA 含量高于 G_1 期细胞，会按比例吸收更多的染料，发出更亮的荧光，直到细胞的 DNA 复制结束。因此，G_2 期细胞的亮度约为 G_1 期细胞亮度的 2 倍。

DNA 结合染料包括碘化丙锭（PI）、7-氨基放线菌素 D（7-AAD）、Hoechst 33342、Hoechst 33258、Hoechst S769121、TO-PRO-3、4′，6-二脒基-2-苯基吲哚（DAPI）等。通常，需要对细胞进行固定或透化处理，染料才能进入细胞，否则染料会被活细胞主动泵出。细胞固定后，即可对样本进行沉积、染色并在实验最后进行分析。醇固定后的细胞在 4℃可保持稳定数周。醛固定的细胞则可保持稳定 2～3d。此外，还可以用洗涤剂透化细胞让 DNA 染料进入细胞。可用的洗涤剂包括 Triton X-100（0.1%）或乙基苯基聚乙二醇（NP40，0.1%）。透化的细胞不能像固定细胞一样长时间保存，应在数小时内进行处理。

流式细胞仪工作原理：将待测细胞放入样品管中，在气体的压力下进入充满鞘液的流动室。在鞘液的约束下细胞排成单列由流动室的喷嘴喷出，形成细胞柱。通过对流动液体中排列成单列的细胞进行逐个检测，得到该细胞的光散射和荧光指标，分析出其 DNA 特征。

【实验准备】

1. 生物材料：HeLa 细胞。

2. 实验器材：光学显微镜、流式细胞仪、离心机、冰箱、CO_2 培养箱、移液器及吸头、离心管、涡旋器、200 目滤膜等。

3. 实验试剂。

（1）Hoechst 33342 溶液：10mg Hoechst 33342 溶于 1mL ddH_2O 中，4℃保存。

（2）其他：PBS、70%乙醇、碘化丙锭（存储液，50μg/mL）、RNase（存储液，100μg/mL）等。

【实验步骤】

一、乙醇固定细胞 PI 染色法

（1）收集 2×10^5 个细胞，200g 离心 2min，弃上清液，并用 1mL PBS（不含 Ca^{2+}、Mg^{2+}）清洗一次。

（2）用 0.5mL 预冷的 70%乙醇重悬固定细胞，在涡旋器上一滴一滴地加入乙醇，4℃固定 30min 以上。细胞在醇类固定剂中−20℃可以存放几个星期。

（3）200g 离心 2min，去除乙醇，并用 PBS 洗涤 3 次，每次 1mL。

（4）用含 5μg/mL PI 和 2.5μg/mL RNase 的 0.5mL PBS 重悬细胞，37℃孵育 30min。

（5）样品过 200 目滤膜后转移至流式管。

（6）上机检测，用 561nm 的激光激发 PI，收集 610nm/20nm 波段的发射光，低速上样，总共记录 20 000 个目的细胞。

二、活细胞 Hoechst 33342 染色法

（1）收集 2×10^5 个细胞，200g 离心 2min，弃上清液，用 1mL PBS（不含 Ca^{2+}、Mg^{2+}）清洗一次。

（2）用含 10μg/mL Hoechst 33342 的 PBS 重悬细胞，37℃孵育 30min。

（3）无须洗涤，样品过 200 目滤膜后转移至流式管，放置冰上。

（4）上机检测，用 355nm 的激光激发 Hoechst 33342，收集 450nm/50nm 波段的发射光，低速上样，总共记录 20 000 个目的细胞。

【注意事项】

1. 一定要做细胞计数，确保细胞数与固定剂量和染料的浓度相匹配。一般来说细胞浓度控制在 2×10^5～2×10^6 个/mL。

2. 用乙醇作为固定剂时，乙醇应预冷至 0～4℃。细胞在固定时，固定剂应缓慢滴入细胞悬液中，使固定剂的浓度缓慢增加，并不断振摇，以避免细胞成团（特别是用乙醇固定时）。

3. 如果细胞标记荧光蛋白或需要做表面标记，不能使用醇类固定剂，可以使用醛类固定剂。使用醛类固定剂时可以加 0.1% Triton X-100。

4. 上样速度不宜过快，细胞浓度不宜过高，一般低流速、200 个细胞/s 为佳。

5. Hoechst 最佳浓度和染色时间需要根据具体的细胞来确定，一般浓度为 5～20μg/mL，孵育时间为 30～120min。

【思考问题】

1. 为什么要检测细胞周期中 DNA 的含量？

2. 流式细胞仪检测细胞 DNA 含量的原理是什么？

参考文献

杨汉民. 1997. 细胞生物学实验. 2 版. 北京：高等教育出版社.
杨淑慎，张小红. 2020. 细胞工程实验技术. 北京：科学出版社.
Tu Y H，Wang X D，Ding Y B，et al. 2019. Cell cycle analysis by flow cytometry. Bio，101：e1010328.

实验三十五　细胞周期同步化

【实验目的】

掌握实现细胞周期同步化的方法。

【实验原理】

在细胞培养过程中，细胞多处于不同的细胞周期时相中。不同时相的细胞对药物干预存在不同反应，会影响实验的重复性，因此，需要获得细胞周期一致的细胞。细胞同步化是指使用药物或其他方法使细胞停止在细胞周期的某个时相的技术。停滞的细胞可以通过调节，恢复细胞周期；恢复后所有细胞以一致的步调在细胞周期中运行。细胞同步化分为自然同步化和人工同步化两种，前者由于细胞群体受多种条件限制对结果有很大影响，所以一般都采取后者。通常使用的人工同步化方法有以下两种。

1. 胸腺嘧啶核苷（TdR）双阻断法

在细胞处于对数生长期的培养基中第一次加入过量的 TdR，能可逆地抑制 DNA 合成，而不影响其他时期细胞的运转，正处在 S 期的细胞就停在 S 期，而其他阶段的细胞则越过 G_1/S 期检查点，结果多数细胞群被同步化于 G_1/S 期检查点，但仍有相当的细胞在 S 期。移去 TdR，细胞再培养一段比 S 期长的时间，让它们完全越过 S 期。第二次 TdR 处理，细胞则在 G_1/S 期检查点积累，再次撤掉 TdR，加入完全培养基，让细胞重新生长，细胞同时启动于 S 期。该方法优点是同步化程度高，适用于任何培养体系，能够将几乎所有的细胞同步化。缺点是产生非均衡生长，个别细胞体积增大。

2. 有丝分裂摇落法

使单层培养的细胞处于对数生长期，此时细胞分裂活跃。处于有丝分裂期的细胞变圆隆起，与培养皿的附着性低，此时轻轻振荡，M 期细胞脱离器壁，悬浮于培养液中，收集培养液，再加入新鲜培养液，重复上述操作继续收集，则可获得一定数量的中期细胞。该方法的优点是操作简单，同步化程度高，细胞不受药物伤害。缺点是获得的细胞数量较少（分裂细胞占 1%～2%），只能在贴壁细胞中应用。

【实验准备】

1. 生物材料：HeLa 细胞。

2. 实验器材：倒置显微镜、CO_2培养箱、超净工作台、离心机、培养瓶、移液器、吸头、烧杯、废液瓶、离心管等。

3. 实验试剂：TdR、0.25%胰蛋白酶、无血清细胞培养液、Hank's液。

【实验步骤】

一、TdR双阻断法

（1）将对数生长期细胞的培养液换成含2mmol/L TdR的新鲜培养液。

（2）37℃、5% CO_2培养12h。

（3）弃去含有TdR的培养液，用Hank's液漂洗贴壁细胞两次，更换新鲜培养液，37℃、5% CO_2培养16h。

（4）弃去培养液，再加入含2mmol/L TdR的新鲜培养液，37℃、5% CO_2培养12h。

（5）重复步骤（3）。

二、有丝分裂摇落法

（1）取覆盖瓶底60%～80%的细胞一瓶，轻轻摇动或用中等力拍击培养瓶，使松动细胞游离下来，并收集到离心管。

（2）用Hank's液漂洗2次，漂洗液收集到离心管。

（3）600r/min离心5min，并用培养液调整细胞浓度为2.5×10^5个/mL，接种于新培养瓶。

（4）37℃、5% CO_2培养2～4h，细胞进入G_1期。

【注意事项】

1. TdR双阻断法中，第一次撤掉TdR后的培养时间不能超过G_1期+G_2期+M期的总和，否则，细胞又将进入S期。

2. 有丝分裂摇落法中，可先将收集到的有丝分裂期细胞置于冰上，然后处理其余的培养瓶。

【思考问题】

TdR阻断法为什么要用TdR作用两次？

参 考 文 献

Davis P K，Ho A，Dowdy S F. 2001. Biological methods for cell-cycle synchronization of mammalian cells. Biotechniques，30（6）：1322-1331.

第八章　细胞衰老与死亡

实验三十六　细胞衰老的诱导及检测

【实验目的】

1. 了解细胞衰老的概念、基本特征、诱导方法。
2. 学会应用 β-半乳糖苷酶染色法鉴定细胞衰老。

【实验原理】

1. 细胞衰老

细胞衰老，一般指复制衰老，即体外培养的正常细胞经历过有限次数的分裂后，停止生长，细胞形态和生理代谢活动发生显著改变的复制衰老，呈现核膜内折，染色质固缩，内质网蛋白质合成量减少，细胞内脂褐质积累等现象。细胞衰老的主要原因包括细胞内端粒缩短诱发的复制衰老和氧化损伤压力诱导的早熟性衰老，近年来有研究表明自噬在细胞衰老的发生发展过程中扮演着重要角色。

体外培养细胞的细胞衰老，常有以下两种生物学特征：①生长停滞，细胞停止分裂，细胞周期稳定不可逆地阻滞于 G_1 期；②衰老相关的溶酶体内水解酶 β-半乳糖苷酶的活化。

2. 细胞衰老的诱导

H_2O_2 分子具有很强的氧化性，是体外培养细胞常用的“早熟性衰老”诱变剂，可诱导 HeLa 细胞等出现明显的细胞样改变。一些抗氧化剂，如五味子丙素、鼠尾草酸、南瓜籽多肽等可以改善氧化应激导致的细胞早熟性衰老。

【实验准备】

1. 生物材料：HeLa 细胞或体外培养的成纤维细胞。

2. 实验器材：光学倒置显微镜、CO_2 培养箱、超净工作台、微量移液器、恒温培养箱、擦镜纸、离心管、吸头、细胞培养皿（3.5cm）、小方形盖玻片等。

3. 实验试剂。

（1）染色液：100mmol/L $K_3Fe(CN)_6$ 1mL、1mol/L $MgCl_2$ 40μL、5mol/L NaCl 600μL、柠檬酸/磷酸缓冲液（0.1mol/L 柠檬酸钠、0.2mol/L 磷酸缓冲液，pH6.0）4mL、100mmol/L $K_4Fe(CN)_6$ 1mL、X-Gal 20g/L（用二甲基甲酰胺配制）1mL，加超纯水定容至 20mL，现用现配。

（2）其他：H_2O_2、DMEM 培养基、胎牛血清、甲醛、戊二醛、PBS 等。

【实验步骤】

1. 细胞培养

HeLa 细胞或培养的成纤维细胞在小方形盖玻片上培养至细胞汇合度达 60%～70%。

2. 细胞衰老诱导

（1）弃掉培养皿中的培养液，实验组加入 H_2O_2 50μmol/L（PBS 配制），对照组加入 PBS，孵育 30min。

（2）用 PBS 漂洗 3 次，加入含 10%胎牛血清的完全培养基继续培养。

（3）每隔 2d 处理一次，共作用 4 次。

（4）实验前一天，将未经处理的细胞接种在小方形盖玻片上，作为阴性对照。

3. β-半乳糖苷酶染色与观察

（1）去掉培养皿中的培养液，用 PBS 漂洗 3 次。

（2）用固定液（2%甲醛和 0.2%戊二醛）室温固定 5min，PBS 漂洗 3 次。

（3）弃掉培养皿中的 PBS，加入适量染色液（每个培养皿加入 400μL 左右，其间注意不要让染色液干掉），恒温培养箱 37℃孵育 2h。

（4）弃掉染色液，用灭菌水漂洗 3 次。

（5）在光学倒置显微镜下观察，蓝染细胞为阳性细胞，每次随机挑选视野，统计实验组和对照组细胞阳性百分率。

【注意事项】

1. 培养用小方形盖玻片使用前进行清洗和灭菌处理。
2. 染色不能在 CO_2 培养箱中进行，以免影响染色的酸碱环境。
3. 加入和弃掉培养皿中培养液时，可稍倾斜培养皿，从小方形盖玻片以外液面操作，不要触及细胞。

【思考问题】

1. 为什么柠檬酸/磷酸缓冲的 pH 要调整为 6?
2. 哪些因素可以诱导细胞或机体的衰老?

参 考 文 献

苏慧丽，暴一众，张婧，等. 2020. 鼠尾草酸对 H_2O_2 诱导的早熟性细胞衰老和 D-半乳糖诱导的衰老模型小鼠的保护作用. 药学学报，55（5）：915-921.

薛嘉，谢晓刚，康健，等. 2021. 通过自噬调控细胞衰老的研究进展. 动物医学研究进展，42（1）：110-115.

邹方东，苏都莫日根，王宏英，等. 2020. 细胞生物学实验指南. 3 版. 北京：高等教育出版社.

实验三十七 细胞生死状态的鉴别

【实验目的】

1. 学习细胞生死状态鉴别的方法。
2. 了解细胞生死状态鉴别的原理。
3. 熟悉和掌握各种鉴别细胞生死状态方法的判定特征。

【实验原理】

细胞生死状态的鉴别方法主要有化学染色法和荧光染色法。

活细胞和死亡细胞在生理功能和性质上主要存在以下差异。①细胞膜通透性的差异：活细胞的细胞膜是一种选择透过性膜，对细胞起保护和屏障作用，只允许物质有选择性地通过；而细胞死后，细胞膜受损，其通透性增加。基于此，发展出了以台盼蓝、伊红、苯胺黑、赤藓红、亚甲蓝以及荧光染料碘化丙锭或溴化乙锭等为染料鉴别细胞生死状态的方法，上述染料能使死亡细胞着色，而活细胞不着色。此外，应用植物质壁分离的性质也可鉴定植物细胞的生死状态。活细胞的原生质具有选择透过性，死亡细胞因其原生质的选择透过性已遭破坏，故与高渗透压溶液接触时不产生质壁分离。②代谢上的差异：活细胞新陈代谢作用强，细胞内的酶具有较强的活性和还原能力。基于此，发展出了以荧光素二乙酸酯（FDA）、荧光素二丙酸酯、荧光素二丁酸酯或荧光素二苯甲酰酯等酯化的荧光素鉴别细胞生死状态的方法，上述酯化的荧光素亲脂性提高，容易被细胞吸收，活细胞内的酯酶具有较强的活性，可将酯化的荧光素分解而释放出能发荧光的荧光素，该物质不能自由透过活的细胞膜，积累在细胞内，荧光显微镜下显示有明亮的绿色或黄绿色荧光；而死亡细胞内的酯酶因失去活性，不能分解酯化的荧光素，荧光显微镜下显示不发光。另外，可用亚甲蓝为染料鉴定酵母细胞的生死状态。亚甲蓝是一种无毒染料，氧化型为蓝色，还原型为无色。活细胞因具有较强的还原能力，能使亚甲蓝从蓝色的氧化型变成无色的还原型，故活的酵母细胞在用亚甲蓝染色后显示无色；死亡酵母细胞或代谢缓慢的衰老酵母细胞，因无还原能力或还原能力极弱，使亚甲蓝仍处于氧化态，故呈现蓝色或淡蓝色。

【实验准备】

1. 生物材料：小鼠（取脾细胞）。

2. 实验器材：超净工作台、CO_2培养箱、离心机、显微镜、解剖盘、“L”形针头注射器、试管、眼科剪、眼科镊、培养皿、培养瓶、离心管、移液器、吸管、酒精灯、血细胞计数板、载玻片、盖玻片、滴管等。

3. 实验试剂：台盼蓝、DMEM 培养基、75%乙醇、PBS、生理盐水、0.25%胰蛋白酶-0.02%EDTA 混合消化液等。

【实验步骤】

1. 取材

取小鼠一只，采用断头法处死：清水洗小鼠并浸于75%乙醇中灭菌5min。取出转入超净工作台内的解剖盘内，无菌操作打开腹腔。取出脾，去除其周围的脂肪组织，镊起脾用PBS自上而下冲洗1～2次。转入无菌玻璃培养皿，待用。

2. 分离脾细胞

用滴管先向上述无菌玻璃培养皿中滴入PBS 30滴，再用“L”形针头注射器在皿中吸取PBS 0.2mL，然后将其沿脾长轴方向注射入脾内（使脾膨胀以利于细胞散开）。

用针尖在脾上扎眼，并用“L”形针头轻刮脾表面挤出脾细胞，用滴管吸皿中的PBS冲脾并吹散刮出的脾细胞，稍倾斜并静置1～2min。

吸取静置后的脾细胞悬液上清液部分1mL放入离心管，3000r/min离心1～2min。

3. 培养脾细胞

在超净工作台中取塑料培养皿一个，用1mL移液器加入细胞培养液2mL，并在皿盖上画上标记，待用。

取离心后的离心管，在超净工作台内开盖弃去上清液，用200μL移液器吸取塑料皿中的培养液400μL加入弃去上清液的离心管中，用移液器吸头吹匀管底的脾细胞，然后吸取200μL脾细胞悬液接种于上述塑料培养皿中，混匀，然后放入37℃、5%CO_2培养箱中培养。

4. 台盼蓝法鉴定细胞的生死状态

（1）试剂配制：用生理盐水配制0.4%台盼蓝染液，备用。

（2）细胞悬液制备：将生长有贴壁型细胞的培养瓶（皿）中的培养液倒入干净试管中，向培养瓶（皿）中加入0.25%胰蛋白酶-0.02%EDTA混合消化液1～2mL，静置3～5min，待见到细胞变圆，彼此不连接为止，弃去混合消化液并将上述试管中的培养液倒回培养瓶中，用滴管轻轻吹打细胞，制成细胞悬液。

（3）染色制片：取0.5mL细胞悬液放于干净的试管中，加1～2滴（约0.1mL）染液，混匀，2min后制成临时装片，镜检。

（4）染色结果：死细胞染成蓝色，活细胞不着色。

（5）染色计数：取0.5mL细胞悬液放于干净试管中，加1～2滴（约0.1mL）染液，混合2～5min，滴加少许染色后的细胞悬液于放有盖玻片的血细胞计数板的斜面上，使悬液自然充满计数板小室。注意不要使小室内有气泡产生，否则要重新滴加。在普通光学显微镜10×物镜下计数4个大格内的细胞数，压线者数上不数下，数左不数右。

（6）根据染色结果计算活细胞率：依据死细胞染成蓝色、活细胞不着色的原则计数死细胞数和细胞总数，以如下公式计算细胞存活率：

细胞存活率=（细胞总数−死亡细胞数）/细胞总数×100%

附：血细胞计数板

血细胞计数板（图8-1）是一块特制的厚载玻片，载玻片上有4条槽而构成3个平台。

中间的平台较宽，其中间又被一短横槽分隔成两半，每个半边上面各有一个方格网，每个方格网共分九大格，其中间的一大格（又称计数室）常被用于细胞的计数。

计数室的刻度有两种：一种是大方格分为16个中方格，而每个中方格又分成25个小方格；另一种是一个大方格分成25个中方格，而每个中方格又分成16个小方格。但是不管计数室是哪一种构造，都有一个共同特点，即每个大方格都由400个小方格组成。

每个大方格边长为1mm，则每一大方格的面积为$1mm^2$，每个小方格的面积为$1/400mm^2$，盖上盖玻片后，盖玻片与计数室底部之间的高度为0.1mm，所以每个计数室（大方格）的体积为$0.1mm^3$，每个小方格的体积为$1/4000mm^3$。若取4个大方格的细胞数，则每毫升液体中细胞数量=每个大方格中细胞数量×10 000×稀释倍数。

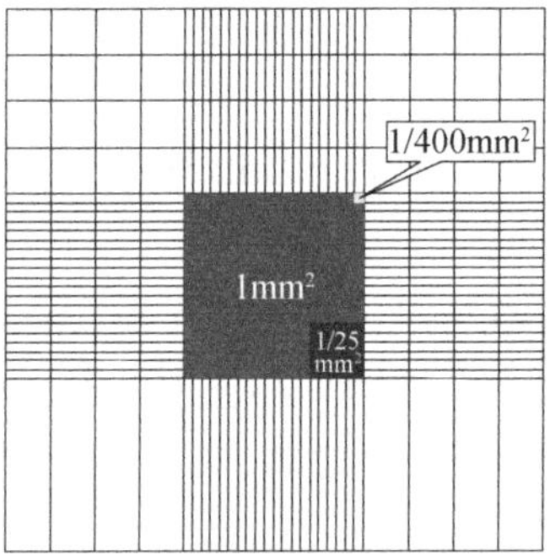

图8-1　血细胞计数板示意图

【注意事项】

1. 实验涉及的台盼蓝染料有致癌危险，因此滴加染液时要小心，防止溅到皮肤上。

2. 动物细胞培养使用的所有器皿、用具、溶液等必须经过严格消毒或除菌处理，才能进超净工作台中使用，整个实验过程都要有无菌操作的概念，避免细胞被污染。

3. 做实验的时候由于显微镜的光线问题，死细胞的颜色有时不太明显，观察时候需要注意。

4. 用注射器的针头对小鼠的脾进行穿孔时要小心操作，既不能将脾弄破，也不能刺得太浅使得到的脾细胞过少。

【思考问题】

将脾细胞加入培养基后，应检测一下培养基中是否有气泡。气泡对培养会产生什么影响？

参考文献

方瑾. 2019.医学细胞生物学实验指导与习题集.4版.北京：人民卫生出版社.

实验三十八　细胞凋亡的生化特征检测

【实验目的】

1. 了解细胞凋亡检测的技术方法。
2. 掌握使用 Annexin V/PI 双染法检测细胞凋亡。

【实验原理】

细胞凋亡（apoptosis）是一种在多细胞生物体中发生的程序性细胞死亡形式，属于细胞的正常生理过程，在生物体进化、内环境的稳定以及发育过程中起着重要作用，具有重要生物学意义及复杂的分子生物学机制。在生物学研究过程中常常需要检测细胞凋亡情况。目前至少有十数种检测细胞凋亡的方法，大致可分为基于细胞形态、生物学功能和生化标记三大类，需要根据实际情况选择适合的方法。

基于细胞形态的方法有：①电子显微镜检测方法。在透射电镜下，凋亡细胞体积变小。凋亡Ⅰ期（pro-apoptosis nuclei）染色质高度盘绕，出现许多空泡结构；Ⅱ期细胞核的染色质高度凝聚、边缘化；凋亡晚期出现核解体，产生凋亡小体。②细胞核形态染色法：相比细胞凋亡的其他形态变化，利用荧光染料配合荧光显微镜对细胞核形态的观察也是较为直接的指标。常用的 DNA 特异性染料有 Hoechst、DAPI 以及碘化丙锭（PI）。Hoechst 是与 DNA 特异结合的活性染料；DAPI 为半通透性，用于常规固定细胞的染色；PI 不能透过完整的细胞膜，但对凋亡中晚期的细胞和死细胞，PI 能够透过细胞膜而将细胞核染红。因此将 Annexin V 与 PI 匹配使用，就可以将凋亡早晚期的细胞以及死细胞区分开来。

基于生物学功能的方法有：①Annexin V/PI 双染法：磷脂酰丝氨酸（phosphatidylserine，PS）位于正常细胞膜的内侧，但在细胞凋亡的早期，PS 可从细胞膜的内侧翻转到细胞膜的表面，暴露在细胞外环境中。Annexin V 是一种 Ca^{2+}依赖磷脂结合蛋白，对 PS 具有高度亲和力。将荧光标记（FITC、PE 或生物素）的 Annexin V 作为探针，利用荧光显微镜或流式细胞仪可检测细胞凋亡的发生。Annexin V 联合 PI 法更加省时，结果更为可靠，是目前检测细胞凋亡的常用方法。②线粒体膜电位检测法：线粒体跨膜电位下降也是凋亡细胞的一个重要特点，是细胞凋亡过程中最早发生的事件（早于核形态的变化和 PS 的外翻）。一旦线粒体跨膜电位崩溃，细胞就会进入不可逆的凋亡过程。一些亲脂性阳离子荧光染料如罗丹明 123、DiO-C6、JC-1、四甲基罗丹明甲酯（TMRM）等，在线粒体跨膜电位存在的情况下可结合到线粒体基质，通过荧光显微镜观察其荧光的增强或减弱可反应线粒体内膜电负性的增高或降低。

基于生化标记的方法主要有：①Caspase-3 活性检测：胱天蛋白酶（cysteine aspartic acidspecific protease，Caspase）家族的活化是细胞凋亡的特征，在介导细胞凋亡过程中具有重要的作用。其中 Caspase-3 作为关键的执行分子在细胞凋亡信号转导的许多途径中发挥功能。Caspase-3 在正常细胞中以酶原形式存在，在凋亡早期被活化，但在凋亡晚期及死亡细胞中，Caspase-3 活性下降。因此在试验过程中可以通过检测 Caspase 剪切体的含量或 Caspase 的活性来反映细胞凋亡过程。②DNA 损伤检测：在细胞凋亡的后期，Caspase 会激活胱天蛋白酶激活脱氧核糖核酶酶（Caspase-activated DNase，CAD），切割核小体之间的 DNA，形成以 180～200bp 为单位的 DNA 片段，经琼脂糖电泳后形成 DNA ladder。③DNA 片段原位末端转移酶标记法（TUNEL）检测细胞凋亡：细胞死亡（凋亡或坏死）时，DNA 发生断裂。此时大量的黏性 3′-OH 末端，可在末端脱氧核苷酸转移酶（TdT）的作用下，将脱氧核糖核苷酸和荧光素、过氧化物酶、碱性磷酸酶或生物素形成的衍生物标记到 DNA 的 3′端，从而可进行凋亡细胞的检测。由于正常的或正在增殖的细胞几乎没有 DNA 的断裂，因而没有 3′-OH 形成，很少能够被染色。低分子量的 DNA 分离后，也可使用 DNA 聚合酶进行切口平移（nick translation），使低分子量的 DNA 标记或染色，然后分析凋亡细胞。TUNEL 检测或切口平移法实际上是分子生物学与形态学相结合的研究方法，对完整的单个凋亡细胞核或凋亡小体进行原位染色，能准确地反映细胞凋亡最典型的生物化学和形态特征，可用于石蜡包埋组织切片、冰冻组织切片、培养的细胞和从组织中分离的细胞的细胞凋亡测定，并可检测出极少量的凋亡细胞，灵敏度远比一般的组织化学和生物化学测定法要高，因而在细胞凋亡的研究中已被广泛采用。

本实验以最常用的 Annexin V/PI 双染法和过氧化物酶标记法检测细胞凋亡。

【实验准备】

1. 生物材料：HeLa 细胞（H_2O_2 诱导凋亡）、石蜡包埋的组织切片、冰冻组织切片。

2. 实验器材：倒置显微镜、流式细胞仪、超净工作台、染色缸、滤纸、培养瓶、移液器、吸头、烧杯、废液瓶、200 目滤膜、湿盒等。

3. 实验试剂。

（1）H_2O_2（800μmol/L）：取 30% H_2O_2 2μL 溶于 880μL PBS 中，配成 20mmol/L 的母液，再取 80μL 母液溶于 2mL DEME 培养基。

（2）Binding Buffer：10mmol/L HEPES、140mmol/L NaCl、2.4mmol/L $CaCl_2$，pH7.4。

（3）蛋白酶 K 溶液（200μg/mL，pH7.4）：蛋白酶 K 0.02g 溶于 100mL PBS。

（4）TdT 酶缓冲液：Trizma 碱 3.63g 用 0.1mol/L HCl 调节 pH 至 7.2，加 ddH_2O 定容到 1000mL，再加入二甲砷酸钠 29.96g 和 $CoCl_2$ 0.238g。

（5）TdT 酶反应液：TdT 酶 32μL、TdT 酶缓冲液 76μL，混匀，置于冰上备用。

（6）洗涤与终止反应缓冲液：NaCl 17.4g、柠檬酸钠 8.82g、ddH_2O 1000mL。

（7）0.05%二氨基联苯（DAB）溶液：DAB 5mg 溶于 10mL PBS，pH7.4。

（8）0.5%甲基绿溶液（pH4.0）：甲基绿 0.5g 溶于 0.1mol/L 乙酸钠 100mL。

（9）其他：Annexin V-Alexa Fluor 488、碘化丙锭（PI）、过氧化物酶标记的抗地高辛抗体（ONCOR）、PBS、二甲苯、无水乙醇、95%乙醇、75%乙醇、4%中性甲醛、10%中性甲醛、乙酸、正丁醇等。

【实验步骤】

一、Annexin V/PI 双染法检测细胞凋亡

（1）染色前处理。将收集到的细胞，用预冷的 PBS（4℃）重悬，300*g* 离心 5min，弃

上清液，收集细胞。

（2）加入 300μL 的 Binding Buffer 重悬细胞，调整细胞浓度至 1×10^6 个/mL。

（3）Annexin V/PI 染色。取流式管，按顺序编好空白管、单阳管和样本管号。流式管中分别加入经 200 目细胞滤膜过滤好的 100μL 细胞悬液，单阳管中分别加入 5μL Annexin V-Alexa Fluor 488 或 10μL PI 轻轻混匀。

（4）样本管加入 5μL Annexin V-Alexa Fluor 488 轻轻混匀，再加入 10μL PI 轻轻混匀。

（5）室温避光孵育 10～20min，加入 400μL Binding Buffer，随后置于冰浴中，上机检测，所选通道为 Alexa Fluor 488：488nm 激发，采集波段 530nm/30nm；PI：561nm 激发，采集波段 610nm/20nm。

二、过氧化物酶标记测定法检测细胞凋亡

1. 标本预处理

（1）石蜡包埋的组织切片预处理：将组织切片置于染色缸中，用二甲苯洗两次，每次 5min。用无水乙醇洗两次，每次 3min。用 95%和 75%乙醇各洗一次，每次 3min。用 PBS 洗 5min，加入蛋白酶 K 溶液（200μg/mL），于室温水解 15min，去除组织蛋白。用蒸馏水洗 4 次，每次 2min，然后按下述步骤 2“细胞凋亡的检测”进行操作。

（2）冰冻组织切片预处理：将冰冻组织切片置 10%中性甲醛中，于室温固定 10min 后，去除多余液体。用 PBS 洗两次，每次 5min。置乙醇∶乙酸（2∶1）溶液中，于−20℃处理 5min，去除多余液体。用 PBS 洗两次，每次 5min，然后按下述步骤 2“细胞凋亡的检测”进行操作。

（3）培养或从组织分离细胞的预处理：将约 5×10^7 个/mL 细胞于 4%中性甲醛在室温下固定 10min。在载玻片上滴加 50～100μL 细胞悬液并使之干燥。用 PBS 洗两次，每次 5min，然后按下述步骤 2“细胞凋亡的检测”进行操作。

2. 细胞凋亡的检测

（1）染色缸中加入含 2%过氧化氢的 PBS，于室温反应 5min。用 PBS 洗两次，每次 5min。

（2）用滤纸小心吸去载玻片上组织周围的多余液体，立即在切片上加 2 滴 TdT 酶缓冲液，于室温放置 1～5min。

（3）用滤纸小心吸去切片周围的多余液体，立即在切片上滴加 54μL TdT 酶反应液，置湿盒中于 37℃反应 1h（注意：阴性染色对照，加不含 TdT 酶的 TdT 酶缓冲液）。

（4）将切片置于染色缸中，加入已预热到 37℃的洗涤与终止反应缓冲液，于 37℃保温 30min，每 10min 将载玻片轻轻提起和放下一次，使液体轻微搅动。

（5）组织切片用 PBS 洗 3 次，每次 5min，然后直接在切片上滴加两滴过氧化物酶标记的抗地高辛抗体，于湿盒中室温反应 30min。

（6）用 PBS 洗 4 次，每次 5min。

（7）在组织切片上直接滴加新鲜配制的 0.05% DAB 溶液，室温显色 3～6min。

（8）用蒸馏水洗 4 次，前 3 次每次 1min，最后 1 次 5min。

（9）于室温用 0.5%甲基绿进行复染 10min。用蒸馏水洗 3 次，前两次将载玻片提起放下 10 次，最后 1 次静置 30s。依同样方法再用 100%正丁醇洗 3 次。

（10）用二甲苯脱水 3 次，每次 2min，封片、干燥后，在光学显微镜下观察并记录实验结果。

【注意事项】

1. 如果用含 EDTA 的胰酶消化细胞，注意必须彻底清除 EDTA：在标记前用 PBS 或 Binding Buffer 洗涤，清除 EDTA，以免残余的 EDTA 与 Ca^{2+}螯合，影响 Annexin V 的结合。

2. Annexin V-Alexa Fluor 488 和 PI 是光敏物质，在操作时要注意避光。在处理和标记时，尽可能在暗处进行。在孵育阶段，用铝箔包裹容器或置于抽屉中。细胞标记后，在暗室内用显微镜观察。

3. 整个操作过程动作要尽量轻柔，勿用力吹打细胞，尽量在 4℃条件下操作，以免影响细胞状态。

4. 一定要设立阳性和阴性细胞对照。阳性对照的切片可使用 DNase I 部分降解的标本，阳性细胞对照可使用地塞米松（1μmol/L）处理 3～4h 的大鼠、小鼠胸腺细胞或人外周血淋巴细胞。阴性对照不加 TdT 酶，其余步骤与实验组相同。

【思考问题】

不同细胞凋亡检测方法的原理是什么？

参 考 文 献

Ge L，Wang X D，Ding Y B，et al. 2019. Flow detection of apoptosis by Annexin V/PI. Bio，101：e1010331.

Koc E，Celik-Uzuner S，Uzuner U，et al. 2018. The detailed comparison of cell death detected by Annexin V-PI counterstain using fluorescence microscope，flow cytometry and automated cell counter in mammalian and microalgae cells. Journal of Fluorescence，28（6）：1393-1404.

实验三十九　细胞自噬的检测

【实验目的】

1. 理解细胞自噬的产生原理。
2. 掌握利用不同仪器检测细胞自噬的方法与技术。

【实验原理】

细胞自噬是细胞通过溶酶体与双层膜包裹的细胞自身物质融合，从而降解细胞自身物质的过程。该过程中一些损坏的蛋白质或细胞器被双层膜结构的自噬小泡包裹后，送入溶酶体（动物）或液泡（酵母和植物）中进行降解并得以循环利用。细胞自噬的过程包括膜泡的形成及扩展，自噬体的形成，自噬体与溶酶体融合后形成自噬溶酶体，继而其内含物被溶酶体中的水解酶消化。细胞自噬一般分为大自噬、小自噬和分子伴侣介导的自噬，其中大自噬是最常见的自噬形式，而且所有类型的自噬可都促进细胞中受损或功能失效的蛋白质和细胞器的降解（图 8-2）。

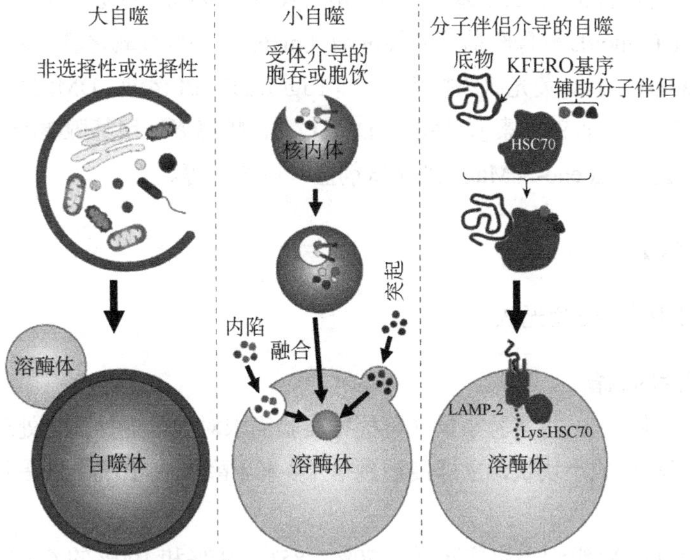

图 8-2　哺乳动物细胞自噬分类及其过程（Yun et al.，2020）

自噬标志性蛋白有如下几种。

1）自噬标记蛋白 LC3　微管相关蛋白 1 轻链 3（LC3/Atg8）是自噬体膜上的标记蛋白。细胞内存在两种形式的 LC3 蛋白：LC3-Ⅰ和 LC3-Ⅱ。细胞内新合成的 LC3 其 C 端被 Atg4 蛋白酶剪切，成为胞质可溶形式的 LC3-Ⅰ。当自噬体形成后，LC3-Ⅰ经剪切和泛素化加工修饰，与自噬体膜表面的磷脂酰乙醇胺（PE）偶联，成为膜结合形式的 LC3-Ⅱ并定位于自噬体内膜和外膜，因此根据 LC3-Ⅱ与 LC3-Ⅰ比值的大小可以估计自噬水平的高低。

2）细胞自噬底物蛋白 p62　p62 偶联于 LC3，作为一种调节因子参与自噬体的构成，在自噬的中、晚期被降解。细胞内整体 p62 的表达水平与自噬活性存在负相关。蛋白质免疫印迹技术检测 p62 水平的降低可以反映自噬活性程度。p62 的增加暗示着自噬、溶酶体降解途径被抑制。

3）Atg12-Atg5 复合体　除了 LC3，自噬体膜上标志性蛋白质还有 Atg12-Atg5 复合体。Atg12 和 Atg5 在翻译后就像单个分子一样共价结合在一起，它定位在自噬体双层隔离膜的整个延长阶段。

4）Beclin1　哺乳动物 Beclin1 是酵母 *Atg6* 基因表达产物的同源物。Beclin1 通过激活自噬对细胞生长和抑瘤机制进行控制。蛋白质印迹技术检测 Beclin1 蛋白表达情况直接反映自噬活性。

自噬相关的标志性蛋白还包括 ATG1、ATG9、DRAM1、ATG14、ATG16 及 ATG18 等。

【实验准备】

1. 生物材料：小鼠、贴壁细胞系（任选一种）、GFP-LC3 腺病毒、HEK293 细胞（可选）。

2. 实验器材：荧光显微镜、石蜡切片机、细胞培养箱、小型离心机、剪刀、镊子、细胞培养皿、细胞培养室、载玻片、盖玻片、吸液泵、移液器、离心管、细胞刮板等。

3. 实验试剂：去离子水、石蜡、牛血清蛋白（BSA）、水溶性封片剂、4%多聚甲醛（或10%中性福尔马林缓冲液）、二甲苯、梯度乙醇（100%、95%、85%、70%）、PBS（pH8.0）、Triton X-100、0.01mol/L 柠檬酸盐修复缓冲液（pH6.0）、3%过氧化氢水溶液、Tris 盐缓冲液（TBST）、LC3B 一抗、荧光偶联抗兔二抗、1μg/mL DAPI 溶液、DMEM 培养基［含 10%胎牛血清（FBS）、1%青链霉素］、甲醇、DMSO、雷帕霉素、甲基腺嘌呤（3-MA）、巴佛洛霉素 A1（可选）、Adeno-X Maxi 纯化试剂盒（可选）等。

【实验步骤】

方法一、组织免疫荧光法

1. 组织切片的制备

（1）组织取材固定：将实验小鼠（可根据实验需求对小鼠进行药物处理）麻醉后，取心脏或者其他组织切成小块状，立即浸润到 4%多聚甲醛（或 10%中性福尔马林缓冲液）中固定 24h。

（2）脱水透明：将组织小块依次浸入 70%、85%、95%和 100%的乙醇中进行脱水，并置于二甲苯中透明，以替换出组织块中的乙醇。

（3）熔蜡包埋：将石蜡在 60℃熔化保温，将组织放置到石蜡液中进行包埋。

（4）用石蜡切片机对石蜡包埋块样品进行组织切片，厚度为 5～7μm。

2. 抗原修复

（1）将切片浸入 0.01mol/L 柠檬酸盐修复缓冲液中，再放入微波炉中加热直至沸腾。

（2）继续对样本切片加热保持亚沸腾温度（95～98℃）10min，在实验台上冷却切片30min。

3. 免疫荧光染色

（1）用去离子水清洗切片 3 次，每次 5min。

（2）将切片放入 3%过氧化氢水溶液中，孵育 10min。

（3）用去离子水清洗切片两次，每次 5min。

（4）TBST 持续清洗切片 5min。

（5）用 TBST 配制 5% BSA 的封闭缓冲液，将切片样本浸在封闭缓冲液中封闭 1h。

（6）用 TBST 配制 1% BSA 的抗体稀释缓冲液，并按照 LC3B 抗体产品说明对其进行稀释。

（7）移除封闭缓冲液，在每张切片样本上添加 100～400μL 稀释后的 LC3B 一抗，在 4℃孵育过夜。

（8）用 TBST 冲洗 3 次，每次 5min。

（9）用抗体稀释缓冲液稀释荧光偶联二抗，在每张切片样本上添加 100～400μL 稀释后的二抗溶液，室温避光孵育 1～2h。

（10）用 TBST 冲洗 3 次，每次 5min。

（11）在每张切片样本上添加 100～400μL 提前制备好的 DAPI 溶液（1μg/mL），孵育 2～5min。

（12）用 PBS 冲洗 3 次，每次 5min。

（13）用盖玻片和水溶性封片剂对样本进行封片。

（14）为获得最好的效果，可立即在荧光显微镜下观察，并使用适当的激发波长，也可将样本平放于 4℃避光保存。

方法二、细胞免疫荧光法

1. 细胞的准备

（1）细胞在 DMEM 培养基中，置于细胞培养箱（37℃、5%CO_2）培养。细胞应在细胞培养室载玻片上生长到密度为 80%。

（2）吸出 DMEM 培养基，然后用 2～3mm 深度的冰冷甲醇覆盖细胞。

（3）用 4%多聚甲醛在−20℃固定细胞 15min。

（4）吸取固定液，用 PBS 冲洗 3 次，每次 5min。

2. 免疫荧光染色

（1）用 PBS 配制 5% BSA＋0.3% Triton X-100 的封闭缓冲液，在小室中加入适量封闭缓冲液中封闭 60min。

（2）用 PBS 配制 1% BSA＋0.3% Triton X-100 的抗体稀释缓冲液，并按照 LC3B 抗体产品说明对其进行稀释。

（3）移除封闭缓冲液，在小室中加入适量稀释后的 LC3B 一抗，在 4℃孵育过夜。

（4）用 PBS 冲洗 3 次，每次 5min。

（5）用抗体稀释缓冲液稀释荧光偶联二抗，在小室中加入适量稀释后的二抗溶液，室温避光孵育 1～2h。

（6）用 PBS 冲洗 3 次，每次 5min。

（7）在小室中加入适量的 DAPI 溶液（1μg/mL），室温避光静置 2～5min。

（8）用 PBS 冲洗 3 次，每次 5min。

（9）移除小室，用盖玻片和水溶性封片剂对样本进行封片。

（10）为获得最好的效果，可立即在荧光显微镜下观察，并使用适当的激发波长，也可将样本平放于 4℃避光保存。

方法三、GFP-LC3 腺病毒转染法

1. 细胞培养和药物处理

（1）细胞在 DMEM 培养基中，置于细胞培养箱（37℃、5%CO_2）培养。细胞应在细胞培养室载玻片上生长到密度为 80%。

（2）此步可根据不同的实验需求对细胞进行不同的分组与不同剂量的药物处理。用事先配制好的药物或其他化合物充分覆盖每个小室，并设置适当的对照组。自噬激活剂雷帕霉素（5μmol/L）处理可作为阳性对照，并酌情使用 3-MA（10mmol/L）、巴佛洛霉素 A1（50nmol/L）等其他自噬抑制剂作为阴性对照，按照实验设计处理细胞 1～6h。药物处理后无需清洗。

2. 细胞转染和观察

（1）可用 HEK293 细胞和 Adeno-X Maxi 纯化试剂盒对 GFP-LC3 腺病毒进行扩增和纯化，并可分装冻存于−80℃备用（可选）。

（2）用表达 GFP-LC3 融合蛋白的腺病毒对细胞进行转染。

（3）转染 6h 后，弃去培养基，并加入新的 DMEM 培养基对细胞继续培养 24h。

（4）24h 后，用荧光显微镜观察细胞自噬情况。

3. GFP-LC3 的定量分析

（1）观察评估：使用荧光显微镜在 40 倍下观察细胞的自噬情况。细胞质中的荧光点即阳性表达的 GFP-LC3，细胞核为蓝色。

（2）定量分析：在至少 3 个独立实验中对 100 个以上的细胞进行评估。通过视野中 GFP-LC3 的阳性细胞（＞10 个荧光点/细胞）数与所有细胞核的数量之比（百分比）进行评估。

【注意事项】

1. 在对组织进行染色观察时需要熟练掌握对组织标本的处理、切片和染色。

2. 抗原修复以及抗体孵育时需注意温度，荧光抗体孵育时要避光进行。

3. 在进行 GFP-LC3 腺病毒转染时要确保细胞密度足够高，因具有一定细胞毒性，需定时观察细胞状态，避免细胞大量死亡。

4. 准确使用荧光显微镜对获得的图像和数据进行分析，客观评估自噬水平。

【思考问题】

1. 在对细胞自噬进行检测时，除了 LC3 外还有哪些自噬标志物可通过其他方法检测到？

2. 如何利用所测指标数据对自噬水平进行合理评估？思考实验操作步骤的意义。

3. 思考细胞自噬的意义以及细胞自噬过程中自噬小体的发生和检测。

参考文献

Guo R，Hu N，Kandadi M R，et al. 2012. Facilitated ethanol metabolism promotes cardiomyocyte contractile dysfunction through autophagy in murine hearts. Autophagy，8（4）：593-608.

Tanida I，Ueno T，Kominami E. 2008. LC3 and autophagy. Methods Mol Biol，445：77-88.

Yun H R，Jo Y H，Kim J，et al. 2020. Roles of autophagy in oxidative stress. Int J Mol Sci，21（9）：3289.

第三篇

设计性实验

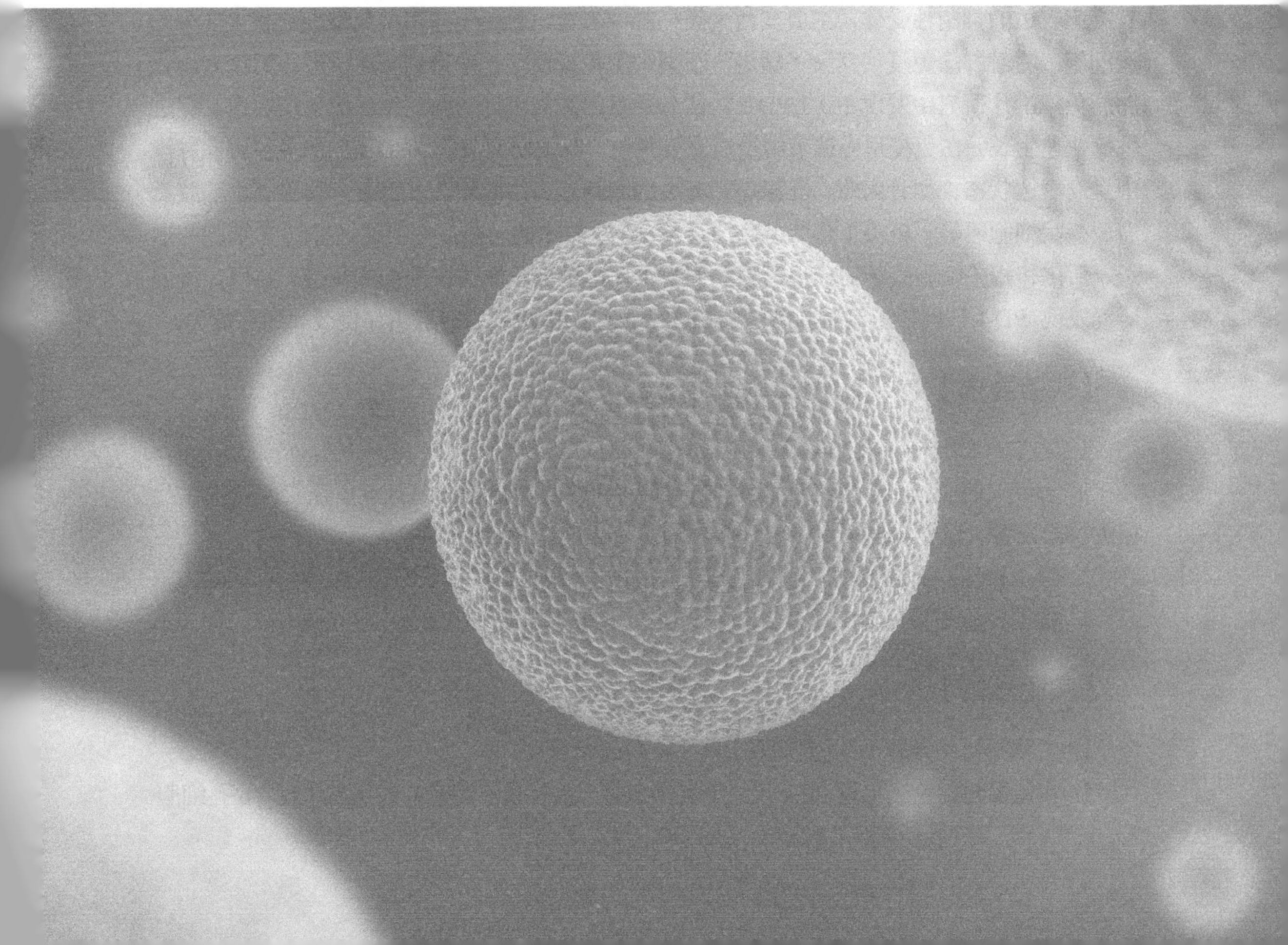

第九章　细胞对不同因素的响应

实验四十　免疫检查点抑制剂对肿瘤细胞的增殖、侵袭、迁移能力的影响

【实验目的】

1. 理解免疫检查点抑制剂 PD-L1 对肿瘤细胞的作用。
2. 掌握细胞培养技术。
3. 掌握检测细胞增殖、侵袭、迁移能力的方法与技术。
4. 掌握荧光定量 PCR 仪、倒置显微镜、酶标仪、荧光共聚焦显微镜等仪器的使用。

【实验设计引导】

程序性死亡配体-1（programmed death ligand-1，PD-L1/B7-H1）是一种由激活的 $CD8^+$ T 细胞表达的抑制性受体，主要在两大类细胞中表达，包括一些宿主免疫细胞和大部分肿瘤细胞。随着肿瘤免疫治疗突飞猛进，新型细胞免疫治疗技术得到飞速发展。近年来，在肿瘤免疫治疗研究中发现 PD-1/PD-L1 信号通路的激活可以诱导发生肿瘤免疫逃逸，促进肿瘤快速生长，在免疫耐受调节中扮演重要角色。既往研究表明，PD-L1 在多种恶性肿瘤中呈高表达状态，如骨肉瘤、乳腺癌、非小细胞肺癌、结肠癌、淋巴瘤、胰腺癌、脑胶质瘤、鳞状细胞癌等。PD-L1 作为共刺激分子 B7 家族中的一员，主要通过抑制 T 细胞的增殖、活化和相关细胞因子的分泌及降低细胞毒性作用来负性调控 T 细胞免疫。然而，最近研究发现 PD-L1 同样影响着肿瘤的生物学活性，如肿瘤细胞的增殖、侵袭、迁移能力。

【实验要求】

1. 学生自愿组合，成立实验小组（5～8 人）。
2. 查阅文献资料，弄清 PD-L1 对非小细胞肺癌细胞的影响，掌握其所需实验技术以及相关仪器设备、试材与试剂。
3. 分工协作，实施方案。
4. 根据实验结果写出实验报告，并分析 PD-L1 对非小细胞肺癌细胞的影响。

【实验准备】

1. 生物材料：人非小细胞肺癌细胞（A549）。
2. 实验器材：荧光定量 PCR 仪、倒置显微镜、酶标仪、荧光共聚焦显微镜、6 孔细胞

培养板、96孔细胞培养板、离心管、细胞计数板、Transwell小室等。

3. 实验试剂：荧光定量试剂盒、PD L1 山羊多克隆抗体、兔抗山羊 IgG、RIPA 裂解液、SDS-PAGE 蛋白质上样缓冲液、siRNA-PD-L1、siRNA-Control 等。

【实验步骤】

1. 实验流程

细胞复苏 → 细胞培养 → 细胞转染 → 收集细胞 → 细胞功能的检测

细胞功能的检测 → 细胞增殖的检测

细胞功能的检测 → 细胞迁移的检测

细胞功能的检测 → 细胞侵袭的检测

2. 操作要点

1）细胞复苏　细胞长期储存于液氮中，由于液氮温度较低，复苏细胞时应注意防护，保证自身安全。

2）细胞培养

（1）查找文献确定细胞培养基的配制、传代比例等。

（2）细胞培养极易污染，在实验过程中应注意操作规范。

3）细胞转染

（1）实验分组：根据实验目的设置实验分组。设 siRNA-PD-L1 组、siRNA-Control 阴性对照组（siRNA-NC 组）和正常细胞组（空白对照组），按照不同分组进行细胞转染。

（2）细胞铺板：根据实验确定细胞铺板的数量。

（3）siRNA-PD-L1 的转染：根据实验需求，查阅文献以及试剂说明书，确定转染 siRNA-PD-L1 的浓度，并进行转染。

（4）收取样本：根据实验目的收取 RNA 或蛋白质来确定终止细胞培养的时间。

（5）分析数据：根据实验结果分析 PD-L1 对癌细胞的影响。

4）细胞功能的检测

（1）查找资料，找出检测细胞增殖、迁移、侵袭能力的方法。

（2）根据实验目的确定试验方法，如检测细胞增殖常用 CCK-8 检测法；细胞迁移常用细胞划痕实验检测；细胞侵袭常用 Transwell 小室侵袭实验检测。

【注意事项】

1. 转染 siRNA 对细胞有杀伤作用，在实验过程中需注意正确的试剂添加比例。
2. CCK-8 实验过程中每孔加入的细胞数量尽可能相同。
3. 细胞划痕实验过程中添加 1%血清。
4. Transwell 小室侵袭实验中洗涤细胞动作要轻柔。

【思考问题】

1. 如何根据你的实验目的设计实验步骤？

2. 实验过程中如何设置分组？

3. PD-L1 是通过什么影响癌细胞的增殖、迁移和侵袭的？

参 考 文 献

Chen J，Jiang C C，Jin L，et al. 2016. Regulation of PD-L1：a novel role of pro-survival signalling in cancer. Ann Oncol，27（3）：409-416.

Evans M，O'sullivan B，Smith M，et al. 2018. Predictive markers for anti-PD-1/PD-L1 therapy in non-small cell lung cancer-where are we? Transl Lung Cancer Res，7（6）：682-690.

Kythreotou A，Siddique A，Mauri F A，et al. 2018. PD-L1. J Clin Pathol，71（3）：189-194.

Tsoukalas N，Kiakou M，Tsapakidis K，et al. 2019. PD-1 and PD-L1 as immunotherapy targets and biomarkers in non-small cell lung cancer. J BUON，24（3）：883-888.

实验四十一　药物对巨噬细胞 RAW264.7 免疫活性的影响

【实验目的】

1. 了解细胞生物学研究的方法和思路。
2. 了解巨噬细胞在非特异性免疫中的作用。
3. 掌握利用巨噬细胞检测药物对细胞免疫活性研究的基本方法。

【实验设计引导】

一、实验材料

巨噬细胞。机体免疫分为细胞免疫和体液免疫，巨噬细胞是重要的免疫调节细胞之一，在疏松结缔组织中分布较多。巨噬细胞具有吞噬、杀伤、分泌活性物质等多种生物学功能，是炎症反应中的重要调节细胞。巨噬细胞激活时释放 NO、IL-6、TNF-α 等免疫介质，在抗原入侵时发挥重要作用。RAW264.7 是小鼠单核巨噬细胞白血病细胞。

二、细胞免疫活性检测方法

1. MTT 检测法

MTT 检测法是检测细胞增殖和细胞毒性的一种研究方法。活细胞线粒体内的脱氢酶可将 MTT 分解成蓝紫色的甲臜，甲臜溶于二甲基亚砜（DMSO）呈现蓝紫色，甲臜生成的多少与细胞的数量成正比。细胞毒性越大，细胞相对数量越少，吸光度越低。

2. NO 含量测定

NO 作为细胞间信息传递的重要调节因子具有广泛的生物活性，对维持细胞正常生命活动具有重要作用。内源性NO在一氧化氮合酶的作用下合成，诱导性一氧化氮合酶(iNOS）在巨噬细胞中表达，调控 NO 的表达。

Griess 法检测 NO 含量：NO 在体内或水溶液中极易氧化成NO_2^-和NO_3^{3-}，NO_3^{3-}可通过镉被还原为NO_2^{2-}。NO_2^{2-}在碱性条件下和磺胺作用生成重氮化合物（重氮盐），再与 *N*-1-萘基乙二胺盐酸进行偶联反应，生成有颜色的化合物，通过分光光度法比色，在波长 546nm 下测定吸光度，并制作标准曲线，通过标准曲线可求得样品中 NO 含量。

3. 中性红吞噬

巨噬细胞可直接吞噬和杀伤病原体、肿瘤细胞，检测巨噬细胞吞噬功能对于判断巨噬细胞的功能，了解机体的特异性和非特性免疫状态有重要作用。中性红吞噬是检测巨噬细胞吞噬功能的常用方法。将 0.1%左右的中性红溶液与巨噬细胞共孵育一段时间，中性红颗粒被巨噬细胞吞噬，弃掉培养液加入细胞裂解液，在 490～570nm 波长范围检测吸光度，通过吸光度值的高低判断巨噬细胞的吞噬能力。

三、具有免疫活性的药物

1. 多糖（polysaccharide）

由葡萄糖、果糖、半乳糖等组成的聚合度大于 10 的具有一定生理功能的聚糖，称为活性多糖。采用水提醇沉、超声波辅助提取、酶解等方法可从植物、动物及真菌类中提取粗多糖，多糖具有抗氧化、抗炎、抗肿瘤、降血糖等多种生物活性。多糖生物活性不仅与提取方式、单糖组成和摩尔比，糖苷键连接方式及一级结构有关，高级结构的不同对多糖的活性也有很大影响。柴胡多糖、黄芪多糖能显著促进巨噬细胞吞噬活性、抑制 LPS 刺激 RW264.7 炎症细胞 NO 的释放。

2. 黄酮（flavone）

黄酮是一种广泛存在于植物中的天然物质，黄酮类化合物具有抗肿瘤、抗炎等多种生物活性。毛樱桃、黄芪等总黄酮可以显著抑制细胞炎症因子 NO、IL-6、IL-1β、PGE2 等的生成，并且可以明显抑制 iNOS、COX-2 表达，具有免疫调节作用。

3. 多肽（polypeptide）

生物活性肽是一类含有 2～20 个氨基酸的特异性蛋白质片段，具有抗肿瘤、抗氧化及免疫调节等多种潜在的生物活性。蜂蛹多肽、酶解青蛤多肽等具有免疫调节作用。

本实验以学生自主查阅文献，选定实验药物，自行设计实验，探究药物如多糖、黄酮等对 RAW264.7 细胞 NO 释放、中性红吞噬能力等免疫活性的影响。

【实验准备】

1. 生物材料：培养的 RAW264.7 细胞。

2. 实验器材：超净工作台、CO_2培养箱、酶标仪、倒置显微镜、水浴锅、台式离心机、试管、培养瓶、擦镜纸、细胞培养皿、96 孔细胞培养板、离心管（15mL、1.5mL）、微量移液器、吸头等。

3. 实验试剂：DMEM 培养基（含 10%胎牛血清、1%谷氨酰胺、1%丙酮酸钠）、脂多糖（LPS）、MTT、DMSO、1%中性红（PBS 配制）、PBS、$NaNO_2$、磺胺、*N*-1-萘基乙二胺盐、50%乙醇、1%乙酸等。

【实验步骤】

1. 细胞培养

将 RAW264.7 细胞培养在 $25cm^2$ 细胞培养瓶中至细胞汇合度 70%～90%。

2. 建立小鼠巨噬细胞体外炎症模型

脂多糖（1mg/mL）诱导 RAW264.7 细胞 24h 可建立小鼠巨噬细胞体外炎症模型。

3. MTT 法检测药物对细胞毒性的影响

（1）取对数生长期 RAW264.7 细胞，调整细胞数为 1×10^5 个/mL，接种到 96 孔细胞培养板中，每孔 100μL，放入细胞培养箱（37℃、5%CO_2）培养 24h。

（2）根据实验设计加入培养液（阴性对照）、LPS（1mg/mL，阳性对照组）、不同浓度实验药物组（药物＋1mg/mL LPS），每孔 100μL，每组 6 个复孔。

（3）培养 24h 后，吸出培养液，加入 MTT（5mg/mL）继续培养 4h，加入 DMSO 50μL/孔，用酶标仪测定波长 490nm 处的吸光度值并计算细胞存活率。

4. NO 的浓度检测

（1）制作标准曲线，取 7 支试管，分别加入超纯水稀释 $NaNO_2$ 至终浓度为 0、2.5μmol/L、5μmol/L、10μmol/L、20μmol/L、40μmol/L、80μmol/L，每支试管 100μL；再分别加入 1%磺胺 50μL 和 1% *N*-1-萘基乙二胺盐 50μL，混匀后室温静置 20min；在 546nm 处检测吸光度值并绘制标准曲线。

（2）细胞培养同 MTT 法，吸出 96 孔板中培养液，每孔加入 $NaNO_2$ 100μL；分别加入 1%磺胺 50μL 和 1%*N*-1-萘基乙二胺盐 50μL，混匀后室温静置 20min；在 546nm 处检测吸光度值，根据标准曲线，计算 NO 浓度。

5. 中性红吞噬

将处于对数生长期的 RAW264.7 细胞配成浓度为 1×10^5 个/mL 的细胞悬液，100μL/孔接种于 96 孔细胞培养板中，过夜培养后，根据实验设计加入培养液（阴性对照）、LPS（1mg/mL，阳性对照组）、不同浓度实验药物组（药物＋1mg/mL LPS），每孔 100μL，每组 6 个复孔。培养 24h 后，吸去上清液，向每个孔中加 1%中性红 100μL，继续孵育 1h。结束后用 PBS 洗板 3 次，然后向每个孔中加入 100μL 溶于 50%乙醇（*V*/*V*）中的 1%乙酸溶液（*V*/*V*），酶标仪测定吸光度，可选择 490～570nm 波长。

【注意事项】

1. RAW264.7 细胞株形态上包含松散贴壁的纺锤形和圆形或者立方形的细胞。当细胞密度较大时，细胞会轻微脱落变圆或者许多细胞堆在一起，有些细胞甚至脱落漂浮，这些漂浮的细胞是存活的，在传代时应收集起来离心，细胞沉淀可以继续培养。

2. 选择不同药物对巨噬细胞 RAW264.7 影响效果会有所不同，可以根据已有文献，通过预实验确定实验浓度。

【思考问题】

1. 为什么使用 LPS 诱导巨噬细胞 RAW264.7 建立细胞炎症模型?

2. 什么是免疫的双向调节作用?

参 考 文 献

刘园园，赵冬双，庄文越，等. 2018. 毛樱桃总黄酮对 LPS 诱导的 RAW264.7 细胞抗炎作用研究. 中国细胞生物学学报，40（2）：210-214.
田维毅，王文佳，李海峰，等. 2009. 中性红法检测巨噬细胞吞噬功能的实验条件的优化. 贵阳中医学院学报，31（2）：23-26.
Cao Y，Chen J H，Ren G F，et al. 2019. Punicalagin prevents inflammation in LPS-induced RAW264.7 macrophages by inhibiting FoxO3a/autophagy signaling pathway. Nutrients，11（11）：2794.
Feng S B，Ding H Y，Liu L H，et al. 2021. Astragalus polysaccharide enhances the immune function of RAW264.7 macrophages via the NF-κB p65/MAPK signaling pathway. Experimental and Therapeutic Medicine，21（1）：20.

实验四十二　药物对 H_2O_2 诱导小鼠胰腺腺泡细胞损伤的影响

【实验目的】

1. 熟悉分离动物原代细胞的原理和方法。
2. 掌握检测药物对 H_2O_2 细胞损伤影响的基本方法。

【实验设计引导】

一、氧化应激

氧化应激是指由于氧自由基过量生成或细胞内抗氧化防御系统受损，导致氧自由基及其相关代谢产物过量聚集，引起细胞内信号通路的改变，蛋白质和脂质过氧化，致使基因损伤。活性氧包括单线态氧、超氧阴离子、羟自由基等，可通过 H_2O_2 诱导损伤细胞建立氧化应激细胞模型。氧化应激能引发胰腺腺泡细胞损伤，与胰腺疾病的发生发展密切相关。

二、氧化损伤检测指标

（1）丙二醛（MDA）：自由基作用于脂质，发生过氧化反应造成对细胞膜的损害。氧化终产物丙二醛是反应脂质过氧化和活性氧自由基水平的重要标志。MDA 会引发蛋白质等生物大分子的交联聚合。

（2）超氧化物歧化酶（SOD）：细胞内重要的抗氧化酶，能有效清除活性氧自由基，阻止脂质过氧化。

三、具有抗氧化损伤作用的药物

1. 多糖

多糖能清除 1,1-二苯基-2-三硝基苯肼（DPPH），抗油脂氧化，对自由基具有很强的清除能力。红毛藻多糖能显著提高 H_2O_2 诱导氧化损伤的 Caco-2 细胞活力，降低细胞内活性氧生成水平，提高细胞内超氧化物歧化酶和过氧化氢酶的活性以及还原型谷胱甘肽的水平，减少丙二醛生成，并通过抑制 Caspase-3 和 Caspase-9 的酶活性来改善氧化应激损伤引起的细胞凋亡。

2. 大黄素

大黄素（emodin）为虎杖、大黄等传统中药的有效单体成分，具有抗炎、抗肿瘤、抗氧化等作用。大黄素在治疗胰腺炎过程中具有重要作用，20mmol/L 大黄素培养细胞上清液中 SOD、谷胱甘肽（GSH）活性升高，MDA 活性水平降低。

本实验以学生自主查阅文献，选定实验药物，自行设计实验，探究药物如多糖、大黄素等对 H_2O_2 诱导小鼠胰腺腺泡细胞损伤的影响。

【实验准备】

1. 生物材料：20～22g 清洁级小鼠。

2. 实验器材：超净工作台、CO_2 培养箱、酶标仪、恒温振荡水浴锅、倒置显微镜、制冰机、台式离心机、注射器、消化杯、剪刀、150 目细胞筛网、擦镜纸、培养皿（35mm）、微量移液器、96 孔细胞培养板、96 孔黑色聚苯乙烯微孔板（用于 ROS 检测）、离心管（15mL、1.5mL）、吸头、3mL 巴氏管等。

3. 实验试剂。

（1）胰腺腺泡细胞分离缓冲液：NaCl 118mmol/L、KCl 4.7mmol/L、HEPES 10mmol/L、$CaCl_2$ 2.5mmol/L、$MgCl_2$ 1.13mmol/L、NaH_2PO_4 1mmol/L、D-葡萄糖 5.5mmol/L、牛血清白蛋白（BSA）2mg/mL、MEM 氨基酸混合液（50×）2%、大豆胰蛋白酶抑制剂 0.1g/L、L-谷氨酰胺 0.29g/L，调节 pH 至 7.4。每只小鼠分离时大约使用 50mL 分离缓冲液，可根据实验班级自行确定配制量。

（2）其他：胶原酶 P、牛血清白蛋白（BSA）、SOD 检测试剂盒、MDA 检测试剂盒、MTT、H_2O_2、ROS 检测探针、细胞裂解液、10μmol/L 二氯荧光乙酰乙酸盐（DCFH-DA）、DMEM 培养基、维生素 C 等。

【实验步骤】

1. 小鼠胰腺腺泡原代细胞分离

（1）将小鼠断颈处死，取出胰腺放入含有分离缓冲液的培养皿中，去掉血管、脂肪等，用一次性针管向胰腺中注射 2mL 酶液（2mg 胶原酶 P 溶解在 10mL 分离缓冲液中），转入消化杯中，放入恒温振荡水浴锅中，在 37℃的条件下，120r/min 振荡 10min。

（2）取出消化杯，倒掉其中的酶液，随后将胰腺剪碎，再加入 2mL 酶液，进行吹打。

（3）放入恒温振荡水浴锅中 120r/min 再次消化 5min。

（4）将消化杯中的细胞悬液通过 150 目细胞筛网过滤至 5mL 终止液（含有 3.8%BSA 的分离缓冲液）的 15mL 离心管中，自然沉降 10min，补足分离缓冲液到 10mL，用巴氏管吹打混匀。300r/min 离心 1min，弃上清液，加入分离缓冲液至 10mL 进行吹打，再次 300r/min

离心 1min，弃上清液，用 10mL 分离缓冲液重悬，获得小鼠胰腺原代细胞。

2. H_2O_2 诱导胰腺腺泡细胞损伤

（1）收集分离好的胰腺腺泡细胞，调整细胞密度，以每孔 180μL 细胞悬液（约为 10 000 个细胞）加入 96 孔细胞培养板中。

（2）加入 H_2O_2 20μL 使其终浓度达到 50μmol/L、100μmol/L、200μmol/L、400μmol/L、800μmol/L，诱导培养 2h。

（3）用 MTT 法检测各组细胞存活率，以确定 H_2O_2 损伤适宜浓度。

3. 药物对 H_2O_2 诱导胰腺腺泡细胞损伤的影响

（1）根据步骤“2. H_2O_2 诱导胰腺腺泡细胞损伤”操作方法，用 MTT 法检测备选药物对胰腺腺泡细胞活力的影响，确定药物作用浓度。设立空白组、V_C 阳性对照组（25μg/mL）、H_2O_2 处理损伤组和药物处理组，调整细胞浓度，吸取 300μL 细胞悬液（1×10^5 个细胞）加入培养皿中，随后加入药物 500μL（使终浓度达到 MTT 检测时备选浓度）进行预培养 1h，然后加入 H_2O_2 200μL（终浓度 400μmol/L）再次反应 2h。

（2）检测 SOD 氧化酶活性、MDA 生成：收集并裂解细胞，4℃条件下 12 000r/min 离心 3min，取上清液。按照相应试剂盒说明要求，在冰上操作，通过酶标仪检测 SOD 酶活性和 MDA 的生成。

（3）ROS 含量检测：细胞按适当浓度加入 96 孔黑色聚苯乙烯微孔板，各组处理完成后吸净细胞培养液，加入适当体积 10μmol/L 二氯荧光乙酰乙酸盐（DCFH-DA），培养箱内孵育 20min。以无血清 DMEM 培养基小心地洗涤细胞 3 次，充分清除未进入细胞的 DCFH-DA 工作液。酶标仪检测各孔的荧光强度，根据公式计算相对 ROS 水平。

相对 ROS 水平=（实验组−空白组）/（对照组−空白组）×100%

【注意事项】

1. 分离胰腺腺泡的酶液要现用现配，可以 37℃预热；小鼠胰腺腺泡细胞分离时，注意向胰腺注射酶液要多次少量；分离后用巴氏管吹打均匀，使胰腺腺泡细胞分散均匀。
2. 分离的胰腺腺泡细胞在 96 孔板中未贴壁，检测时注意操作。

【思考问题】

1. 为什么用 MTT 法检测药物对胰腺腺泡细胞活力的影响？
2. 检测细胞氧化损伤时还可以检测哪些指标？
3. 查阅文献，简述我国天然产物开发和应用的现状。

参考文献

蔡青云，许丽君. 2020. 大黄素对急性胰腺炎胰腺腺泡细胞外泌体水平和氧化应激的调控作用. 郑州大学学报（医学版），55（3）：373-376.

何萍萍，郑雅君，郑明静，等. 2020. 红毛藻多糖对 H_2O_2 诱导的 Caco-2 细胞氧化损伤的保护作用. 食品科学，42（17）：113-120.

孟庆龙，金莎，刘雅婧，等. 2020. 植物多糖药理功效研究进展. 食品工业科，41（11）：335-341.

秦东旭，肖燕，王力波，等. 2021. 自噬抑制剂 3-MA 上调 H_2O_2 损伤的 PC12 细胞氧化应激水平. 中国生物化学与分子生物学报，35（5）：528-534.
Cui Z J，Kanno T. 1997. Photodynamic triggering of calcium oscillation in the isolated rat pancreaticacini. Journal of Physiology（Lond），504（1）：47.

实验四十三　诱变剂、污染物等对染色体的损伤效应

【实验目的】

1. 掌握细胞微核形成的机制及其形态特点。
2. 掌握植物根尖培养技术。
3. 掌握植物根尖细胞微核测试技术。

【实验设计引导】

微核（micronucleus，MCN），也称卫星核，是真核生物细胞中的一种异常结构，呈圆形或椭圆形，游离于主核之外、大小为主核 1/3 以下，其折光率及细胞化学反应性质与主核相同。微核属于染色体畸变的一种表现形式，往往是细胞经辐射或化学药物的作用而产生。一般认为微核的形成是由于环境遗传毒物作用引起染色体损伤，形成缺少着丝点的染色体断片，在分裂过程中，这些染色体断片得不到纺锤丝的牵引，不能到两极的子核中去，留在细胞质中形成微核。此外，环境遗传毒物也可能干扰有丝分裂器的正常生理功能，影响部分染色体的正常分离，使一个或几个染色体滞后（或称染色体丢失），不能进入两极的子细胞核，留在细胞质中亦可形成微核。因此，微核是常用的遗传毒理学指标之一，用以指示外界诱变因子诱导的染色体或纺锤体的损伤。微核发生率同外界诱变因子的剂量呈正相关，所以可以用微核出现的频率来评价环境诱变因子对生物遗传物质的损伤程度。

微核率=（微核细胞数/观察细胞总数）×1000‰

【实验要求】

1. 学生自愿组合，成立每组 4～5 人的实验小组。
2. 查阅文献资料，弄清微核形成原理，熟悉植物细胞微核测试过程，掌握其所需相关仪器设备、试材与试剂。
3. 自行选择实验试材、制定实验方案、设计实验数据记录表、给出实验注意事项。实验试材中，植物试材可以选用洋葱、黄豆、蚕豆、大蒜等材料易得、培养方便、对诱变剂敏感的植物。微核诱变剂可以选自日常生活用品、工农业用品或不同环境中的水等。
4. 分工协作，实施方案。
5. 根据实验结果写出实验报告，并分析所用检测试剂对植物遗传物质的损伤程度。

【实验准备】

1. 生物材料：洋葱、黄豆、蚕豆、大蒜等。

2. 实验器材：光学显微镜、电子天平、剪刀、镊子、托盘、培养皿、烧杯、量筒、滤纸、载玻片、盖玻片、离心管、玻璃棒、试管架、刀片、吸管、纱布等。

3 实验试剂：0.5～1.5mmol/L NaN_3 溶液、染液（自选）、盐酸、70%乙醇、蒸馏水、卡诺固定液、微核诱变剂（自选）等。

【实验步骤】

1. 植物微核测试流程

浸种催芽/发根→染毒处理→恢复培养→固定→解离→染色→压片→镜检。

2. 操作要点

（1）浸种催芽/发根：受试植物应选取染色体大、对诱变剂敏感、易采集的本地植物。实验过程中注意浸种催芽植物（黄豆、蚕豆等）的浸种催芽时间、换水频次，继续催芽时的湿度、温度等。发根植物（洋葱、大蒜等）发根时需要注意换水频次等。

（2）染毒处理：根据预实验确定染毒剂量。预实验的目的不仅在于保证诱变剂的最高剂量不会使根尖细胞产生致死效应，也在于确定剂量-效应关系最敏感的受试诱变剂浓度范围。除受试诱变剂组外，还应设阴性对照（蒸馏水）和阳性对照（NaN_3 溶液）。

（3）恢复培养：注意恢复培养时间的选择。

（4）固定：卡诺固定液应现用现配。固定后的根尖若不能及时制片，用蒸馏水冲洗后，置于 70%乙醇溶液中 4℃保存备用。

（5）解离：把握好盐酸浓度，注意解离时间的设定，时间过长解离过度，细胞结构被破坏；时间过短，细胞分散不均匀，不好压片。

（6）染色：注意染液及染色时间的选择。

（7）压片：压片用力均匀，垂直向下，不可滑动。控制好压片力度，不能过重，亦不能过轻。过重导致细胞破裂，过轻则会出现多层细胞重叠现象，均会影响含有微核细胞的观察与计数。

（8）镜检：微核统计的关键是微核的识别。微核的识别应从大小、着色深浅、有无染色质颗粒和折光率等方面进行判断。

【注意事项】

应注意各种微核诱变剂的安全使用，并防止污染环境。

【思考问题】

1. 在植物细胞的微核测试实验中，为什么要进行恢复培养?
2. 植物根尖细胞制片时进行酸解的作用是什么？
3. 为什么当微核诱变剂浓度高影响植物根尖细胞分裂时，其微核率反而降低？
4. 什么是本底微核率？计算本底微核率有什么意义？

5. 从微核试验结果探讨治理环境污染的意义。

参考文献

龚婧婧，黄海涛，米其利，等. 2012. 微核技术研究进展. 生物技术通报，3：49-56.
刘伟，王立安. 2016. 简介微核检测技术. 生物学教学，41（7)：64-65.
王五香，高丹，廖芬，等. 2016. 蚕豆根尖微核技术的方法学新论. 生态毒理学报，11（3)：86-91.
Degrassi F，Rizzoni M. 1982. Micronucleus test in *Vicia faba* root tips to detect mutagen damage in fresh-water pollution. Mutation Research，97（1)：19-33.
Iqbal M. 2015. *Vicia faba* bioassay for environmental toxicity monitoring：a review. Chemosphere，144：785-802.

附录 1　细胞生物学实验室安全注意事项

（1）细胞生物学实验室安全注意事项旨在进一步强化安全责任意识，树立安全第一、预防为主的观念，确保师生人身及国家财产的安全。

（2）进入实验室的人员必须经过本实验室管理人员的同意方可进入。

（3）自己的物品需整理收纳至固定区域，不得随意乱放。

（4）未经许可请勿随意使用或移动细胞生物学实验室任何实验器材与样本。

（5）进入细胞生物学实验室必须穿戴好洁净服、口罩和手套，不得将头发暴露在外，必要时需戴手术帽。

（6）化学试剂由专人负责，不同性质的化学试剂及易燃易爆药品要按规定存放，化学试剂使用应做好台账记录，化学废弃物及生物组织不得随意丢弃，由专人统一回收。

（7）爱护实验设施，实验结束后整理自己的实验物品、擦拭工作台面、关闭使用的仪器电源、公共物品归位并清理实验废弃物。爱护仪器设备，做好使用记录，出现故障及时报告实验室负责人，因操作不当造成仪器损坏者应按规定赔偿。

（8）严格按照实验步骤使用有毒、有害试剂，实验室内操作各类仪器必须戴手套，一旦发现污染需及时清理。实验废弃物放置到指定位置，废弃针头等锋利物品统一收集，交由专人处理。随时注意自己及他人安全，切实做好防护工作，如若违规，严肃处理。

（9）每日值日生做好清洁工作后，应再次检查水电，确保除培养箱和冰箱以外的设备电源处于关闭状态。

（10）实验室如果发生安全问题，应第一时间按照实验室安全事故处理预案程序快速处理，及时有效地给予救护，不得隐瞒不报。

附录 2　细胞生物学实验报告

<table>
<tr><td>实验名称：</td><td rowspan="2">班级：
姓名：
学号：
指导教师：
实验时间：</td></tr>
<tr><td>实验目的：</td></tr>
<tr><td colspan="2">实验原理：</td></tr>
<tr><td colspan="2">实验用品：</td></tr>
<tr><td colspan="2">实验步骤：</td></tr>
<tr><td colspan="2">实验结果：</td></tr>
<tr><td colspan="2">思考问题：</td></tr>
</table>

附录3　常用缓冲液配制

1. PBS

组分浓度：NaCl 137mmol/L、KCl 2.7mmol/L、Na_2HPO_4 10mmol/L、KH_2PO_4 2mmol/L。

配制量：1L。

配制方法：

（1）称量下列试剂，置于1L烧杯中。

NaCl	8g
KCl	0.2g
Na_2HPO_4	1.42g
KH_2PO_4	0.27g

（2）向烧杯中加入约800mL去离子水，充分搅拌溶解。

（3）滴加浓盐酸将pH调节至7.4，然后加入去离子水定容至1L。

（4）高温高压灭菌后，室温保存。

注意：上述PBS中无二价阳离子，如需要，可在配方中补充$CaCl_2$ 1mmol/L和$MgCl_2$ 0.5mmol/L。

2. 1mol/L Tris-HCl缓冲液（pH7.4）

组分浓度：1mol/L Tris-HCl。

配制量：1L。

配制方法：

（1）称量121.1g Tris置于1L烧杯中。

（2）加入约800mL去离子水，充分搅拌溶解。

（3）用浓盐酸调节pH至7.4。

（4）将溶液定容至1L。

（5）高温高压灭菌后，室温保存。

注意：应使溶液冷却至室温后再调定pH，因为Tris溶液的pH随温度的变化差异很大，温度每升高1℃，溶液的pH大约降低0.03个单位。

3. 10×TE缓冲液

组分浓度：Tris-HCl 100mmol/L、EDTA 10mmol/L。

配制量：1L。

配制方法：

（1）量取下列溶液，置于1L烧杯中。

1mol/L Tris-HCl缓冲液（pH7.4）	100mL
500mmol/L EDTA（pH8.0）	20mL

（2）向烧杯中加入约 800mL 去离子水，均匀混合。

（3）将溶液定容至 1L。

（4）高温高压灭菌后，室温保存。

4. 3mol/L 乙酸钠（pH5.2）

配制量：100mL。

配制方法：

（1）称量 $CH_3COONa \cdot 3H_2O$ 40.8g（或者 CH_3COONa 24.6g）置于 200mL 烧杯中，加入约 40mL 去离子水，搅拌溶解。

（2）加冰乙酸调节 pH 至 5.2。

（3）加去离子水将溶液定容至 100mL。

（4）高温高压灭菌后，室温保存。

5. 10mol/L 乙酸铵

配制量：100mL。

配制方法：

（1）称量 77.1g 乙酸铵置于 200mL 烧杯中，加入约 30mL 去离子水，搅拌溶解。

（2）加去离子水将溶液定容至 100mL。

（3）用 0.22μm 滤膜过滤除菌。

（4）密封瓶口，于室温保存。

注意：乙酸铵受热易分解，所以不能高温高压灭菌。

6. 10%（*m*/*V*）SDS

配制量：100mL。

配制方法：

（1）称量 10g 高纯度的 SDS 置于 200mL 烧杯中，加入约 80mL 去离子水，溶解。

（2）滴加浓盐酸调节 pH 至 7.2。

（3）将溶液定容至 100mL，室温保存。

7. 2mol/L NaOH

配制量：100mL。

配制方法：

（1）量取 80mL 去离子水置于 200mL 塑料烧杯中（NaOH 溶解过程中大量放热，有可能使玻璃烧杯炸裂）。

（2）称取 8g NaOH 小心地逐渐加入烧杯中，边加边搅拌。

（3）待 NaOH 完全溶解后，用去离子水定容至 100mL。

（4）将溶液转移至塑料容器中后，室温保存。

8. 2.5mol/L HCl

配制量：100mL。

配制方法：

（1）在 78.4mL 去离子水中加入 21.6mL 浓盐酸（11.6mol/L），均匀混合。

（2）室温保存。

9. 5mol/L NaCl

配制量：1L。

配制方法：

（1）称取 292.2g NaCl 置于 1L 烧杯中，加入约 800mL 去离子水，搅拌溶解。

（2）加去离子水将溶液定容至 1L 后，适量分成小份。

（3）高温高压灭菌后，4℃保存。

10. 20%（*m*/*V*）葡萄糖溶液

配制量：100mL。

配制方法：

（1）称取 20g 葡萄糖置于 200mL 烧杯中，加入约 80mL 去离子水，搅拌溶解。

（2）加去离子水将溶液定容至 100mL。

（3）高温高压灭菌后，4℃保存。

11. 0.5mol/L EDTA（pH8.0）

配制量：1L。

配制方法：

（1）称取 186.1g Na_2-EDTA • $2H_2O$ 置于 1L 烧杯中，加入约 800mL 去离子水，充分搅拌。

（2）用 NaOH 调节 pH 至 8.0（NaOH 约 20g）。

（3）加去离子水将溶液定容至 1L，适量分成小份。

（4）高温高压灭菌后，室温保存。

注意：pH 为 8.0 时，EDTA 才能完全溶解。

12. 1mol/L DTT

配制量：20mL。

配制方法：

（1）称取 3.09g DTT，加入 50mL 塑料离心管内。

（2）加 20mL 乙酸钠（0.01mol/L，pH5.2），溶解后用 0.22μm 滤器过滤除菌。

（3）适量分成小份后，−20℃保存。

13. 10mmol/L ATP

配制量：20mL。

配制方法：

（1）称取 121mg Na_2ATP • $3H_2O$，加入 50mL 塑料离心管内。

（2）加 20mL 的 Tris-HCl（25mmol/L，pH8.0），搅拌溶解。

（3）适量分成小份后，−20℃保存。

附录4　常用培养基配制

1. LB培养基

配制量：1L。

配制方法：

（1）称量下列试剂，置于1L烧杯中。

蛋白胨	10g
酵母粉	5g
NaCl	10g

（2）向烧杯中加入约800mL去离子水，充分搅拌溶解。

（3）滴加浓盐酸调节pH至7.0，然后加入去离子水将溶液定容至1L。

（4）高温高压灭菌后，室温保存。

注意：琼脂平板需添加12g/L琼脂。

2. SOB培养基

配制量：1L。

配制方法：

（1）称量下列试剂，置于1L烧杯中。

蛋白胨	20g
酵母粉	5g
NaCl	0.5g
1mol/L KCl	2.5mL

（2）向烧杯中加入约900mL去离子水，充分搅拌溶解，定容至1L。

（3）高温高压灭菌。

（4）冷却至室温后加入10mL灭菌的1mol/L $MgCl_2$，室温保存。

3. SOC培养基

配制量：1L。

配制方法：每升SOB培养基中加入20mL灭菌的1mol/L葡萄糖，室温保存。

4. TB培养基

配制量：1L。

配制方法：

（1）称量下列试剂，置于1L烧杯中。

蛋白胨	12g
酵母粉	24g
甘油	4mL

（2）向烧杯中加入约900mL去离子水，充分搅拌溶解。

（3）高温高压灭菌。

（4）冷却至60℃后，加入100mL灭菌的KH_2PO_4和K_2HPO_4使其终浓度分别为170mmol/L和720mmol/L，室温保存。

5. YPD培养基

配制量：1L。

配制方法：

（1）称量下列试剂，置于1L烧杯中。

蛋白胨	20g
酵母粉	10g
葡萄糖	20g

（2）向烧杯中加入约900mL去离子水，充分搅拌溶解。

（3）高温高压灭菌，室温保存。

注意：固体培养基需添加2%琼脂粉。

6. SD/DO培养基

配制量：1L。

配制方法：

（1）称量下列试剂，置于1L烧杯中。

酵母氮源	6.7g
葡萄糖	20g
10×DO母液	100mL

（2）向烧杯中加入约900mL去离子水，充分搅拌溶解。

（3）高温高压灭菌后，室温保存。

注意：固体培养基需添加2%琼脂粉。